Inge Rösener

Steffi auf dem Reiterhof

Schneider-Buch

Inhalt

Steffis Fohlen findet ein Zuhause

Julian rettet die Pferde

Glückliche Tage auf dem Reiterhof

München – Wien – Zürich – Hollywood/Fla. USA
Titelbild Renate Vögel-Cossmann
ISBN 3 505 08808 0
Bestellnummer 8808

Steffis Fohlen findet ein Zuhause

Steffi gewinnt eine Freundin

Es konnte für Steffi kein schöneres Bild geben als die frühlingshaft grünen Wiesen, die Pferdekoppel vor dem großen Schuppen und den Schäferkarren zwischen Gebüsch und Bäumen mit zartem Grün. Die Pferde, die von der Koppel herüberschauten, wenn ein Auto, ein Radfahrer oder am Abend der Schäfer mit seiner Herde den Feldweg entlangkam, grasten und zupften junges Gras oder trabten und galoppierten über die kleine Koppel. Über allem wölbte sich der wolkenlose, zartblaue Himmel. Schwalben flogen in den Schuppen zu ihrer Brut oder hinaus, um Futter zu holen.

Doch Steffi sah heute alles nur verschwommen durch einen Tränenschleier. Das kleine, weiße Auto von Hedda, der jungen Gymnastiklehrerin, wurde noch kleiner, verschwand dann, und die magere Schimmelstute, die Hedda aus einem heruntergekommenen Reitstall gekauft hatte, äugte ihm nach. Und hätte Hedda es Steffi nicht zögernd beigebracht, so hätte diese es doch sofort gemerkt, daß die braune Stute Nora fehlte, nicht mehr da war: ihre liebe, alte Nora, die stets sofort an die Koppelumzäunung gekommen war, wenn Steffi die Fahrradklingel ertönen ließ, wenn sie mit flatterndem dunklem Haar auf den Schäferkarren und die Koppel zugefahren war. Nie würde Steffi Nora vergessen, die brave, geduldige Stute mit dem weichen Maul und den kranken, empfindlichen Füßen.

„Es tut mir so leid für dich“, hatte Hedda gesagt. „Aber Herr Eder hat Nora vor einer knappen Stunde zum Schlachthof gebracht. Du weißt, diese Hufrollenentzündung, die ihr Schmerzen verursachte. Man sollte ein Tier dann erlösen, damit es nicht leiden muß.“

Steffi stand jetzt vor dem grünen alten Schäferkarren, in dem die Reiter Sättel und Trensen, Putzzeug und Futtersäcke untergebracht hatten. Es gelang ihr nur schwer, die Fassung wiederzufinden. Hier, auf dem Gelände, hatte der Schäfer Xaver die größere Hälfte des Schuppens an einige Reiter vermietet. Das bedeutete eine zusätzliche Einnahme für ihn; und die Reiter zahlten wenig für die Unterbringung der Pferde. Xaver kümmerte sich darum, daß die Wasserfässer nie leer waren, er fütterte Heu und einmal am Tag Hafer. Jeder Reiter putzte sein Pferd selbst, ritt es auf der Wiese oder hinaus ins Gelände. Und seit genau zwei Jahren, seit sich Steffis Eltern hatten scheiden lassen, gab es für sie selbst nichts Schöneres, als hier beim Füttern und Putzen zu helfen und das eine oder andere Pferd zu reiten. Nora war ihr am meisten ans Herz gewachsen. Und jetzt war Nora fort, für immer, zum Schlachter unterwegs. Steffi, wie Dad und die Mitschüler sie nannten, schluckte. Sie wagte nicht, darüber nachzudenken, ob Nora im Schlachthof getötet oder einem Pferdetransport mitgegeben wurde. Sie fühlte sich hilflos, unglücklich und verstört. Nora hatte sie geliebt. Und Nora hatte Steffi ihr ganzes Vertrauen entgegengebracht.

„Sie ist alt und krank", hatte Herr Eder, Malermeister in Denning und Noras Besitzer, zu Hedda gesagt, und die hatte es Steffi wiedererzählt. „Meine Frau hat jetzt das Baby bekommen. Zudem brauche ich einen neuen Wagen. Und ich habe nur noch selten Zeit zum Reiten. Nora hat ihre Pflicht getan. Und abtreten muß jeder einmal."

Als eine Fahrradklingel ertönte, blickte Steffi hoch. Sie wischte sich mit dem Handrücken die Tränen fort. Daß sie gerade heute die rothaarige Mareike Sündermann aufgefordert hatte, sich die Pferde, den Schäferkarren, die Koppel und vor allem Nora anzusehen, war als Dank gemeint gewesen. Daß Nora fort war, daß sie, Steffi, deshalb geweint hatte – es war unwichtig, ob Mareike das jetzt sah. Vielleicht konnte sie es sogar verstehen.

„Tut mir leid, Steffi, daß es nicht eher klappte", rief die lebhafte, schlanke Rothaarige, die ihr Haar oben auf dem Kopf zusammengebunden trug. Über Mareikes Jeans flatterte ein blauweiß gestreiftes Hemd. Und Mareikes blaugrüne Augen strahlten Steffi herzlich an. Steffi kannte Mareike erst richtig seit heute mittag. Bisher hatte sie Mareike Sündermann, die in die Parallelklasse ging, nur von weitem gesehen und immer bewundert, wie fröhlich und unbefangen sie war. Aber heute hatte sie sie wirklich kennengelernt, heute mittag, auf dem Heimweg von der Schule.

Mareike nahm eine Tüte vom Gepäckhalter ihres Fahrrades, das grün war und ein paar fröhliche Wimpel aufwies.

„Zuckerschnecken! Ich habe so allerhand Jobs. Vorhin mußte ich auf die Zwillinge einer Nachbarin aufpassen und den Abwasch machen, während sie zum Arzt mußte. Das tut meiner Sparkasse gut, und außerdem helfe ich gern. Magst du sie, oder wollen wir lieber deine Nora mit den Schnekken füttern?"

Steffi senkte den Kopf und atmete tief ein, ehe sie sprechen konnte.

„Nora ist nicht mehr da", stieß sie hervor. Sie zog ihr Taschentuch aus der Hosentasche und putzte sich die Nase. „Ehe ich herkam, hat ihr Besitzer, Herr Eder, sie zum Schlachthof gebracht. Hedda hat es mir gesagt. Ihr gehört der magere Schimmel."

Steffi schluckte. Es tat weh, sich vorzustellen, was Nora jetzt vielleicht durchmachen mußte.

„Dabei hätte ein Tierarzt ihr durch einen Nervenschnitt wenigstens die Schmerzen nehmen können. Aber Herrn Eder war das zu teuer. Nora ist alt. Seine Frau hat ein Baby bekommen. Er will ein neues Auto haben, und Nora war ihm am Ende ziemlich gleichgültig."

Es gelang Steffi nur schwer, die wieder aufsteigenden Tränen zurückzuhalten.

„Entschuldige, aber es hat mich furchtbar mitgenommen. Laß uns die Zuckerschnecken an die anderen Pferde verfüttern. Jedes Pferd freut sich über einen kleinen Leckerbissen. Du mußt ihnen den Brocken nur auf der flachen Hand reichen, damit kein Finger dran glauben muß."

Mareike nickte. Sie folgte Steffi auf die Koppel. Sie sah zu, wie Steffi den Schimmel mit einer

Zuckerschnecke fütterte. Dann bot auch Mareike einer Fuchsstute ein Stück an. Und die Berührung des samtweichen Pferdemauls fühlte sich wie eine Liebkosung an. Mareike strich dem Pferd über die Blesse auf der Stirn und über die Mähne. Sie schien sich nicht vor Pferden zu fürchten.

„Was für schöne Tiere!“ sagte sie.

„Sie sind nicht alle besonders schön, das weiß ich. Aber gut. Sieh dir nur die Augen an. Und sie sind so dankbar für ein bißchen Liebe“, murmelte Steffi mit gepreßter Stimme. „Kannst du begreifen, daß Menschen soviel Vertrauen so übel lohnen können? Ich jedenfalls nicht.“

„Ich genausowenig. Meine Familie tut viel für den Tierschutz, und die Sache mit Nora tut mir wirklich leid.“

Steffi gab dem Schimmel einen zärtlichen Klaps auf die Kruppe, und er lief davon. Die anderen Pferde folgten ihm; bald grasten sie wieder friedlich.

Die Mädchen lehnten am Koppelzaun und sahen den Tieren zu.

„Wir wissen beinahe nichts voneinander, Steffi“, sagte Mareike. „Und natürlich habe ich dir nicht das Leben gerettet, das ist Quatsch. Das Auto, das dein Rad an der Kreuzung gestreift hat, war ja schon auf und davon, und du warst schon dabei, wieder aufzustehen. – Weißt du, wir haben vor zwei Jahren ein altes Bauernhaus am Rand von Dießen am Ammersee gekauft. Wir zahlen das Haus noch ab, und fertig ausgebaut ist es auch noch nicht. Aber es macht jedem von uns Spaß, sich dafür anzustrengen. Flori, mein Bruder, kauft für Nachbarn ein, er schleppt Müllkübel und hilft Reklameblätter auszutragen. Sebastian – das ist unser Vater – ist Bauingenieur und macht viel selbst im Haus. Später möchte er dort ein oder zwei Pferde oder große Ponys unterstellen. Und Mutter, Kathinka, ist Töpferin, sie gibt Kurse und macht die schönsten Krüge, Töpfe, Schüsseln, die du dir denken kannst. Sie stammt aus Dießen; dort lebt auch Babuschka, unsere Oma . . ."

Mareike holte tief Atem.

„So, jetzt weißt du ziemlich alles. Vorläufig fahren wir in den Ferien und an den Wochenenden ins Häusl; wir mauern, streichen und nähen Vorhänge. Aber später einmal wollen wir ganz nach draußen ziehen."

Mareikes Augen leuchteten. Diesen offenen Ausdruck, das Lachen hatte Steffi zuerst heute mittag so richtig entdeckt, und sie hatte gedacht: Die ist nett! Einfach nett!

Es war auf der Heimfahrt von der Schule passiert. Natürlich an der Kreuzung, an der sich die Baustelle für eine U-Bahn-Station befand, wo die Ampeln manchmal ausfielen. Vor dieser Baustelle hatte Daddy sie oft genug gewarnt. Und heute war tatsächlich ein Wagen bei Rot über die Kreuzung geflitzt, hatte Steffis Vorderrad gestreift und war einfach weitergefahren. Steffi fand sich unter ihrem Rad liegen, furchtbar erschrocken. Sie hörte ein paar Leute rufen. Doch der Autofahrer kümmerte sich nicht darum. Mareike aber war von ihrem Rad gesprungen und hatte Steffi auf die Beine geholfen.

„Mannomann! Da hast du noch mal Glück gehabt. Bin ich froh! Das sah gefährlich aus, und der gemeine Kerl hat nicht mal angehalten. Ich glaube, wir schieben die Räder bis zu dir nach Hause. Du bist ja kreidebleich. Mir zittern auch die Knie."

So hatte es begonnen. Als Steffi und Mareike dann vor dem langgestreckten, dreistöckigen Haus in der Stolzingstraße ankamen, in dem Steffi mit ihrem Daddy, Tom Stefan, wohnte, hatte sie Mareike spontan die Hand hingestreckt.

„Danke, du! Ich fahre nachmittags immer zu den Pferden beim Schäferkarren auf den Wiesen am Stadtrand. Es sind zehn Minuten mit dem Rad.

Manchmal mache ich dort sogar meine Hausaufgaben. Hast du Lust, mal mitzukommen?"

„Und ob. Aber erklär mir lieber genau, wo das ist. Denn zu Hause gibt es allerhand für mich zu tun. Der Cockerspaniel Asco muß seinen Auslauf haben, der Kater sein Futter. Meist kaufe ich ein, mache den Aufwasch, denn Kathinka hat ihre Töpferkurse und arbeitet im Hobbykeller. Ich muß mich um die Hausaufgaben von Flori kümmern, der erst neun Jahre alt ist und ziemlich nachlässig ist. Danach komme ich. Bestimmt! Und riesig gern, du!"

„Du bist prima. Schade, daß ich dich nicht schon länger kenne – ich habe nämlich keine Freundin mehr, seit Antje nach Hamburg gezogen ist. Und zu Hause ... Vater hat heute in einer Firma zu tun, für die er die Werbung macht. Und ‚Blümchen', unsere Zugehfrau, ist um diese Zeit schon fort."

„Na also. Bis später dann!"

Und jetzt war Mareike tatsächlich gekommen. Sie schien nachzudenken. Plötzlich hellte sich ihr Gesicht auf.

„Du, mußt du schon nach Hause, Steffi? Oder würdest du gern noch mit zu uns kommen? Auf einen Kaffee, ein belegtes Brot? Auch damit du sämtliche Sündermanns kennenlernst und Asco und den Kater Tiger!“

Steffi dachte an ihre leere Wohnung zu Hause.

„Gern, Mareike.“

Sie stiegen auf ihre Fahrräder. Steffi radelte hinter Mareike her, die so lebensbejahend, so fröhlich war, die eine Mutter hatte und einen Hund und einen Kater. Die so tüchtig und selbstsicher war, wie Steffi es auch gern gewesen wäre. Mareikes blauweißes Hemd flatterte im Fahrtwind, während sich rote Strähnen aus ihrem Haar lösten. Die ersten Häuser, kleine Siedlungshäuser mit Gärten, wurden sichtbar, dann das Postamt und ein Supermarkt. Vor einem sechsstöckigen, grauen Wohnhaus fuhr Mareike auf den von Büschen umrahmten Parkplatz und sprang vom Rad.

„Sperr dein Rad ab. Mir wurde schon mal das Rad gestohlen; ich möchte nicht, daß dir das auch passiert. Und nun willkommen bei uns Sündermanns, Steffi!“

Als sie den Lift verließen und Mareike die Wohnungstür aufschloß, sprang ein goldbrauner Cockerspaniel mit seidigem Fell jaulend vor Freude an Mareike hoch. Dann beschnupperte er neugierig Steffi, die niederkniete und den Hund streichelte.

„Bist du schön! Und so ein liebes Hundegesicht“,

sagte sie. „Mein Hund hieß Bim. Er ist ein englischer Setter, weiß mit Schwarz und mit einem schwarzen Ohr. Wenn Mama ihn nicht bei der Scheidung einfach mitgenommen hätte, Asco, dann hätten Mareike und ich mit euch beiden schöne Hundespaziergänge machen können ..." Von einem Kissen im Flur hob ein grauer Tigerkater seinen Kopf und blinzelte.

„Das ist Tiger. Aber man muß es ihm überlassen, wann er kommen und schmusen will. Asco und er sind dicke Freunde. Sie fressen sogar aus einem Napf und schlafen manchmal nebeneinander."

An den Wänden des Flurs hingen bunte Drucke. Aus dem Wohnzimmer mit bunten Flickenteppichen, Büchern, glasierten Töpfen, Krügen und Vasen kam Mareikes Mutter. Sie sah aus wie eine ältere Schwester von Mareike, trug aber ihr rotes Haar als Pagenkopf und zu den Jeans einen lose hängenden blauen Malerkittel. Steffi fand sie schön, wie sie mit offenem Lachen und klaren blauen Augen auf sie zukam.

„Du bist sicher Steffi. Schön, daß Mareike dich mitgebracht hat. Ich bin Kathinka, und du sagst du zu mir und fühlst dich bitte bei uns wie zu Hause."

Steffi nickte und reichte Kathinka die Hand.

Die drückte sie, wies aber lachend auf die Farbkleckse auf ihren Händen hin.

„Entschuldige, falls du Farbe abbekommen hast. Aber ich habe bis eben im Keller Vasen und Schüsseln bemalt und muß mir noch die Hände waschen. Mareike, in der Thermosflasche ist noch Kaffee. Mach doch ein paar Brote für euch, und setz bitte einen Topf Kartoffeln auf. Die Salatsauce dafür kannst du später machen. Ich habe später einen meiner Kurse, und ihr werdet mit Sebastian ohne mich essen müssen."

Die Küche mit den grünweißen Tapeten, dem aufgehängten Gemüsekorb, der Schüssel mit Obst auf dem Tisch vor der Eckbank wirkte fröhlich. Flori erschien, der Neunjährige, stupsnasig, sommersprossig und grinsend.

„Hallo", sagte er.

„Du bist die mit den Pferden, stimmt's?"

Steffi nickte. So einen Bruder hätte sie auch gern gehabt. Dad war ein erfolgreicher Werbegrafiker. Er machte viele Texte selbst. Nur hatte er wenig Zeit. Und wären nicht die Pferde gewesen, hätte Steffi sich oft noch einsamer gefühlt.

Kathinka kam aus dem Bad und präsentierte lachend die jetzt fleckenlos sauberen Hände.

„Flori, mein Spatz", sagte sie, „hol bitte aus dem Supermarkt ein Pfund Leberkäs in Scheiben, zwei große Gewürzgurken, ein Vollkornbrot und Milch, außerdem zwei Dosen Hundefutter und zwei Katzenfutter. Asco nimmst du jetzt nicht mit, hörst du? Du weißt, ich will nicht, daß er vor dem Supermarkt wartet, frei oder angebunden. Er wäre nicht der erste Hund, den man stiehlt."

Flori wollte widersprechen. Aber er fügte sich. „Und Geld?"

„Der Geldbeutel liegt auf Sebastians Schreibtisch. Mit Asco kannst du anschließend hinunter gehen, ja?"

Mareike und Steffi verzogen sich in Mareikes Zimmer. Es war grün gestrichen; außer einem Schreibtisch am Fenster und einer Liege standen da zwei Korbsessel; an der Wand waren Hundeposter und ein Bild mit jungen Katzen; eine Gitarre und ein Akkordeon hingen daneben.

„Spielst du?" wollte Steffi wissen. Ihr gefiel es hier. „Wir machen alle Musik, hier und im Häusl. Wir haben noch eine Zither, ein Hackbrett und singen alle. Vielleicht studiere ich später Musik. Oder aber Grafik. Babuschka, unsere Oma, malt und schreibt Märchen. Sie ist sehr erfolgreich damit. Du wirst sie mal kennenlernen. Außerdem segelt sie. Ihr Bruder war der alte *Bräuwirt* in Dießen, er lebt nicht mehr. Oma wohnt im Dachgeschoß von Onkel Maxl, seinem Sohn."

Asco hatte sich Mareike vor die Füße gelegt. Der Kater sprang unvermittelt Steffi auf den Fuß und schnurrte. Sie streichelte sein gestromtes graues Fell; Tiger machte einen Buckel. Der Blick aus dem Fenster ging in die Weite, über Gärten, kleine Häuser hin, bis weit in der Ferne die Alpen sichtbar wurden.

„Es ist Föhn", sagte Mareike. „Da siehst du immer die Berge. Gefällt's dir bei uns?"

Steffi nickte.

„Sehr. Vielen Dank, daß du mich mitgenommen hast. Es ist so lebendig bei euch. Bei mir ist es immer ziemlich still, wenn Daddy nicht da ist. Auch wie ihr miteinander umgeht, gefällt mir!"

Kathinka kam wieder mit einem Kaffeetopf in der einen und einem Butterbrot in der anderen Hand. Sie setzte sich in den Schreibtischsessel.

„Das hast du schön gesagt, Steffi. Anders zu leben als wir – ich möchte das nicht. Und es tut mir leid, wenn es bei euch nicht ebenso fröhlich zugeht!"

Steffi schluckte den letzten Bissen herunter. Sie senkte den Kopf.

„Es sind eben bloß Daddy und ich übriggeblieben. Mama hat sich vor zwei Jahren scheiden lassen. Sie ist Modefotografin, heißt Bettina Rehden. Und sie fand, Karriere und Familie vertragen sich einfach nicht miteinander."

Kathinka hob den Kopf und winkte ab.

„Da bin ich anderer Ansicht. Beruf und Familie, das kann durchaus gehen. Es muß halt jeder für alle da sein, auch mal zurückstecken. Aber wenn es stimmt – und daß es geht, siehst du bei uns – kommt alles und jeder zu seinem Recht."

Steffi seufzte.

„Es war auch vor der Scheidung bei uns nie so wie hier. Mama ist sehr hübsch, und es muß sich immer alles um sie drehen. Sie hat immer alles überall herumliegen lassen, und Dad und ich räumten es ihr nach. Einmal habe ich gehört, wie sie am Telefon sagte, mit Kindern könne sie nicht so richtig klarkommen, sie hätte auch eigentlich nie Kinder gewollt."

Steffi stellte ihren Kaffeetopf auf den kleinen Tisch. Sie kraulte den Kater, streichelte Asco.

„Vor allem habe ich nie verstanden, daß sie sich von Daddy scheiden lassen konnte. Er ist ein richtiger Freund. Und er hat tausend Ideen. Das ist wichtig für einen Werbefachmann. Für mich nimmt er sich jede Menge Zeit. Aber natürlich muß er arbeiten, damit wir leben können. Ich glaube, die Scheidung hat ihm zu schaffen gemacht ..."

Steffi senkte den Kopf noch tiefer.

„Und mir vor allem, daß Mama Bim, meinen Hund, mitgenommen hat. Sie hat gesagt, daß Dad ihn ihr geschenkt hat. Aber sie hat sich nie viel um ihn gekümmert."

„Und heute", sagte Mareike und schenkte noch einmal Kaffee und Milch nach, „ist auch noch Nora, die Stute, um die Steffi sich besonders gekümmert hat, zum Schlachthof gebracht worden. Ein bißchen arg, Kathinka, findest du nicht auch?"

Kathinka stand auf und legte Steffi die Hand auf die Schulter.

„Armes Kind. War die Stute krank? Oder sehr alt?"

„Alt schon, und sie hatte Hufrollenentzündung. Aber man hätte einen Nervenschnitt machen können, um ihr so die Schmerzen zu nehmen."

Kathinka seufzte mitfühlend. Traurig sagte sie: „Tröste dich damit, daß sie dann nicht mehr leiden muß. Wenn sich doch mehr Menschen klarmachen würden, daß Gott in jedem Geschöpf lebt, wie der heilige Franziskus gesagt hat. Doch leider bekommen keineswegs alle Pferde das, was man Gnadenbrot nennt, und das sie sich doch wirklich verdient haben."

Draußen wurde die Flurtür aufgeschlossen.

„Hallo, alle miteinander“, sagte der große, breitschultrige Mann, der in die Tür trat. Er trug Cordhosen, einen Janker und hatte die gleichen Locken wie Flori.

„Bist du eine neue Freundin von Mareike? Ich bin Sebastian.“

„Ich bin Steffi. Stephanie Stefan eigentlich.“

„Freut mich. Fühl dich wie zu Hause bei uns. Kathinka, kommst du bitte mal ins Wohnzimmer? Ich hab ein Problem.“

Seine Frau folgte ihm.

„Hoffentlich kein ernstes. Denn ich muß gleich zu einem meiner Kurse. Meine Schüler möchte ich nicht gern warten lassen.“

Steffi stand ebenfalls auf. Auch sie mußte heim, sie hatte noch ihre Hausaufgaben zu machen. Trotzdem haßte sie die Aussicht, in die leere Wohnung zu kommen.

Mareike begleitete Steffi bis zur Flurtür und dann hinaus bis zum Lift. Flori schoß in die Wohnung, warf die Einkäufe in einen Sessel, rief Asco und nahm seine Leine. Dann jagte er mit dem Hund die Treppen hinab.

Der Lift hielt, und Mareike öffnete die Tür.

„Wir sehen uns morgen in der Schule“, sagte sie.

„Und grüß deinen Daddy. Bring ihn einfach mal mit zu uns."

„Danke für alles, Mareike!"

Der Aufzug surrte nach unten. Steffi sperrte das Schloß an ihrem Fahrrad auf.

Leuchtend ging die Sonne unter, als Steffi heimradelte. Du mußt nicht mehr leiden, gute, liebe Nora, dachte Steffi und schluckte. Wenn man dich nur nicht mit einem Pferdetransport fortgeschickt hat. Man müßte viel mehr tun können, Schreckliches verhindern. Man müßte viel mehr Menschen aufrütteln, sie überzeugen, daß auch Tiere Schmerzen und Panik empfinden, Angst und Kummer. Liebe, gute Nora! Steffi sah die Straße vor Tränen nur verschwommen, aber sie biß die Zähne zusammen. „Ohne das geht's nicht im Leben", hatte Dad einmal gesagt. „Zähne zusammen und sich zusammenreißen."

Vielleicht ist er doch schon zu Hause, hoffte Steffi. Doch sein Auto stand nicht vor dem Haus.

Gegen die Wohnung der Sündermanns wirkte Steffis Zuhause still und leer. Frau Blum, von Dad „Blümchen" genannt, hatte alles ungeheuer aufgeräumt hinterlassen. Nichts lag mehr am falschen Platz wie zu Mamas Zeiten, niemand lachte und telefonierte; nur eine alte Leine von Bim hing noch an der Garderobe. Steffi stellte fest, daß die Küche blinkte. Sie stellte die Vase mit Blumen, die im Wohnzimmer mitten auf dem Couchtisch stand, auf ein Regal, nahm ein paar Seidenkissen und zerknautschte sie etwas. Sie knipste in Daddys Arbeitsraum, dem „Studio“, die Lampe auf dem Zeichentisch an und betrachtete Skizzen, die der Vater nachts entworfen hatte: Eine Sektflasche mit einem lachenden Frauenmund, ein Glas Sekt mit einer Rose. Und noch mal ein Glas Sekt und ein Frack mit weißem Hemd. Dad fiel immer etwas ein. Die Aschenbecher waren leer; zu den Plakaten an der Wand war ein neues gekommen: ein Teddybär, der Honigbonbons in einer Tüte an sich drückte. Steffi lächelte. Ihr alter Teddy, der noch immer am Leben war, hatte Modell gesessen.

Sie ging in ihr Zimmer mit den weißen Möbeln, legte die Hefte und Bücher auf den Schreibtisch und prüfte mit der Fingerspitze, ob „Blümchen“ gegossen hatte. Steffi gab dem Schaukelstuhl, in dem der alte Teddy saß, einen Schubser. Das Schluchzen stieg wieder in ihr hoch, und als ihr Blick auf die beiden Fotos auf dem Schreibtisch fiel, eines von Bim und eines von Nora, fiel sie auf ihren Schreibtischstuhl und legte den Kopf auf die Arme. Sie weinte lautlos; es weinte einfach aus ihr heraus, aller Kummer um Nora, das geliebte alte Pferd. Und der Schmerz um Bim, den Mama als fotogenen Hintergrund ihrer Modefotos angeblich dringend brauchte, ihren guten Bim, der ihr bei jedem Besuch so traurig nachblickte, der jetzt nicht mehr so fröhlich, so lebhaft war.

Sie hörte nicht, daß Daddy die Wohnung betrat. Erst als er leise fragte: „Aber Kind, Steffi, was ist denn nur passiert?“ fuhr sie hoch und schaute ihren Vater aus verweinten Augen an. Groß, schlank, dunkel stand er im Zimmer und blickte sie besorgt an.

„Mein Kleines, das ist ja ein großer Kummer. Also, erzähl mir mal. Gemeinsam ist alles leichter.“

Steffi schluckte. Sie atmete tief ein.

„Herr Eder hat Nora zum Schlachthof gebracht. Als ich hinkam, hat es mir Hedda, die Gymnastiklehrerin, erzählt.“

Tom Stefan setzte sich in den Schaukelstuhl, er nahm den abgewetzten Bären auf den Schoß. Seine dunklen Augen blickten betroffen.

„Armes Kind. Und armes Pferd. Da hattest du endlich wieder jemanden, dem dein Herz gehört hat, und dann geschieht so etwas. Das Leben ist oft hart. Glaub nicht, daß es so leicht für mich war, mit der Scheidung von Mama fertig zu werden. Aber man muß mit dem, was auf einen zukommt, irgendwie zurechtkommen."

Steffi fand, daß der Vater müde aussah. Und sie dachte daran, daß auch er seinen Kummer, seine Sorgen hatte.

„Hör zu, Kleines. Ich habe die ganze Nacht durchgearbeitet, man hat mir die Werbung für die Sektkellerei übertragen. Ein Auftraggeber mehr. Und einen Scheck habe ich auch bekommen. Nur eins hab ich nicht: Lust zu kochen, obwohl mir der Magen knurrt. Laß uns italienisch essen gehen, die leere Wohnung tut uns heute beiden nicht gut. Und deine Hausaufgaben kannst du auch später noch machen."

Steffi nickte; sie stand auf und ging ins Bad. Sie wusch sich das Gesicht, bürstete ihr Haar und vertauschte die alte Strickjacke mit dem blauen Janker, den Dad ihr zum Geburtstag geschenkt hatte.

„Du mußt nur verstehen, Daddy, daß ich kaum einen Bissen essen kann. Ich fühle mich heute ziemlich scheußlich."

Das italienische Lokal lag nur wenige Schritte entfernt. Sie gingen zu Fuß, während in den Häusern die Lichter angingen. Auch in dem Lokal, das gemütlich war mit seinen dunklen Holzmöbeln, den grünen Leinendecken auf den Tischen und der kleinen Bar brannten die Lampen. Tom Stefan steuerte seinen bevorzugten Platz in der Ecke an.

„Hallo, Franco! Servus, Luigi! Empfehlen Sie etwas Besonderes heute?"

Steffi kannte Dads Gespräche über das, was gut und was vielleicht noch besser war.

„Ich möchte bitte nur Spaghetti..."

„Bolognese?"

Sie nickte.

„Und eine Portion Salat!" bestellte Tom Stefan. „Die teilen wir uns. Mir bringen Sie bitte Bollito misto. Einen Bardolino... und für dich, Steffi?"

„Sprudel. Einfachen Sprudel."

Dad nickte. Doch er fand, ein gemischtes Eis am Ende würde auch noch schmecken. Dann winkte er seinem Freund, dem Anwalt Dr. Gerlach, zu, für Steffi „Onkel Peter", der in Reithosen an der Bar stand und sich mit einem Mädchen mit Reitstiefeln unterhielt. Onkel Peters Fuchswallach stand in der Reitakademie; das Tier war noch jung. Onkel Peter würde ein Abschied für immer von seinem Pferd wohl noch lange erspart bleiben. Steffi riß sich zusammen. Dad drückte ihre Hände, alle beide. Er wartete, bis Luigi Wasser und Wein und die Spaghetti gebracht hatte. Steffi streute gedankenlos viel zu viel Parmesan darüber. Dann begann sie zu essen, ihrem Vater zuliebe. Aber sie dachte an Nora, der sie nie wieder Futter bringen würde, nie mehr eine Möhre, einen Apfel oder trockenes Weißbrot mitbringen konnte.

„Steffi“, sagte Dad halblaut, und Steffi merkte, daß er müde und erschöpft aussah, „ich hab dir doch erzählt, daß ich als Junge jede Mark meines Taschengelds in die Reitschule getragen habe. Und wenn mein Geld nicht reichte, habe ich mich nützlich gemacht, um etwas zu verdienen; ich habe Pferde geputzt und gefüttert, Sattelzeug eingefettet und die Ställe ausgemistet.“

Steffi nickte. Es war schön, daß Dad ihr zuliebe von Pferden sprach. Aber es machte den Kummer um Nora nicht geringer. Dad sah jünger aus, wenn er lächelte. Die Scheidung, dachte Steffi, und daß Mama Bim mitgenommen hat, ist sicher für Dad schlimmer gewesen, als er zugegeben hat.

„Eigentlich schade, daß ich mit dem Reiten aufhörte, als es aufs Abitur zuging. Dann kam das Studium, der Beruf, die Zeit, bis ich mich durchgesetzt hatte. Ich begegnete Mama, und wir haben geheiratet. Bald danach gab es auch dich – und die Reiterei geriet in Vergessenheit. Bei ihr genauso wie bei mir."

Steffi merkte kaum, daß sich ihr Teller nach und nach leerte.

„Heute habe ich viel zu tun, viel mehr als zu Mamas Zeiten: Partys und Feste sind immer weniger geworden. Mein Beruf ist auch mein Hobby. Aber der Verzicht aufs Reiten, auf die Pferde – ich denke oft daran. Und nun höre mir mal zu, Kleines: Ich weiß von Onkel Peter, daß monatlich einmal in München ein Pferdemarkt stattfindet."

„Stimmt genau", sagte Onkel Peter, der sich inzwischen von der jungen Reiterin verabschiedet hatte. Er zog einen Stuhl an den Tisch und setzte sich.

„Der nächste Pferdemarkt findet übermorgen statt. Luigi, für mich bitte auch einen Bardolino ... und die Speisekarte. Langsam bekomme ich Hunger." Steffis Vater trank einen Schluck Wein und sah mit einem Mal sehr entschlossen aus.

„Weißt du, Peter, Steffis Pferd, ich meine Nora, um die sie sich besonders gekümmert hat, ist heute zum Schlachthof gebracht worden. Sie war nicht mehr jung, hatte Hufrollenentzündung. Und nun möchte ich mit Steffi nach einem Pferd für sie Ausschau halten. Ein Pferd, das nur ihr gehören wird."

Steffi legte die Gabel nieder. Sie starte ihren Vater an, der gar nicht so aussah, als hätte er gerade etwas Besonderes gesagt. Sie schluckte, bevor sie sprechen konnte.

„Du meinst das im Ernst, Daddy?“

„Im Ernst.“

„Da habt ihr Glück, ihr beiden“, sagte Onkel Peter und strich sich über das graue Haar. „Der nächste Pferdemarkt findet übermorgen statt, am Samstag. Es tut mir leid, daß ich fest zugesagt habe, an einem Geländeritt teilzunehmen, den einer meiner Mandanten veranstaltet – mit einem Mittagessen auf seinem Gut. Aber meinen Pferdeanhänger leihe ich euch gern für den Transport, falls ihr ein für Steffi geeignetes Pferd findet. Und die nötigen Tips, Tom, worauf du achten solltest beim Pferdekauf, die gebe ich dir auch noch.“

Tom Stefan nickte. Er drückte Steffis Hand.

„Ich hab viel zuwenig Zeit für dich, Steffi. Einen anderen Hund willst du nicht, solange Bim lebt. Aber ich glaube, ein Pferd wäre das Richtige. Was meinst du? Überlege es dir. Vielleicht gehst du jetzt schon heim und machst deine Aufgaben. Ich trinke noch mein Viertel mit Onkel Peter und danach einen Espresso.“

Tom Stefan sah seine Tochter fragend an.

Mechanisch hatte Steffi ihr Eis ausgelöffelt. Jetzt stand sie auf, ging auf ihren Vater zu und küßte ihn auf die Wange.

„Danke, Daddy. Ich kann's noch gar nicht glauben", sagte sie leise. „Ehrlich, es geht alles so schnell. Aber eins weiß ich schon – man kann das Alter der Pferde an den Zähnen erkennen!"

„Und man muß handeln beim Pferdekauf", warf Onkel Peter ein und lächelte. „Und noch viel mehr. Keine Angst, Steffi, ich mache das Tom schon klar. Bis Samstag ist er fit für das Unternehmen. Servus! Gute Nacht!"

Jetzt stand auch Dad auf. „Ist alles gut, Steffi? Ich meine, auch sonst?"

„Ja. Und dann habe ich heute eine prima Familie kennengelernt, die Sündermanns. Sebastian, der Vater, ist Bauingenieur. Kathinka, die Mutter, töpfert und gibt Kurse. Flori ist neun Jahre alt. Sie haben einen Cockerspaniel, einen Kater und ein Bauernhaus bei Dießen. Aber mir geht es vor allem um Mareike."

„Ist sie neu in deiner Klasse?" wollte Tom Stefan wissen.

„Nein, sie ist in der Parallelklasse. Ich kannte sie bisher nur vom Sehen. Als mich heute an der Kreuzung ein Auto gestreift hat und ich mit dem

Rad gestürzt bin ..."

„Was sagst du da? Und das erzählst du mir erst jetzt?" Der Vater blickte Steffi erschrocken an. Er war ernst geworden und sehr blaß.

„Steffi, Kind, wie oft habe ich dich vor dieser verflixten Kreuzung gewarnt!"

„Daddy, ich war nicht schuld. Der Fahrer kam bei Rot über die Kreuzung und hat nicht angehalten. Ich stürzte, aber weiter ist mir nichts passiert. Natürlich haben viele Leute es gesehen. Aber Mareike hat mir aufgeholfen und mich heimgebracht, weil ich doch einen ziemlichen Schrecken bekommen habe. Ich hatte ganz weiche Knie. Und schlecht war mir auch."

Sie lächelte ihren Vater beruhigend an.

„Du siehst ja, ich bin wieder in Ordnung. Und weil ich mich bei Mareike bedanken wollte, habe ich vorgeschlagen, sie sollte nachmittags einmal zu den Pferden kommen. Bloß, da war Nora schon fort."

Da kam es wieder, dieses Gefühl, einen Kloß im Hals zu haben, der Kampf gegen aufsteigende Tränen.

„Und jetzt muß ich heim, wegen der Hausaufgaben", sagte Steffi schnell.

Sie kämpfte gegen die Tränen an, zwang sich ein

Lächeln ab, das nicht ganz glückte, das Daddy aber verstand. Dann verließ sie das Lokal. Der Himmel war jetzt dunkel, doch voller Sterne. Steffi bohrte die Hände in die Taschen des Jankers. Nie würde sie Nora vergessen, die geliebte alte Nora. Und wenn es einen Himmel für Pferde gibt, dachte sie, dann bist du dort, Nora. Dann finden dich meine Gedanken immer dort. Gute Nora.

Steffi bekommt ein eigenes Pferd!

Es war Samstag morgen, und es regnete. Tom Stefan trug Gummistiefel und einen Parka, Steffi hatte ihre Jeans ebenfalls in die Gummischuhe geschoben und den Anorak mit Kapuze angezogen. Den Wagen mit Onkel Peters Pferdeanhänger hatte Tom Stefan in einer Seitenstraße geparkt. Vor der Halle, in der man den Pferdemarkt abhielt, gab es Buden mit Pferdewurst. Viele Leute drängten sich vor dem Eingang. Dad zahlte für sich und Steffi je zwei Mark Eintritt.

„Pferdewurst, wie geschmacklos", stieß Steffi entsetzt hervor. „Haben die denn gar kein Gefühl? Und das Allergemeinste sind die Schlachtpferdetransporte. In allen Tierschutz-Zeitschriften wird darüber berichtet, in der gesamten Presse. Grauenhaft."

Tom Stefan nahm Steffi am Arm und zog sie mit sich in die Halle, in der die Pferde in langen Reihen, hinter Steinkrippen angebunden, auf Käufer warteten.

„Was den Tierschutz betrifft, liegt vieles noch im argen. Aber das Pferd, das wir für dich finden wollen, soll es jedenfalls gut haben. Immer. Auch wenn es älter wird. Darüber sind wir beide uns einig, nicht?"

Sie gingen durch die Gänge. Es gab alte und junge Pferde, magere und runde. Die meisten aber waren gut im Futter, alle mit gekämmter Mähne und gebürstetem Schweif, hergerichtet, um einen guten Eindruck zu machen. Hoffentlich, dachte Steffi zaghaft, finden wir das richtige Pferd. Es mußte doch auch bei Pferden so etwas geben wie bei Hunden und Katzen: Liebe auf den ersten Blick.

„Aber eigentlich ist jedes das richtige, findest du nicht auch, Daddy? Man möchte sie am liebsten alle mitnehmen, auf eine schöne Koppel führen, alle, die hier stehen!"

„Nur leider fehlt mir dazu das Geld. Darum laß

uns alle in Ruhe anschauen, bevor wir uns entscheiden."

Steffi blieb bei einem Rappwallach stehen. „Ist der schön", murmelte sie selbstvergessen.

Dad legte die Hand um ihre Schulter. „Aber zu temperamentvoll, Kind. Denk daran, daß du praktisch allein mit deinem Pferd zurechtkommen mußt. Wir werden nicht viele Reitstunden bezahlen können. Nur am Anfang natürlich. Vielleicht duldet das Tier manchmal auch mich im Sattel, aber ich habe nicht die Zeit, täglich zu reiten."

Dad ging langsam weiter. Er blieb vor einer schönen Schimmelstute mit Araberblut stehen. Doch sie war nervös, sie keilte unruhig aus. Und dann stellte sich heraus, daß eine junge Reiterin sie soeben gekauft hatte.

„Wenn ich die Pferde hier sehe, kriege ich wieder große Lust zum Reiten. Warum soll ich eigentlich nicht wieder anfangen zu reiten, kannst du mir das sagen, Steffi?"

Steffi blieb stehen. Sie packte ihren Vater am Arm und deutete auf eine hellbraune Haflingerstute mit fast weißer Mähne und weißem Schweif. „Daddy, siehst du diese Haflingerin? Sie sieht gut genährt aus und ruhig und geduldig, sanft irgendwie. Fragst du den Mann in der Lederjacke bitte einmal, ob sie zu haben ist? Und wieviel sie kostet?"

Tom Stefan ging auf und ab und betrachtete die Stute, die auf der Stirn eine sternförmige Blesse hatte.

„Wie alt ist sie?" fragte er.

„Kann ich das Gebiß bitte einmal sehen? Und wie sieht es mit dem Preis aus?"

„Die Sheila? Sie ist lammfromm, noch jung, acht Jahre alt etwa, gut geritten. Und fünftausend ist nicht zuviel verlangt", sagte der Mann.

„Vierfünf", erwiderte Tom Stefan, der auf das Gebiß der Stute gesehen hatte.

„Vieracht", konterte der Pferdehändler und schob die Zigarre in den Mundwinkel. Tom Stefan betastete die Vorderhand und die Hinterhand des Pferdes; er fuhr ihr über den Widerrist und die Kruppe. Die Stute ließ sich alles geduldig gefallen.

„Vierfünf", sagte Steffis Vater gelassen, „obwohl sie mit vier auch gut bezahlt wäre."

Er nahm Steffis Arm.

„Trotzdem sollten wir uns noch weiter umsehen. Erst wenn wir alle Pferde gesehen haben, sollten wir eine Entscheidung treffen."

„Viersieben", lockte der Händler und schob seine Mütze ins Genick.

„Vierfünf“, beharrte Tom Stefan und zog Steffi fort.

„Ihre Tochter kann die Stute ja mal reiten, hinten in der Halle.“

Tom Stefan nickte und betrachtete die anderen Pferde, die sie noch nicht gesehen hatten.

„Die Stute wäre wirklich etwas für dich, Steffi. Die könnte auch ich ab und zu reiten, sie wirkt kräftig, robust und brav. Aber handeln gehört nun mal dazu, hat Onkel Peter gesagt.“

Sie gingen bis zum Ende der Halle. Fassungslos blieben sie stehen, beide trauten ihren Augen nicht. Vor ihnen wurden Schlachtpferde eine Rampe hochgetrieben... und zwar auf brutale Weise. Oben verlud man die Tiere in Lastwagen. Eine dicke, grobe Frau schrie Anweisungen nach oben: „In deinen Laster, Otto, gehen mindestens noch zwei von den Viechern rein! Herrgott noch mal, seid doch nicht so zimperlich!“

„Das ist brutal!“ stieß Steffis Vater hervor. „Eine Schande, daß diese Lebendtransporte noch immer nicht verboten sind.“

Er sagte das laut, sehr laut. Ein paar Umstehende stimmten ihm zu. Die Frau mit dem Männerhut warf einen giftigen Blick herüber.

„Du weißt ja, was Franz von Assisi gesagt hat...“

„Ja“, fuhr sie mit zitternder Stimme fort. „Gott lebt in jedem Geschöpf. Aber bestimmt nicht in jemandem, wie diese Frau es ist“, fügte sie bitter hinzu.

Bedrückt machten sie kehrt.

„Das Weib könnte ich erwürgen“, murmelte Steffi.

Dad gab ihr recht. „Ich auch, Kind. Nur leider haben alle Tierschutzvereine zusammen da bisher noch nicht viel ändern können. Laß uns gehen, ehe meine Wut mit mir durchgeht . . .“

Der Besitzer der Haflingerstute blickte ihnen entgegen. „Also gut, viertausendfünfhundert“, sagte er. „Ihre Tochter kann die Stute hinten am Rondell noch mal ausprobieren.“

Steffi aber schüttelte den Kopf. „Nicht mehr da hinten, Dad. Es war zu schrecklich.“

Sie bot der Stute ein paar Zuckerstücke auf der Hand. Behutsam wurden sie genommen. Steffi fuhr dem Pferd durch die dichte, falbe Mähne, über die Stirn und das Maul.

„Sie ist es, Daddy. Ich komme bestimmt mit ihr zurecht. Du siehst ja, sie hat keine Scheu vor mir.“

Steffi schlang die Arme um den Hals der Stute und drückte die Stirn gegen das warme, hellbraune Fell.

„Also gut“, sagte Tom Stefan. Er reichte dem Händler die Hand; ein Handschlag besiegelte den Kauf. Dann wechselten einige große Geldscheine den Besitzer.

Sattel, Trense und einen Sack Futter hatte Herr Eder von Nora zurückbehalten. Er hatte versprochen, nichts weiterzuverkaufen. Auch Heu gab es auf dem Gelände des Schäfers.

Vater und Tochter führten die Stute mit dem Namen Sheila zum Ausgang. Sie erstanden an einem der Stände noch eine Pferdedecke und Huffett, Bürste und Striegel, auch einen Kamm. Auch mit dem angepriesenen Fertigfutter, Hafer und andere Zutaten in dicke Würstchen gepreßt, wollte Dad einen Versuch machen; Peter Gerlach hatte ihm dazu geraten. Ein junger Mann rollte den Futtersack auf einem Schiebewagen hinter ihnen her bis zum Wagen. Steffi hielt Sheila, während Dad die Rückwand des Transporters herunterklappte, dann führte sie die Stute, die ihr gutwillig folgte, in den Anhänger. Die Klappe wurde verriegelt. Das Futter wurde auf dem Rücksitz verstaut. Steffi setzte sich auf den Beifahrersitz. Sie drückte Dads Arm und sah ihn dankbar an, mit feuchten Augen.

„Das vergesse ich dir nie, Daddy. Du weißt, was

mir das bedeutet. Sie ist bestimmt ein ganz liebes Pferd. Und so brav, so geduldig. Ich bin sicher, wir haben das richtige Pferd genommen. Nur, bitte, wenn sie eines Tages alt oder krank wird – auf einen Pferdetransport schicken wir sie nie. Hunde und Katzen schläfert man doch auch ein, um sie nicht leiden zu lassen, wenn man ihnen nicht mehr helfen kann."

Tom Stefan drückte Steffi die Hand. „Das verspreche ich dir, Kind."

Endlich fuhr er los, langsam, damit Sheila nicht hin und her gerüttelt wurde. Steffi spürte, daß auch ihr Vater froh war.

So froh, so zufrieden hatte Steffi ihn seit langer Zeit nicht mehr erlebt. Als der Wagen endlich vor dem Schäferkarren hielt, riß das Gewölk auf, ein Stück blauer Himmel kam zum Vorschein. Die Pferde auf der Koppel schauten herüber, als Dad den Anhänger öffnete und Sheila vorsichtig rückwärts gehend den Transporter verließ. Steffi führte sie zum Wasserfaß, und die Stute trank durstig. Dann legte Steffi ihr Noras Sattel auf, vertauschte das Halfter mit der Trense. Sheila hielt geduldig still.

„Sie ist wirklich gut im Futter", sagte Dad. Er sah zu, wie Steffi mit Sheila auf die große Wiese ritt, antrabte und dann in Galopp fiel. Steffis dunkles Haar flatterte im Wind, die weiße Mähne der Stute ebenfalls, und Steffi spürte, wie Sheila ihr auf jeden Schenkeldruck, jede Hilfe gehorchte. Sie hob die Hand, als sie zu Dad zurücktrabte.

„Sie geht ganz weich, fast behutsam, würde ich sagen. Sie hat weder zuviel Temperament noch zuwenig."

Die Pferde auf der Koppel hatten ruhig weitergegrast. Doch als Steffi Sheila jetzt auf die Koppel führte, nachdem sie abgesessen war und Dad den Sattel und die Trense gegeben und dann Sheila das Halfter wieder übergestreift hatte, hoben sie die Köpfe. Jetzt kam Heddas kleines, weißes Auto den Feldweg entlang. Die junge Gymnastiklehrerin stieg aus.

„Hallo, Steffi! Das neue Pferd? Es macht einen guten Eindruck. Neben ihr ist mein Schimmel noch immer sehr mager, obwohl ich ihn wirklich gut füttere. Aber es dauert offensichtlich eine Weile, bis er sich erholt. Laß uns sehen, wie sich deine Stute mit den anderen Pferden verträgt."

Es gab ein vorsichtiges Annähern. Doch alle Pferde waren friedlich; sie hatten gelernt, miteinander auszukommen. Dad folgte Steffi und Sheila in den Schuppen.

„Hier wirst du nachts schlafen, meine Gute. Mit den anderen zusammen. Boxen gibt es nicht, aber ihr werdet euch schon vertragen, hoffe ich."

Tom Stefan klopfte Sheila den Hals. Dann wandte er sich zum Gehen.

„Ich lade dein Fahrrad noch aus, Steffi, dann muß ich heim, an die Arbeit. Eine Strumpffabrik braucht eine zündende neue Idee für ein Plakat, und ich habe die Vorschläge bis Montag versprochen. Ich muß ja nun für drei arbeiten!" lachte er. „Die Tasche mit Broten und Obst lege ich in den Schäferkarren. Und am Nachmittag schaue ich noch mal vorbei. Vielleicht versuche ich morgen einmal wieder in den Sattel zu steigen. Aber nach so langer Pause wird mir das sicher erst einmal einen schönen Muskelkater bringen. Mach's gut, Kleines, servus, Sheila. Und Ihnen ein schönes Wochenende, Fräulein Scherping. Dem Schimmel auch!"

Steffi sah Dads Wagen mit dem Transporter nach. Sie lächelte.

„Zufrieden?" wollte Hedda wissen und band sich ihr Haar zu einem Pferdeschwanz zurück.

„Und wie! Aber glauben Sie nicht, daß ich über Sheila die gute, alte Nora vergesse. Können Sie verstehen, wie Mama sich von jemandem wie

Daddy scheiden lassen konnte? Ich nicht. Er ist nicht bloß ein Vater, er ist ein richtiger Freund."

Sheila begann Gras zu zupfen. Hedda gab ihrem mageren Schimmel einen Eimer voll Hafer.

Steffi setzte sich auf einen Baumstamm und sah den Pferden zu. „Später werde ich sie striegeln und bürsten; nur ein bißchen zuerst, damit sie weiß, daß wir zusammengehören. Denn der Pferdehändler hat sie vor dem Verkauf natürlich besonders gut gefüttert und auch geputzt, damit sie ihm mehr einbringt. Aber Dad hat ganz schön heruntergehandelt, fünfhundert Mark. Ich möchte sie nur erst mal grasen lassen. Und sie soll die anderen Pferde kennenlernen."

„Und später reiten wir zusammen über die Wiese?" fragte Hedda.

Steffi nickte und blickte den Schwalben nach, die in den Stall zu ihrer Brut flogen.

Nora, dachte sie, liebe Nora im Pferdehimmel, du mußt mir das glauben. Auch über Sheila werde ich dich nie vergessen. Nie.

Steffis Freundin Mareike

Die große Pause hatte eben ausgereicht, um Mareike alles berichten zu können vom Pferdemarkt, vom Kauf Sheilas und davon, was für ein Pferd sie war.

„Heute nachmittag beim Schäferkarren", hieß es am Ende. Nach Schulschluß radelte Steffi heim, aß im Stehen eines der von Frau Blum zubereiteten Fleischbällchen, das noch warm war und Fettfinger machte. Dann wusch sie sich die Hände, warf Schulbücher für die Hausaufgaben, zwei Äpfel, einige Möhren und alte Semmeln in eine Umhängetasche. Sie trat kräftig die Pedale, um schneller zu Sheila zu gelangen.

Als das Gelände in Sicht kam, ließ Xaver gerade seine Schafe auf der großen Wiese weiden. Doch außer dem Schäfer mit seinem Umhang und dem Schäferstab standen noch ein paar fremde Männer auf der Wiese. Sie steckten rotweiße Stangen in den Boden und schienen etwas auszumessen.

Steffi lehnte das Rad an den Schäferkarren. Sie nahm die Umhängetasche vom Gepäckträger und winkte Sheila zu, die ihr entgegensah wie zuvor Nora. Ein warmes Gefühl erfüllte Steffi. „Sheila, meine Gute! Da bin ich endlich. Es ist zwar nicht alles nur für dich – die anderen Pferde müssen wenigstens eine Semmel und eine Möhre haben. Aber das meiste gehört dir. Wollen wir über die Wiese reiten? Oder soll ich dich vorher putzen?"

Die Stute nahm einen Apfel, zwei Semmeln und eine große Möhre. Dann ging Steffi zu den anderen Pferden und verteilte alles, was sie dabei hatte, gleichmäßig. Nur Heddas magerer Schimmel bekam etwas mehr ab, weil er es einfach nötig hatte. Noch immer freilich ertappte sich Steffi dabei, daß sie sich nach Nora umsah. Du bist im Pferdehimmel, dachte sie, und dort tut dir keiner mehr weh...

Sie hatte nicht darauf geachtet, daß der Schäfer Xaver auf sie zukam.

„Das ist also dein Pferd, Steffi. Eine Brave, eine ganz Brave ist die. Aber trotzdem – wir müssen hier fort, alle miteinander. Die Pferde, die Reiter, meine Schafe und ich. Die Leute drüben auf der Wiese messen das Gelände bereits ab. Da wird ein Großmarkt errichtet. Als ob es nicht schon genug von der Sorte gäbe. Da kannst du nichts machen. Ich muß froh sein, wieder eine Wiese zu bekommen, wo ich einen Pferch aufstellen kann; wenn ich Glück habe, eine mit einem Schuppen für schlechtes Wetter, da es jetzt in meiner Herde die vielen Lämmer gibt."

Steffi starrte den alten Mann mit dem stoppeligen grauen Bart an.

„Du meinst, Xaver, wir müssen hier fort? Alle? Und du bekommst keinen neuen Schuppen, der groß genug auch für die Pferde ist?"

Der Schäfer kratzte sich den Kopf.

„Das war purer Zufall, der große, doppelte Schuppen hier. Es ist aber immer das gleiche. Kaum denkt man, alles läuft gut, sollte so bleiben, da kommt etwas dazwischen." Xaver wirkte müde, freudlos. Das alles hatte ihn wohl sehr getroffen. „Einer wie ich und ihr alle – wir können nichts dagegen tun."

„Und die Pferde? Wohin stelle ich jetzt meine Sheila? Und die anderen Leute, was machen die mit ihren Pferden?"

Xaver zuckte die Achseln und versuchte, sich eine Pfeife anzuzünden.

„Vielleicht findest du einen Bauern, bei dem du die Stute unterstellen kannst. Beim Bauern kostet es weniger, als der Pensions- und Pflegepreis in den Reitschulen beträgt. Denn die leben ja hauptsächlich davon: Futter, Pflege, Pension. Sie wollen verdienen."

Xaver kehrte um, ging zu seinen Pferden zurück, auf die seine drei zottigen Hütehunde aufpaßten. Den Feldweg entlang kam Mareike geradelt. Das Band, das ihr Haar sonst zusammenhielt, war aufgegangen; die rote Mähne flatterte im Fahrtwind, und Mareike hob strahlend einen Arm in die Luft. Steffi war bedrückt. Sie hatte sich so sehr gefreut, der neuen Freundin Sheila zu zeigen. Doch auch diesmal lag ein dunkler Schatten über den Wiesen, den nicht nur die Schönwetterwolken verursachten, die am Himmel entlangzogen.

„Servus, Mareike", sagte Steffi bedrückt.

„Die blonde Haflingerstute ist meine Sheila. Ich werde sie satteln und dich einmal aufsitzen und ein Stück reiten lassen, Schritt und Trab. Du wirst sehen, sie ist sanft und ganz weich im Maul, sehr gutmütig. Aber es muß immer etwas Blödsinniges passieren. Das Gelände hier wird verkauft und ein Großmarkt gebaut. Xaver hat es mir eben erzählt. Und daß ich mich nach einem Bauernhof umsehen soll, wo ich die Stute unterstellen soll. Es gäbe Bauern, die nähmen Pferde in Pension, sagte er. Sonst kommt nur eine Reitschule in Frage, aber das ist teurer. Ich habe keine Ahnung, was Dad sagt."

Steffi sattelte Sheila. Mareike gab ihr eine Möhre und zwei Zuckerwürfel. Dann schwang sie sich in den Sattel.

„Ich habe dir ja gesagt, unsere Babuschka lebt bei Onkel Max, dem jetzigen Bräuwirt. Er hat zwei Haflinger, und da durfte ich schon mal reiten, wenn ich dort war. Aber auch sonst hätte ich vor Sheila keine Angst gehabt, so vertrauensvoll und lieb ist sie."

Mareike stellte sich sehr geschickt an. Sheila schüttelte ihre Mähne, trabte an, und Steffi brachte es nicht fertig, Mareike zu belehren, wie sie mit Schenkeln, Knien und dem Absatz dem Pferd die Hilfen zu geben hatte. Mareike wußte genug, um mit einem Pferd klarzukommen.

Dann sprang die Freundin ab. Steffi saß auf und galoppierte einmal über die große Wiese, um die Schafherde herum und um die Männer mit den rotweißen Stöcken, die das Gelände ausmaßen. Als sie zurückkam, hatte Mareike sich das Haar wieder hochgebunden; sie hockte auf einem Baumstamm auf der Koppel und stand auf, als Steffi absattelte.

„Denke nicht, daß bei uns alles glattgeht. Ich mache mir Sorgen. Sebastian, mein Vater, ist arbeitslos. Allein das Wort klingt scheußlich, nach Armut und Elend. Das Dumme ist, daß er freiberuflich Bauingenieur ist. Aber sein Team hat sich aufgelöst. Und Sebastian hat im Augenblick keinen Auftrag in Sicht. Jetzt muß er inserieren, Annoncen aufgeben und sehen, wer einen Bauingenieur sucht."

Steffi hatte den Sattel und das Zaumzeug im Karren verstaut.

„Mein Daddy arbeitet auch freiberuflich", sagte sie.

„Aber er hat seine festen Kunden und arbeitet mit einer Agentur, hast du gesagt."

„Eben. Werbung wird immer gemacht. Es ist wichtig für die Firmen, ihre Erzeugnisse bekannt zu machen", murmelte Steffi, der die Sorgen Mareikes nahegingen.

„Kathinka will noch mehr Kurse geben, auch mit Unterstützung durch die Kirche", sagte Mareike und gab Steffi einen Kaugummi.

„Ich trage jetzt auch Werbeschriften aus, habe noch einen Job als Babysitter. Und ich gebe Nachhilfeunterricht in Mathe und Englisch. Da kommt einiges zusammen. Sebastian scheut auch keine Arbeit. Aber wir müssen das Häusl bei Dießen noch abzahlen. Und fertig ausgebaut ist es auch noch nicht. Was auf der hohen Kante liegt, damit heißt es jetzt vorsichtig umgehen."

Mareike wirkte beinahe erwachsen, als sie das sagte, und sehr nachdenklich.

„Du siehst, nirgends ist bloß Sonnenschein. Arbeitslos...", murmelte sie und schaute über die grünen Wiesen hin und hinauf zu den Schwalben, die durch die Luft flogen.

Steffi drückte Mareikes Arm.

„Schlimm. Und Sheila braucht auch einen neuen Stall. Hoffentlich erschrickt Dad nicht zu sehr. Jedenfalls müssen wir uns alle etwas einfallen lassen, glaube ich. Und doppelt arbeiten und etwas tun. Ich könnte den Haushalt allein machen, ohne „Blümchen", wenn Sheila jetzt mehr Geld kostet. Hoffentlich bereut Dad nun nicht, daß er mir Sheila gekauft hat. Denn sie wieder herzugeben – dazu habe ich sie schon viel zu liebgewonnen."

Wohin mit drei Pferden?

Dad faßte schnell Entschlüsse, das wußte Steffi.

„Ich werde eben noch mehr arbeiten. Wir werden versuchen, Sheila in der Reitschule am Englischen Garten in Pension zu geben. Dort hatte Onkel Peter seinen Tommy stehen, ehe er sich für die

Reitakademie in Riem entschloß."

Ein Anruf hatte genügt. Und jetzt, am Sonntag morgen, war es soweit, daß Onkel Peter mit dem Pferdetransporter, mit Dad auf dem Beifahrersitz und Steffi auf dem Rücksitz, durch das Tor bergab auf den Parkplatz der Reitschule fuhr. Dad öffnete den Anhänger. Steffi führte Sheila hinaus und zu der offenen Bahn hinüber, in der ein Reitlehrer mit einer Anzahl Reiter war.

„Terrab – und leicht traben!"

Tom Stefan, der schon gestern mit Steffi hier gewesen war, hatte den ersten Monat bezahlt und die Box besichtigt. Jetzt kroch er unter der Umrandung hindurch und ging auf den Reitlehrer zu.

„Das ist Herr Keller, Steffi. Er sagt, du kannst die paar Minuten noch mit der Abteilung reiten, damit er gleich sieht, wie weit du bist!"

Dad öffnete den Eingang zur Bahn, und Steffi trabte auf Sheila hinter der Abteilung her. Ihr Haar wehte. Sie entdeckte Mareikes roten Schopf und sah das Winken der Freundin. Sheila gehorchte Steffi, als hätte sie sie schon lange geritten, als seien sie schon seit Monaten miteinander vertraut. Die Sonne schien auf den Platz. Vom Englischen Garten her kamen einige Reiter über den Steg geritten, der über den Bach führte. Er war die Grenze zwischen dem Reitgelände und dem Englischen Garten mit seinen alten Bäumen, dem Grün der Wiesen.

„Nicht schlecht, Steffi. Du hast Reiten fast allein gelernt, hat dein Vater gesagt. Natürlich mußt du noch einiges dazulernen, und deiner Stute schadet Bewegung auch nicht, im Gegenteil! Sie steht wohl zu viel oder ist zu gut im Futter. Scherritt! Und halt!" rief der junge Reitlehrer mit dem gebräunten Gesicht. „Das war's für heute, Herrschaften. Absitzen, wenn ich bitten darf!"

Als Steffi aus dem Sattel glitt, wurde ihre Aufmerksamkeit von einem wunderschönen Schimmel gefesselt, der verzweifelt vor einem Hindernis, einer Brücke, scheute. Das Tier zeigte alle Anzeichen eines Sturzes, seine Flanken waren mit Erdspuren und Gras bedeckt. Sein Reiter, ein semmelblonder, rotgesichtiger Mann, schlug mit der Peitsche auf das Tier ein, das mit angstgeweiteten Augen auszubrechen drohte. Fassungslos starrten Steffi und ein paar Zuschauer zu Pferd und Reiter hinüber. Da geschah etwas Unerwartetes: Mit einem Sprung war Steffis Vater bei dem Wütenden, riß ihm die Peitsche aus der Hand und schrie ihn an, sofort von dem Pferd abzulassen. Peter Gerlach kam hinterher und beruhigte den Schimmel, der außer sich vor Aufregung war. Es entspann sich ein wütender Wortwechsel zwischen Ebermann, so hieß der Reiter, Tom Stefan und Peter Gerlach. Auch der Reitlehrer Keller war näher gekommen. „Es ist Sandokan", sagte er. „Wir verfolgen schon seit längerer Zeit mit Sorge, wie Ebermann das Tier behandelt. Angeblich will er ihn verkaufen. Wie ist es, Ebermann? Sie sollten sich von dem Schimmel trennen!"

Nach einer längeren Besprechung wurden sie sich einig: Ebermann verkaufte den Schimmel Sandokan an Tom Stefan.

Fassungslos stand Steffi da. Ihr Dad kaufte den schönen Schimmel!

Aus einem der Reitställe kam ein Reiter, der eben sein Pferd in die Box gebracht hatte.

„Hallo, Gerlach", rief der Reiter Onkel Peter zu. „Der Stallbursche Kari hat mir berichtet... Ein Glück für Sandokan, daß er in andere Hände kommt!"

„Tom, darf ich bekannt machen: Tierarzt Dr. Schäfer. Und der Käufer des Schimmels ist mein Freund Tom Stefan, der erst vor Tagen seiner Tochter auf dem Pferdmarkt die Haflingerstute hier gekauft hat."

„Ein Tierarzt?" Steffi blickte ihren Vater an.

„Könnte er den Schimmel nicht untersuchen?“

„Er lahmt. Dieser Ebermann hat einen schweren Sturz selbst verschuldet. Wer kein Gefühl für Pferde hat und nicht reiten kann, der sollte es besser lassen.“

Die Zuschauer gingen auseinander. Steffi war stolz auf ihren Vater, der dem Schimmel gut zuredete, ihm den Hals klopfte, ihm ein paar der für Sheila bestimmten Zuckerstücke gab.

„Ein paar Tage schonen würde ich ihn. Er hat sich bei dem Sturz die rechte Vorderhand vertreten. Aber Sie tun ein gutes Werk, Herr Stefan, wenn Sie oder Ihre Tochter das Pferd täglich besuchen, ein paar Schritte im Freien mit ihm auf und ab gehen. Ein gutes Leben hat der Schimmel bei Ebermann nicht gehabt.“

Steffi und Dad führten Sandokan in seine Box am Ende der Stallgasse. Die Sheila zugewiesene Box lag schräg gegenüber. Dann ging Dr. Keller auch in Sheilas Box. Er untersuchte sie gründlich.

„Zwei Monate, schätze ich, wird es dauern, bis sie fohlt“, sagte er dann. „Aber soviel ich weiß, ist die Reitschule dafür nicht eingerichtet . . .“

„Fohlt?“ fragte Tom Stefan und blickte Steffi überrascht an. Steffi, was sagst du dazu? Davon hat uns der Pferdehändler nichts gesagt!“

„Sie wirkt nur gut genährt, stimmt. Aber sie ist tragend, das steht fest. Vielleicht kann ich Ihnen, bis es soweit ist, einen Bauernhof nennen, wo sie für die Zeit des Abfohlens und die ersten Wochen nach der Geburt mit dem Fohlen stehen könnte."

„Aber dann haben wir ja drei Pferde, Daddy! Schaffst du das denn? Dreimal Pension zahlen?" Steffi war immer noch außer sich vor Überraschung.

Tom Stefan bemühte sich um Fassung.

„Erst einmal muß ich die Stallmiete für Sandokan zahlen und veranlassen, daß der Betrag für den restlichen Monat an diesen Ebermann überwiesen wird. Im übrigen werden wir uns etwas einfallen lassen, Kleines. Bisher sind wir noch mit jeder Situation klargekommen, du und ich. Oder etwa nicht?"

„Stimmt, Daddy. Vor allem du!" sagte Steffi hoffnungsvoll.

Mareike drückte Steffis Arm.

„Mach's gut, du. Vielleicht melde ich mich später noch mal bei dir zu Hause. Aber ich muß jetzt heim. Mal sehen, was Sebastian und Kathinka sagen, wenn ich ihnen erzähle, was sich hier alles ereignet hat!"

Steffi nickte und schlang den Arm um Sheilas

Nacken. Sie legte ihr Gesicht an das warme Fell.

„Meine gute Sheila, du bekommst ein Fohlen. Ja, dann ist es wohl einfach doppeltes Glück für dich, daß wir dich gekauft haben. Du hast ja gesehen, wie Dad ist. Er sieht nicht nur zu, wenn es einem Tier schlecht geht. Er wird sich schon etwas einfallen lassen. Das schwöre ich dir."

Es war schon Nachmittag, als Steffi die Wohnungstür aufschloß. Onkel Peter hatte sie und Dad zu einer Pizza eingeladen, um noch einmal alles durchzusprechen. Jetzt fuhr er den Pferdeanhänger nach Riem zurück. Dad blieb unschlüssig in der Diele stehen.

„Hast du noch Hausaufgaben zu machen, Kleines? Ich könnte mich auch am Abend an die Arbeit machen. Hast du Lust, ins Kino zu gehen?"

Das Telefon läutete, ehe Steffi „ja" oder „nein" sagen konnte. Als sie den Hörer aufnahm, drang Mareikes fröhliche Stimme an ihr Ohr: „Steffi, Kathinka möchte etwas sagen. Ich übergebe . . ."

Dann erklang Kathinkas warme, ruhige Stimme. „Du, Steffi, magst du mit deinem Vater zum Gugelhupf mit Tee oder Kaffee zu uns kommen? Mareike hat schon ein paarmal vergeblich versucht, euch zu erwischen. Sie hat nämlich erzählt, daß ihr

Probleme habt. Wir dachten, man könnte vielleicht gemeinsam über alles reden."

Steffi nickte nachdrücklich.

„Das wäre prima, Kathinka. Du, Dad, Mareikes Mutter lädt uns zu Kuchen und Kaffee ein, oder zu Tee. Hast du Lust?"

Dad nickte.

„Warum nicht? Ich würde Mareikes Familie sehr gern kennenlernen. Sag, wir danken und machen uns auf den Weg. Etwa in zehn Minuten sind wir da. Die paar Minuten zu Fuß werden uns nicht schaden, im Gegenteil."

Dad ging in die Küche und goß sich ein Glas kaltes Mineralwasser ein.

Sie gingen die sonntäglich leeren Straßen entlang bis zum Haus, in dem Sündermanns wohnten. Auf dem Parkplatz wartete Flori mit Asco, dem Cockerspaniel, der auf Steffi zurannte und an ihr hochsprang. Sie streichelte ihn.

„Siehst du, Daddy, er wußte gleich, wie sehr ich Hunde mag. Ganz sicher riecht er auch an meiner Strickjacke, daß ich Bim ab und zu besuche."

Sie fuhren mit dem Lift bis zum obersten Stockwerk und wurden dort von Sebastian begrüßt. Er streckte Tom Stefan die Hand hin: „Sündermann. Ich freue mich sehr, Sie kennenzulernen. Ihre Steffi haben wir schon richtig ins Herz geschlossen. Und es sind ja aufregende Dinge, die uns Mareike da vorhin erzählt hat. Kommen Sie!"

Kathinka stellte eben die letzte Tasse auf den runden Tisch im Wohnzimmer. Mareike brachte eine Teekanne und eine Kaffeekanne aus der Küche, Flori trug den Gugelhupf. Tiger sprang aus einem Sessel.

„Drei Pferde, nachdem Sie eigentlich nur Sheila für Steffi kaufen wollten! Das kam sicher unerwartet", sagte Kathinka, während sie einschenkte und den Kuchen anbot.

Steffi forschte in Dads Gesicht; er lachte jungenhaft. „Es kommt eben manchmal anders als man denkt. Ich muß mir jetzt etwas einfallen lassen. Aber wir behalten die Pferde. Und ich glaube, Steffi und ich freuen uns beide sehr auf das Fohlen!"

Sebastian biß in ein Stück Kuchen. „Mir würde es nicht anders gehen. Sie verdienen ja zum Glück nicht so schlecht. Aber ehe ich da so etwas wie ein Angebot mache: Hol doch mal die Fotos vom Häusl vom Schreibtisch herüber, Flori! Zeig sie bitte Herrn Stefan und Steffi!"

Flori legte eine Anzahl von Farbfotos zwischen Steffis und Dads Kuchenteller. Sie zeigten ein

Bauernhaus mit tiefgezogenem Dach, mit einem langen hölzernen Balkon, einen Stall und einen Schuppen und einen sommerlich bunten Garten mit Sonnenblumen, Dahlien und Rittersporn. „Die Fotos sind vom vorigen Sommer. Und so sieht es bisher innen aus. Und so im Winter. Ja, und dies ist der Dachboden. Er ist ziemlich groß, ist bis jetzt nur verschalt. Wir wollen ihn noch ausbauen." Sebastian lehnte sich zurück. Er nahm die kalte Pfeife aus dem Mund und legte sie in einen Aschenbecher.

„Schön", sagte Tom Stefan, und etwas wie Sehnsucht klang in seiner Stimme mit.

„Das findest du sicher auch, Steffi? Ställe sind auch da. Waren Pferde darin?"

„Nein, Kühe. Aber ich hatte mir vorgenommen, den Kuhstall irgendwann einmal in einen Pferdestall umzuwandeln. Der Schweinestall soll eine Werkstatt für Kathinka werden. Die Wände der einzelnen Koben werden eingerissen, größere Fenster werden eingebaut."

„Es war Mareikes Idee, um ehrlich zu sein", warf Kathinka ein. „Sie wollte mit Ihnen darüber reden. Denn der bisherige Kuhstall würde durchaus Platz für drei oder vier Pferde bieten. Auch der Dachboden ließe sich ohne großen Aufwand ausbauen. Ein

Studio für Sie, ein Zimmer für Steffi, eine kleine Küche und ein Bad ließen sich da außer einer kleinen Diele leicht einrichten. Sebastian ist ja schließlich Bauingenieur. Und er hat, nur mit ein paar Handwerkern aus Dießen, wirklich viel selbst gemacht. Fragen Sie nicht, wie baufällig und heruntergekommen das Anwesen war, als wir es kauften. Günstig kauften", fügte sie hinzu.

„Und die Wiese hinten im Garten wäre eine gute Koppel", sagte jetzt Sebastian.

Steffi öffnete den Mund und schloß ihn wieder. Das war kein Spaß und nicht bloß so eine leichte Tee-Unterhaltung: Die Sündermanns meinten ernst, was sie sagten! Steffi faßte Dad am Arm und sah ihn flehend an.

„Aber wer paßt denn nachts und während der Woche auf die Pferde auf, Dad? Es genügt nicht, daß wir sie nur am Wochenende reiten, auch wenn sie jemand füttert!"

Mareike schüttelte energisch den Kopf; ein paar rote Haarsträhnen lösten sich. Asco schob seine feuchte schwarze Schnauze in Steffis Hand, so, als ob er sie beruhigen wollte.

„Doch nicht bloß am Wochenende! Ich meinte, daß ich es für eine gute Lösung hielte, wenn wir alle ins Häusl zögen! In Dießen gibt es schließlich auch

Schulen. Und Sie, Herr Stefan, arbeiten doch freiberuflich. Sie sollten das Häusl natürlich erst einmal sehen. Es ist alles nur ein Vorschlag!" Er fuhr fort: „Wenn wir uns zusammentäten ... Also, schlecht wäre es für uns alle nicht!"

Dad legte die Hand auf Steffis Arm und drückte ihn. Mach dir keine Sorgen, sollte es heißen.

„Der Gedanke beginnt mir zu gefallen. Und der Stall wäre groß genug? Dann fiele ja die dreifache Pension in der Reitschule fort. Und wir könnten vielleicht eine Wohnung in der Stadt aufgeben und nur mein Studio behalten. Aus beruflichen Gründen."

„Das Häusl liegt außerhalb von Dießen auf einem Hügel", sagte Kathinka. „Und der Garten ist herrlich. Wir haben da Stauden, Obst und Gemüse angebaut. Es ist schön dort, im Winter und auch im Sommer. Und ganz nach draußen zu ziehen, das hatten wir immer schon geplant. Später. Warum dann nicht jetzt, mit den Pferden und mit Ihnen und Steffi gemeinsam. Wenn es Ihnen da draußen gefallen würde ..., uns wäre es recht!"

Sebastian blickte auf seine Armbanduhr. „Angenommen, wir fahren auf der Stelle los, nach Dießen, mit unserem Kombi, in dem wir alle Platz haben, dann könnten Sie und Steffi noch alles bei

Helligkeit besichtigen. Fotos geben ja nur einen oberflächlichen Eindruck!“

Steffi sprang auf. Auch Dad erhob sich. Kathinka und Sebastian, Mareike und Flori, alle standen auf und liefen durcheinander.

„Asco, du darfst mit“, bestimmte Kathinka. „Und Tiger hält hier die Stellung. Denn wir sind nicht lange genug draußen, um ihn nachher zu suchen, wenn er im Heuschober nach Mäusen Ausschau hält. Sind die Heizplatten abgestellt, Mareike? Brennt nirgends mehr Licht? Dann können wir losfahren!“

Die Sonne ging hinter dem Westufer des Ammersees unter, als Sebastian den Kombi auf Dießen zusteuerte, am Ufer entlang, das Schilf und zartgrüne Birken säumten. Der Ort erstreckte sich am See und den Hügel hinauf um die alte Barockkirche. Die letzten Häuser blieben zurück, als sie in einen Feldweg einbogen. Hinter einer dichten Hecke tauchte das Dach eines bäuerlichen Anwesens auf.

Kathinka deutete darauf. „Da ist es, unser Häusl!“

Steffi hörte Stolz und die Liebe zu dem Haus aus ihrer Stimme. Hier zu wohnen, dachte sie, mit den Pferden und mit Sündermanns hier wohnen – wir würden uns bestimmt schon beim Aufwachen auf den Tag freuen und auf all das, was er uns bringen wird. Wie schön wäre es hier für die Tiere!

Sebastian hielt, Flori sprang hinaus und sperrte das große hölzerne Tor auf. Dann fuhr der Wagen in den kleinen Hof, den links das Bauernhaus und der anschließende Stall begrenzten; rechts war ein großer Schuppen und dahinter der Garten mit der Wiese unter Obstbäumen.

„Unseren Bausparvertrag und den größten Teil unserer Ersparnisse haben wir da hineingesteckt", sagte Kathinka fröhlich, als sie ausstiegen. „Das Dach repariert, das Haus verputzt, innen umgebaut, einen Kamin gebaut, eine Wand durchbrochen und die Küche neu eingerichtet: getäfelt, mit Eckbank und allem, was man braucht", fuhr sie fort.

Kathinka schloß die Haustür auf. Sebastian nahm Tom Stefan am Arm. „Als wir hier zum erstenmal waren, das Haus und alles hier sahen, so verfallen es war, wußten wir doch sofort: das wird unser ‚Häusl'. Genau das wollen wir haben. Aber ich glaube, Herr Stefan und Steffi, der Stall ist zunächst das Wichtigste. Sehen wir uns den erst einmal an. Und die Wiese da..., mit einem Zaun abgegrenzt gegen die Gemüsebeete, die Stauden und unsere kleine Ecke, in der Obst wächst, gäbe doch eine ganz gute Koppel, oder nicht?“

In dem dämmerigen Kuhstall funktionierte das Licht nicht. Noch machte alles einen abgewirtschafteten Eindruck.

„Wir müßten die elektrische Leitung in Ordnung bringen, alles weißeln, Trennwände für die Boxen und Futterkrippen bauen. Wasser ist da, eine automatische Tränke können wir immer noch einbauen. Vorerst werden Eimer mit Wasser genügen.“

Steffi strahlte. „O Daddy, ja! Bitte! Hier ist Platz genug für Sandokan, für Sheila und das Fohlen. Und jeden Morgen füttere ich sie, ehe ich frühstücke und zur Schule fahre, zusammen mit Mareike.“

„Ich darf aber auch helfen! Und reiten auch, ja?“ wollte Flori wissen.

Tom Stefan nickte lachend. „Daraus läßt sich ein guter Pferdestall machen. Das Dach scheint intakt zu sein. Wenn wir, vielleicht mit ein, zwei Handwerkern, mithelfen“, sagte er zögernd, „dann wäre dieser Umbau wohl kein großes Problem, vorausgesetzt, daß das Haus tatsächlich Platz für Steffi und mich hat. Einen Bausparvertrag besitze ich übrigens auch, und eine Art Reserve auf der Bank ist ebenfalls da."

Sie gingen durch den Garten. Es dämmerte, und Kathinka zündete im Haus die Lichter an.

„Man muß sich vorstellen können, wie es im Sommer hier aussieht. Mit blühenden Blumen und Büschen! Der alte Holunder da drüben! Und auch eine Kletterrose hat Kathinka vor dem Haus gepflanzt. Geranien auf dem Balkon, Erdbeeren und Salat im Garten, Tomaten und Bohnen.

„Und die Apfel- und Kirschbäume tragen auch gut", sagte Tom.

Sebastian blickte ihn fragend an. „Gefällt es Ihnen, das Häusl hier mit dem Grundstück? In dem großen Schuppen könnten die Pferde bei Schlechtwetter herumlaufen, sich bewegen, wenn es etwa in Strömen regnet oder im Winter, wenn auf der Wiese Schnee liegt."

Er deutete auf den Schweinestall, der sich an den eben besichtigten Kuhstall anschloß. „Und aus dem Stall dahinten wird eine gute Werkstatt für Kathinka. Ich habe schon angefangen, innen allerhand umzubauen und zu verändern. An Pferde hatte ich auch schon einmal gedacht. Ich ahnte ja nicht, daß die Dinge sich so entwickeln würden..."

Steffi und Mareike folgten ihren Vätern ins

Haus. Flori war mit Asco schon vorausgelaufen.

„Halt, Bürscherl“, sagte Sebastian und hielt Flori fest. „Du holst aus dem Keller Bier und Limo. Und dann kannst du Kathinka helfen, den Kamin anzuzünden. Ich zeige inzwischen Steffi und ihrem Vater das Haus.“

Im Wohnzimmer, das sehr groß war, gab es einen selbstgemauerten Kamin. Um die kleinen Holzscheite züngelten schon Flammen. Kathinka warf etwas Hartholz dazu und richtete sich auf.

„Ist das schön hier“, sagte Steffi leise. Es gab dunkle Holzbalken an der Decke, und Sebastian erzählte, daß er eine Wand zwischen den früheren beiden kleinen Zimmern niedergerissen habe. Korbsessel mit bunten Kissen umstanden den Kamin, und am Fenster gab es in einer getäfelten Ecke eine Sitzbank und einen großen Tisch mit Bauernstühlen.

„Sehr schön“, sagte Tom Stefan, und seine Tochter atmete auf. Sie warf ihrer Freundin Mareike einen Blick zu. Es gefällt Daddy, dachte Steffi. Er mag das Haus. Dann wird das, was mir jetzt noch wie ein Traum erscheint, vielleicht Wirklichkeit.

Mareike zwinkerte Steffi zu. „Warte es ab“, flüsterte sie. „Das Haus hat bisher noch jedem gefallen. Es wäre doch ein Wunder, wenn es deinem Vater nicht gefiele!"

Sie stiegen die hölzerne Treppe hinauf, schauten in eine holzgetäfelte Kammer, in der sich Flori häuslich eingerichtet hatte, und in ein größeres Zimmer, das Mareike gehörte. Das Schlafzimmer von Sebastian und Kathinka führte auf den Balkon hinaus, in dessen Blumenkästen Kiefernzweige steckten. Neben dem Bad befand sich noch ein mit bunten Bauernmöbeln eingerichtetes Gastzimmer.

Dann ging Kathinka durch die kleine Diele mit den bäuerlichen Kommoden und dem großen bunten Flickenteppich und stieß die Tür zum Dachboden auf. Er erschien Steffi düster und riesengroß. Aber Dad schien das nicht zu stören.

„Das Dach ist dicht", stellte er fest. „Und man müßte Fenster anbringen, Sprossenfenster, vor allem dort, wo ich mein Studio habe. Ganz hinten am besten. Ein Zimmer zum Hof hin für dich, Steffi, daneben ein Bad und eine kleine Küche, groß genug, daß wir darin frühstücken und essen können. Da bleibt noch Platz für einen Vorraum mit Einbauschränken, vielleicht mit einem Klappbett für Besucher..."

„Ein Gastzimmer sollte doch reichen", meinte Sebastian. „Auch am Anfang eine Küche und ein Bad, während noch umgebaut wird."

Dad nickte. Steffi war froh. Er legte seiner Tochter den Arm um die Schultern. Dann setzte er sich in einen der Korbsessel. Kathinka schenkte Bier ein, sich selbst Apfelsaft. „Nach Hause fahre ich, Sebastian. Ihr Männer, du und Herr Stefan, trinkt sicher noch einen Obstschnaps!"

Steffi spürte, wie ihre Wangen glühten, und das kam nicht nur vom Kaminfeuer, vor dem sich Asco in gebührender Entfernung niedergelegt hatte.

„Ich muß gestehen, seit meiner Scheidung haben wir eigentlich so dahingelebt, Steffi und ich", sagte Dad plötzlich. „Sie hatte zum Glück die Pferde, doch der Kummer um Bim ist wohl geblieben."

Steffi nickte. Sie beugte sich zu Asco nieder und streichelte ihn.

„Ja, aber ich hoffe immer noch, daß Mama eines Tages einsieht, daß er es bei uns besser hätte. Doch jetzt haben wir Sheila und das Fohlen, das sie bekommt, und den Schimmel."

„Ich glaubte früher, es brauchte eines besonderen Anstoßes, um bewußt ein neues Leben zu beginnen. Nicht nur, weil ich das Steffi schuldig bin, auch mir selbst. Etwas anpacken, das Leben ändern: die Chance haben wir jetzt. Und ich sage ja zu Ihrem Angebot, Herr und Frau Sündermann!"

„Kathinka und Sebastian!" erwiderte Kathinka.

Und Tom Stefan nickte.

„Gern. Ich bin Tom. Wie gesagt, grundsätzlich ja. Ich verdiene genug, um den Dachboden und den Stall auszubauen, mich am Ausbau des Hauses zu beteiligen. Mein Studio in der Stadt will ich behalten. Jeder von uns Erwachsenen wird beruflich ab und zu in der Stadt zu tun haben. Also, die Wohnung in München behalte ich; sie steht Ihnen, Kathinka und Sebastian, jederzeit zur Verfügung. Und hier, würde ich sagen, fangen wir sofort an. Ich habe nicht genug Zeit, um ständig mit beim Umbau zu helfen; aber es gibt ja Handwerker, und da ich viel zu tun habe, lassen sich die auch bezahlen."

Steffi spürte, wie sich die Spannung legte. Sie nahm Asco hoch, zog ihn neben sich in den Sessel und streichelte sein goldbraunes Fell.

„Ich finde den Gedanken einfach Spitze. Mit Mareike und euch allen und Tiger und Asco und den Pferden hier zu leben ... riesig!"

„Und ich darf reiten lernen?" wollte Flori wissen.

Sein Vater fuhr ihm durch die Haare.

„Sicher. Aber dazu gehört auch den Stall ausmisten und die Pferde tränken und füttern, Junge."

„Ist doch klar. Oma ist ja in der Nähe, die mir immer mal Taschengeld gibt. Dafür kaufe ich den

Pferden Möhren!"

„Und eine neue Schule gibt es auch im Ort, vergiß das bitte nicht", erinnerte Sebastian seinen Sohn lachend.

Kathinka brachte aus der Küche eine Platte mit Schinkenbroten.

„Wollen wir hoffen, daß dies für uns alle ein guter Tag ist. Daß wir zu einer Art großer Familie werden. Und daß einer für den anderen da ist. Trinken wir darauf!"

Steffi streichelte Asco selbstvergessen.

„Ich dachte, es wäre der schönste Tag im Leben gewesen, als ich neulich Sheila bekam. Aber der Tag heute bedeutet noch mehr, für uns alle, aber natürlich auch für die Pferde!" sagte sie leise.

Wenn nur Bim noch dabei wäre, dachte sie bei sich.

„Ich weiß schon, Kleines, was du denkst. Ich werde mit Mama sprechen. Aber du kennst sie ja. Wenn sie merkt, daß wir Bim zurückhaben möchten, gibt sie nicht nach."

„Ich möchte mir den Stall noch mal ansehen", sagte Steffi. „Kommst du mit, Mareike?"

Die Freundin war schon an der Tür. „Klar, Steffi!"

Zwei Familien ziehen aufs Land

Es goß in Strömen, obwohl am Abend zuvor der Himmel wolkenlos und blau gewesen war. Die Wohnung mit den vielen Kisten, nebeneinander und übereinander gestapelt, wirkte gemütlich. Die Küche sollte unverändert bleiben, und auch Daddys Studio. Er würde sich eine neue Liege in Steffis Zimmer aufstellen und mit einer ausziehbaren Couch, einem Tisch und drei Korbsesseln das bisherige Wohnzimmer für Sündermanns einrichten. Das alles war schon vor einer Woche geliefert worden, als Mareike mit ihrer Familie nach Dießen gezogen war. Über der Eingangstür befand sich nun auch ein Türschild mit dem Namen Sündermann.

Die aufgetürmten Koffer und Kisten, das Durcheinander und die Unruhe machten Steffi unwiderruflich klar, daß sich ihr Leben ändern würde. Zum Schluß legte sie die Fotos von Nora und Bim in einen Karton. Bim, dachte Steffi traurig, Bim fehlt ganz einfach. Es ist nicht recht, glücklich zu sein, sich auf den Umzug ins Häusl zu freuen, wenn Bim nicht dabeisein kann.

Sie stand da, mit gesenktem Kopf. Aber sie konnte nichts tun, gar nichts. Wieder hatte Mama Daddy am Telefon gesagt, sie brauche Bim, er, Tom, habe schließlich Steffi. Und Steffi habe ihr Pferd. Da könnten sie ihr, der Mutter, doch Bim lassen.

Dad betrat Steffis Zimmer. Er hielt einen Packen Fotos und Briefe in der Hand.

„Steffi ...", sagte er zögernd, „da hab ich eben noch ein paar Sachen, Bilder und Briefe, gefunden, die deiner Mutter gehören. Würdest du sie ihr bitte bringen? Mit dem Rad bist du doch in einer Viertelstunde dort. Der Regen läßt gerade nach. Es sind Fotos aus ihrer Jugend und von einigen Reisen. Dinge jedenfalls, auch Briefe an mich, die ich nicht mehr haben möchte, auch nicht mit ins Häusl nehmen will. Das Kapitel ist abgeschlossen. Ich muß einen neuen Anfang machen."

Steffi begriff. Es machte Dad eben immer noch etwas aus, daß Mama fortgegangen war, daß sie die Scheidung gewollt hatte und jetzt mit einem Bühnenbildner, Dieter Christian, befreundet war. Er war ziemlich talentiert, fand Dad. Und er mochte auch nett sein. Aber mit Dad konnte der doch nicht konkurrieren. Das konnte niemand, fand Steffi. Sie stand auf.

„Okay, Daddy. Und auf dem Rückweg fahre ich noch mal bei den Pferden vorbei. Wenn sie wüßten, was ihnen morgen bevorsteht: der Transport nach Dießen, eine neue Koppel, ein neuer Stall. Und wir alle unter einem Dach!"

Sie packte die Briefe und Fotos in die Umhängetasche, schlüpfte in ihren Anorak und zog die Kapuze über den Kopf.

„Einen schönen Gruß, vor allem an Bim", sagte Tom Stefan.

„Schade, daß Mama so uneinsichtig ist. Bim hätte es so gut bei uns! Beim nächstenmal werde ich sie fragen, ob er verkäuflich ist und was sie für ihn haben will! Vielleicht gibt sie ihn uns dann eher. Fahre vorsichtig!"

Steffi holte ihr Rad aus dem Keller. Dad hatte recht gehabt, der Regen ließ nach. Der Asphalt glänzte noch. Sie radelte über den Effnerplatz und die Kennedybrücke durch den Englischen Garten, war bald in der Osterwaldstraße. Mamas Auto stand nicht vor dem Haus, doch der Hausmeister ließ sie herein.

„Ich weiß nicht, ob meine Mutter da ist. Wenn nicht, darf ich vielleicht nachher etwas bei Ihnen abgeben?"

Der Hausmeister nickte.

„Klar doch. Aber sieh erst mal nach. Vielleicht steht der Wagen auch in der Garage.“

Steffi fuhr mit dem Lift nach oben. Der Name Stefan stand nicht auf Mamas Messingschild. *Bettina Rehden* stand da. Steffi drückte auf den Klingelknopf. Ein kurzes Bellen ertönte.

„Bim!“ rief Steffi durch die verschlossene Tür. „Ich bin's, Steffi. Bim, es tut mir so leid, ich möchte dich so gern noch mal sehen, ehe wir nach draußen ziehen!“

Hinter Steffi wurde die Tür des Aufzugs geöffnet.

„Mit wem redest du denn? Etwa mit dem Hund? Du bist ganz schön verrückt, Steffi“, sagte Mama, die wieder einmal aussah wie das Titelbild einer Modezeitschrift. Sie lächelte ihrer Tochter zu.

„Hallo, Mama“, murmelte Steffi. Wie immer gab ihre hübsche Mutter ihr das Gefühl, ganz und gar unbedeutend zu sein. Hinter Mama tauchte Dieter Christian auf, der eigentlich nett aussah und sicher auch nett war. Er schleppte eine Menge Tüten und grinste Steffi zu.

„Ich sollte dir ein paar alte Briefe und Fotos bringen, weil wir doch morgen aufs Land ziehen. Wir und die Pferde, ins Bauernhaus von den Sündermanns. Ich meine, Dad hat sich daran beteiligt, und sie sind einfach Klasse...“

Mama schloß die Tür auf. Sie gingen hinein.

Steffi umarmte Bim, dessen Fell nicht mehr so glänzte wie früher. Er winselte, sprang an Steffi hoch, versuchte ihr das Gesicht abzulecken.

„Steffi, das ist unappetitlich. Mach das Tier nicht jedesmal verrückt. Ich muß es immer hinterher ausbaden, wenn er tagelang hinter dir her jault. Dieter, mach mir bitte einen Drink und gib Steffi einen Saft!“

Mama nahm die Fotos und Briefe aus der Tasche, legte sie auf ihren großen Schreibtisch in dem weiß und schwarz gestrichenen Wohnraum, der supermodern eingerichtet war und viele ihrer Fotos an den Wänden aufwies.

„Ich sehe, er will die Erinnerungen an die Vergangenheit loswerden, mein guter Tom. Sag deinem Vater, Steffi, ich ließe danken. Und bitte, reg Bim heute nicht unnötig auf. Er hat nämlich Gift gefressen vor ein paar Tagen. Das dumme Tier muß natürlich immer gleich alles hinunterschlucken.“

Das Telefon auf dem Schreibtisch läutete. Mama nahm den Hörer ab.

„Wir machen die Aufnahmen also in Tunesien? Ich komme morgen früh in die Redaktion.“

Sie hängte ein. „Nach Tunesien geht es, zu den Modeaufnahmen. Start Anfang kommender Woche."

„Und Bim?" fragte Steffi mit einer Spur Hoffnung im Herzen. „Der könnte doch gut in der Zeit zu uns kommen."

„Das fehlte noch! Dann gewöhnt er sich wieder an dich, und ich habe meine liebe Mühe mit ihm, wenn ich zurück bin. Nein, Bim geht entweder in eine Tierpension, oder meine Zugehfrau nimmt ihn."

„Ich könnte ihn aber auch zu mir nehmen", schlug der Bühnenbildner vor.

„Nein, Dieter, du bist zuviel unterwegs. Meine gute Frau Schönwetter hat einen kleinen Garten am Stadtrand. Bim kennt sie. Und an sie gewöhnt er sich nicht zu sehr. Wenn er zu Steffi kommt, gewöhnt er sich zu sehr an sie. Und das wäre nur eine unnötige Quälerei für den Hund. Versteh doch, Steffi! Etwas von früher möchte ich auch behalten!"

Steffi nahm Bims Kopf in die Hände. Sie legte ihr Gesicht an sein Fell. Die Tränen stiegen ihr in die Augen. Sie murmelte schnell: „Auf Wiedersehen" und lief davon, ohne sich noch einmal umzusehen.

Dann radelte sie zum Reitstall.

„Also morgen", stellte Kari, der alte Pferdepfleger, fest.

Steffi gab den beiden Pferden noch eine Möhre. „Morgen nachmittag holt mein Vater die Pferde. Am frühen Morgen fahren wir erst mit den Möbeln nach Dießen. Auf Wiedersehen, Kari. Und alles Gute. Servus, Sheila, servus, Sandokan. Ihr könnt froh sein, ihr werdet es genießen da draußen. Bim dagegen ..."

Sie wandte sich ab und schob ihr Rad zur Straße. Es hatte keinen Sinn, sich zusammenzunehmen. Heiße Tränen stiegen in ihre Augen. Traurig fuhr Steffi nach Hause.

Das Hoftor des Häusls stand weit offen, aber Dad parkte trotzdem außerhalb des Grundstücks. „Damit der Möbelwagen bequem einfahren kann", sagte er. Über der Haustür hing ein selbstgemaltes Plakat, auf dem *Herzlich willkommen zu Hause* stand. Kathinka und Mareike kamen Steffi und ihrem Vater strahlend entgegen. Sebastian schleppte einen Kasten mit Bierflaschen, mit Limo und Mineralwasser aus dem Keller hoch. Er trug eine Arbeitshose, die voll weißer Farbflecke war, und erklärte tief atmend, daß er vor einer halben Stunde mit dem Ausbau des Pferdestalles fertig geworden war.

„Der Stall ist prima geworden. Und die Brotzeit, Wurstsemmeln, Käsebrote, Gurken und Tomaten, die Kathinka und Mareike vorbereitet haben, wird uns allen, nicht nur den Möbelleuten, schmecken."

Da kam der Möbelwagen auch schon in Sicht. Der Kies knirschte, als er in den Hof fuhr. Die Männer mit den blauen Schürzen stiegen aus und setzten sich auf die Bank an der Hauswand in die Sonne. Kathinka, Steffi und Mareike schleppten die Platten heran, Flori brachte Gläser. Doch er wurde ausgelacht.

„Aus der Flasche schmeckt das besser!"

Asco nahm vor der Bank Platz, nicht umsonst, denn so manches Stück Wurst und Schinken fiel für ihn ab. Flori saß im Möbelwagen; er spielte Chauffeur, gab Brummgeräusche und Huptöne von sich.

Mareike zog Steffi die Treppe hinauf nach oben, Dad und Sebastian folgten. Und weder Tom Stefan noch Steffi hatten damit gerechnet, daß der Ausbau des Dachbodens fast fertig war.

„Wir haben die letzten Tage bis fast um Mitternacht gearbeitet. Kathinka und ich und auch die Handwerker haben Überstunden gemacht", sagte Sebastian stolz.

„Gewiß, ihr hättet anfangs im Gästezimmer wohnen können, aber alles sollte doch gleich Hand und

Fuß haben.“

Steffi war überwältigt. Sie streckte Mareike beide Hände hin, sie umarmte Kathinka, die jetzt erschien. Dann zog sie ihren Vater an der Hand durch die Räume. Nur das neue Bad und die kleine Küche waren noch nicht fertig.

„Aber das dauert auch nur noch ein paar Tage. Inzwischen benutzt ihr unser Bad. Kochen werden wir ohnehin gemeinsam.“

Bald wuchteten die Möbelmänner die Regale, Sessel und Liegen, Schränke, Kisten und Koffer nach oben. Dad verabschiedete sie endlich mit einem Trinkgeld und schloß das Tor. Kathinka teilte in der großen Küche Gemüsesuppe aus.

„Für meinen ersten Kursus habe ich schon Anmeldungen. Und abhalten werde ich die Kurse im Gartensaal vom *Bräuwirt.* Mein Vetter Max Staudinger hat mir angeboten, daß er den Saal im nächsten Winter heizbar machen wird. Und nun laßt es euch schmecken! Guten Appetit!“

Steffi sah sich um. An der Wand tickte eine alte Uhr. In der Ecke hing ein Kruzifix. Darunter stand ein Krug mit Birkengrün.

„Hier würde es auch Bim gefallen“, murmelte sie gedankenverloren. Mareike stieß sie an.

„Iß auf. Du mußt noch den Stall sehen! Sebastian

hat sich riesig angestrengt, und wir anderen auch!“

Mareike hatte recht. Steffi mußte sich zusammennehmen; sie freute sich doch auf das neue Leben. Asco behandelte sie jetzt schon wie ein Familienmitglied; Tiger strich zärtlich um ihre Beine. Sie versuchte, nicht an Bim zu denken, jedenfalls nicht jetzt. Aber aufgegeben hatte sie die Hoffnung noch nicht, Mama einmal zu überzeugen. Vielleicht... wenn sie sie einluden, wenn sie das alles hier sah... dann würde sie vielleicht einsehen, wieviel besser Bim es hier haben würde.

Die Teller waren leer.

„Vielen Dank für die gute Suppe“, sagte Steffi.

„Sieh dir den Stall an, Steffi“, rief Mareike. „Den Aufwasch mache ich. Sebastian und Tom werden mit dir gehen... Und noch etwas, du, die neue Schule ist prima. Eine tolle Klassenlehrerin haben wir. Und die Jungen und Mädchen sind auch okay. Auch Flori ist ganz zufrieden!“

Die Tür zum einstigen Kuhstall stand offen; auf dem frischen Verputz über der Tür hing ein Hufeisen. Durch die offenstehenden Fenster flogen Schwalben ein und aus. Der Stall hatte drei Boxen, die durch hölzerne Zwischenwände voneinander getrennt waren. Frische Streu lag in den Boxen, und in den Futterkrippen befand sich Hafer.

In jeder Box stand auch ein gefüllter Wassereimer, außer in der mittleren Box, die später das kommende Fohlen beherbergen sollte, wenn es groß genug für eine eigene Box sein würde.

Steffi betrat die Boxen und sah sich um. Unter dem Dach piepsten die jungen Schwalben in ihren Nestern. Durch die halboffenen Fenster ging der Blick in den Hof und auf die neue Koppel. Ein Zaun aus dünnen Holzstämmen begrenzte die Wiese mit den Obstbäumen, die jetzt in voller Blüte standen, zum Hof hin.

„Ich glaube sicher, daß die Pferde sich hier wohlfühlen werden", sagte Steffi überwältigt.

Sebastian zeigte ihr die Haken für die Sättel und das Zaumzeug. Zwei große Futterkisten standen bereit. Der steinerne Boden war sauber gekehrt.

„Floris Werk! Um seine Hausaufgaben drückt er sich ja gern. Aber wenn er helfen soll, kann man sich auf ihn verlassen."

In der Ecke lehnte ein Sack mit Futterrüben. Dad blickte auf die Armbanduhr.

„Trinken wir noch einen Kaffee, Kathinka? Denn dann möchte ich nach München zurück, meinen Freund Peter Gerlach holen, der sich einen Anhänger für zwei Pferde leihen wollte. Und anschließend bringen wir Sandokan und Sheila hierher."

„Der Kaffee ist fertig. Und falls dein Freund hier über Nacht bleiben möchte – wir feiern doch heute euren Einzug ins Häusle –, das Gästezimmer ist gerichtet!"

Steffi ging auf die neue Koppel, und Mareike folgte ihr. Sie hockten sich unter einen blühenden Apfelbaum ins Gras.

„Ich kann es noch immer nicht fassen, daß ich alles nicht träume. Fast sollte ich mich bei dem Autofahrer, der mich neulich auf der Kreuzung gestreift hat, bedanken. Denn sonst wäre das alles nicht passiert: daß ich dich kennengelernt habe und euch alle ... und daß wir jetzt hier leben."

Mareike lachte.

„Er hat Fahrerflucht begangen, also muß er auf den Dank leider verzichten. Aber du hast schon recht: Wer hätte damals gedacht, daß das unser Leben so verändern würde!"

Vom Haus her winkte Dad ihnen zu. Er stieg in seinen Wagen und fuhr davon. Die Schwalben flogen in den Stall und wieder heraus.

„Die Jungen sind bestimmt bald flügge", sagte Mareike. „Wenn du magst, richten wir jetzt oben bei euch ein!"

Steffi sprang auf. „Und ob ich mag!"

★

Das Studio mit einer Ecke zum Schlafen und Sitzen war eingerichtet, und Steffi hoffte inständig, daß Dad zufrieden sein würde. In ihrem Zimmer hatten bisher nur die Möbel einen Platz gefunden, Kisten und Koffer waren noch unausgepackt. Als Kathinka rief und bat, im Ort einen bestellten Leberkäs, Semmeln und Gurken abzuholen, war das eine willkommene Ablenkung; das fanden beide Mädchen. Jetzt radelten sie zurück, schoben die Räder das letzte Stück wieder bergauf. In den zwei Körben auf den Gepäckständern hatten die Einkäufe Platz gefunden. Steffi hatte von ihrem Taschengeld einen Strauß Frühlingsblumen für Kathinka gekauft. Sebastian wartete hinten im einstigen Schweinekoben auf seinen bestellten Pfeifentabak. Sebastian blickte sich stolz um. Die Wände zwischen den einzelnen Koben waren verschwunden, die Wände geweißt. Sebastian setzte sich auf eine Kiste und stopfte sich eine Pfeife.

„Das große Fenster gibt viel mehr Licht", sagte er. „Und in ein paar Tagen wird Kathinka vermutlich gar nicht mehr heraus wollen aus ihrer neuen Werkstatt. Nur der Brennofen fehlt noch. Morgen kommen die Bretter für die Regale. Aber ich fürchte, Steffi, ich langweile dich. Du bist ungeduldig, wartest auf die Pferde. Wenn die Äpfel mal reif sind, werden die Pferde alle erreichbaren Äpfel stibitzen."

Im Hof bellte Asco, vorn am Tor wurde gehupt. Als Steffi nach draußen lief, hatte Dad schon das Tor geöffnet; Onkel Peters Wagen mit dem Pferdeanhänger fuhr zuerst in den Hof, dann folgte Dad mit seinem Wagen.

Kathinka kam aus dem Haus gelaufen. Flori stand ungeduldig bereit; gerade hatte er Tiger eine noch lebende Maus abgejagt. Onkel Peter öffnete den Transporter. Der Schimmel war ungeduldig, so führte Tom ihn zuerst aus dem Wagen; beruhigend redete er ihm zu. Sheila folgte, sie war geduldiger. Steffi führte sie zum Koppeltor, das offenstand, und dann auf die Wiese mit den Obstbäumen. Allmählich beruhigte sich Sandokan. Er trabte ein paar Schritte, schien zu überlegen. Er äugte zu den Blütenzweigen hoch, stieß mit dem Maul nach einem Zweig. Dann lief er auf Sheila zu und berührte sie sanft mit dem Maul am Hals. Sheila hatte bereits zu grasen begonnen, der Schimmel wieherte und tat es ihr dann nach. Im Haus riefen die Männer vom Fernmeldeamt, die seit ein paar Stunden mit dem Legen des Anschlusses beschäftigt gewesen waren, sie seien fertig. Kaum waren sie fort, schob ein alter Mann sein Fahrrad in den Hof und kam näher.

„Das ist Sepp Buchwieser", machte Sebastian bekannt. Der alte Mann mit dem freundlichen Gesicht betrachtete strahlend die Pferde.

„Ich hab früher einen Hof gehabt, mit Pferden, den hat jetzt der älteste Sohn. Und noch früher war ich bei der Kavallerie. Ich bin froh, daß ich mich hier nützlich machen kann. Wann ist es denn soweit bei der Stute?"

Dad schüttelte dem Mann mit der Nickelbrille vor den freundlichen blauen Augen die Hand.

„Der Tierarzt hat gemeint – denn genau wissen wir es nicht – in etwa vier bis sechs Wochen. Und ich glaube, auch ohne Ihren Hof brauchen Sie sich jetzt nicht mehr einsam zu fühlen!"

„Na, wie es halt ist, wenn die Kinder alle aus dem Haus sind. Der Große hat den Hof, aber auch die anderen haben alle ein Dach über dem Kopf. Meine Frau ist tot, da kommt man sich leicht überflüssig vor."

„Aber doch nicht bei uns", sagte Steffi energisch. „Dad muß doch oft in die Stadt und ich in die Schule. Kathinka gibt ihre Kurse... Da gibt's genug zu tun."

„Deshalb bin ich ja jetzt da", sagte der alte Mann.

Onkel Peter hatte sich inzwischen den Stall

angesehen.

„Großartig", sagte er beeindruckt. „Es ist sehr schön! Eure Pferde sind gut dran. Man könnte neidisch werden auf dieses Haus. Der Gedanke, mit meinem Wallach Tommy unter dem gleichen Dach zu wohnen, wird mich jetzt wohl nicht mehr loslassen!" Er lachte.

Es dämmerte, als die Pferde in ihre Boxen geführt wurden. Kathinka hatte im Wohnzimmer zum Essen gedeckt, und bald saßen sie alle um den großen Tisch. Die Augen von Sepp Buchwieser glänzten.

„Schön, daß ihr alle hergezogen seid und daß ich mich wieder um Pferde kümmern kann!" Er wischte sich den Bierschaum vom Mund.

Steffi sah Dad lächeln. Trotz des arbeitsamen Tages sah er entspannt aus und wirkte heiter. Jetzt hob er sein Glas.

„Habt alle Dank. Und auf gutes Zusammenleben!"

Alle wiederholten die Worte: „Auf gutes Zusammenleben!"

Bald stand Steffi auf; Mareike folgte ihr. Es gab noch so viel zu tun: den Pferden gute Nacht zu wünschen, der Stall mußte abgeschlossen werden, und in ihrem Zimmer waren Kleider, Wäsche und

Bücher auszupacken. Als Steffi die Fotos von Nora und Bim schließlich auf ihren Schreibtisch stellte, stand schon der Mond am Himmel; die ersten Sterne funkelten.

„Bim ist bestimmt nicht glücklich bei Mama in der Stadt“, murmelte sie.

Mareike legte ihr die Hand auf die Schulter. „Du hast ja gesehen, daß manchmal Dinge passieren, die man nie zu träumen gewagt hätte. Nimm's nicht so schwer, Steffi. Und sieh bitte mal Sebastian an! Er läßt keinen merken, wie schwer es für ihn ist, arbeitslos zu sein!“

Da nickte Steffi. Mareike hatte recht. „Ist schon okay. Und jetzt zeig mir mal den Stundenplan für morgen.“

Ein neues Leben beginnt

Durch das halboffene Dachfenster war das Zwitschern der Vögel zu hören. Steffi fuhr aus dem Schlaf. Als sie die Augen öffnete, wußte sie alles wieder: sie waren im Häusl, ihr Zimmer war fast fertig eingerichtet. Im Haus schien noch alles zu schlafen. Der Wecker hatte noch nicht geklingelt.

Doch unten im Stall warteten Sheila und Sandokan aufs Füttern.

Steffi sprang aus dem Bett; sie fuhr in die bereitgestellten Gummistiefel, schlüpfte in den Bademantel und rannte nach unten. Erst im Hof, als sie Onkel Peters Auto da stehen sah, fiel ihr wieder ein, daß er über Nacht im Gastzimmer geblieben war. Und daß sie keine Zeit vertrödeln durfte, um den ersten Morgen in der neuen Schule nicht zu versäumen.

Sie sperrte die Haustür auf, lief zum Stall und schloß auf. Fröhliches Wiehern drang an ihr Ohr. Und sie wußte, sie würde diesen ersten Morgen nie vergessen. Sheila schaute ihr entgegen, geduldig, brav und schon ganz vertraut. Etwas ungeduldiger war der Schimmel, der mit dem Huf gegen die Boxwand schlug.

„Hallo, guten Morgen, da bin ich! Gleich gibt es Frühstück“, rief Steffi und holte aus der Futterkiste das Fertigfutter, für jedes Pferd einen Eimer. Als sie die Futterkrippen gefüllt hatte und das Geräusch der malmenden Pferdekiefer zu hören war, nahm Steffi die Eimer aus den Boxen, füllte sie mit Wasser und stellte sie wieder hinein. So hatte noch kein Tag begonnen, so lebendig wie dieser, mit der Sonne, die in den Hof schien. Asco war

Steffi nachgelaufen. In der Küche stand Kathinka und setzte Wasser auf; sie schnitt Brot und deckte in der Küche den Tisch für alle zum Frühstück.

„Guten Morgen, Steffi. Ausgeschlafen? Und hast du was Schönes geträumt? Es heißt doch, der erste Traum in einem neuen Haus soll sich erfüllen!"

„Von Pferden und von Asco! Und von Bim hab ich geträumt!" sagte Steffi. „Steffi, du kannst ins Bad, jetzt bin nur ich drinnen", rief Mareike nach unten. Und Steffi lief hinauf; sie duschte eilig, putzte die Zähne und wischte mit einem Lappen die Nässe auf.

„Der Nächste bitte!" rief sie übermütig. „Das Bad ist frei!"

Sebastian und Flori lösten sie ab.

„Deinen Daddy laß noch schlafen", sagte Sebastian und gähnte. „Wir haben noch lange aufgesessen und geredet. Aber ich will keine Zeit verlieren, damit Kathinka endlich ihre Werkstatt bekommt.

In der Küche frühstückte Mareike schon, sie trank im Stehen ihren Milchkaffee. Flori radelte bereits davon. Steffi schob schnell ihr Pausenbrot in die Schulmappe. Als die Mädchen zum Ort hinab radelten, schob Sepp Buchwieser sein Fahrrad bergauf.

„Sind die Pferde gefüttert? Gut, dann lasse ich sie

gleich auf die Koppel. Und die Tageszeitungen habe ich auch für den Herrn Sündermann dabei, wegen der Stellenanzeigen."

Mareikes blauweißes Hemd flatterte vor Steffi. In ihrem eigenen dunklen Haar zauste der Wind. Die ersten Häuser kamen näher, ein Metzgerladen, eine Bäckerei und ein Milchgeschäft hatten schon geöffnet. Es ging am *Bräuwirt* vorbei. Mareike radelte langsamer.

„Nach der Schule fahren wir kurz bei Babuschka vorbei. Die mußt du kennenlernen. So eine Oma hat nicht jeder –"

„Ich habe gar keine mehr", sagte Steffi.

„Dann ist sie eben auch deine Oma mit. Und jetzt los, der Schulhof leert sich schon!"

Sie sperrten eilig die Räder ab. Steffi folgte Mareike in die neue Klasse. Viele fremde Gesichter, Jungen und Mädchen, schauten ihnen entgegen. Gleich hinter ihnen betrat die Lehrerin den Raum.

„Bitte Ruhe", sagte sie. Sie stand da, im Lodenrock, blond und fröhlich, und winkte Steffi zu sich.

„Von Mareike habe ich schon gehört, daß du jetzt zu uns kommst, Stephanie. Ich werde euch beide auf eine der vordersten Bänke setzen, damit ich mir leichter ein Bild machen kann, wie weit ihr mit dem

Stoff seid. Und ihr, Evi Bauernfeind und Trille Töpfer, räumt bitte eure Bank und setzt euch nach hinten. Ihr habt euch in letzter Zeit ziemlich angestrengt, und ich hoffe, das bleibt so."

Evi, mit kurzem dunklen Wuschelkopf, seufzte erleichtert auf. „Gott sei Dank, vorn sitzen ist gräßlich!"

Und Trille, stupsnasig, mit rotblondem Pferdeschwanz, grinste Steffi an.

„Da bin ich auch froh. Aber – du bist doch die mit den Pferden, ja? Kann ich euch mal besuchen? Wir haben zu Hause zwar einen halben Zoo – meine Mutter ist Tierärztin – aber leider keine Pferde. Und außerdem – man kann nie wissen, ob ihr Mutter nicht mal braucht. Heute nachmittag?"

Steffi nickte. Mareike lachte. Und die Lehrerin klopfte aufs Pult."

„Du bist also Stephanie Stefan, ja? Und ich heiße Inge Wiesinger. – Das Thema für den heutigen Klassenaufsatz heißt: *Verantwortung tragen – ist das nur Verpflichtung oder auch Gewinn?*

Steffi schlug ihr Heft auf. Mareike hatte ihr Heft bereits auf dem Pult liegen. Steffi dachte nach, während sie durch das jetzt geöffnete Fenster in den Frühlingshimmel blickte. Sie merkte gar nicht, daß sie schon schrieb. Ein Schmetterling flatterte ins Klassenzimmer und nach einer Weile wieder nach draußen. Steffi fing einen Blick von Frau Wiesinger auf, dann beugte sie sich wieder über ihr Heft.

„Für andere dasein und daß jeder sich auf einen verlassen kann, macht das Leben schöner", schrieb sie als letzten Satz und klappte ihr Heft zu. Die Lehrerin ging herum und sammelte die Hefte ein.

„Bist du zurechtgekommen mit dem Thema, Stephanie?"

„Ich denke schon. Und wenn es Ihnen nichts ausmacht, ich werde Steffi genannt."

„Einverstanden, Steffi. Ich hab's ja schon von Mareike gehört!" Die Lehrerin lächelte. Und Steffi dachte, daß sie ihr gefiel. Man könnte sie vielleicht einmal einladen, ins Häusl. Vielleicht mochte sie Pferde. Und es konnte Daddy nur guttun, wenn er sah, daß es auch andere Frauen gab als Mama, junge Frauen, die warmherzig waren und freundlich und nicht nur an einer Karriere interessiert. Trotzdem vermißte Steffi ihre Mutter oft sehr. Sie dachte viel an Mama.

Es war nur ein paar Tage später. Auf der Wäscheleine im Garten flatterte Wäsche; der Rest hing an dem im Keller aufgestellten Stern. Steffi und

Mareike räumten die Waschküche auf, sie wischten die Waschmaschinen ab und blickten sich zufrieden an. Es war gut zu wissen, daß man es schaffte, ohne Kathinkas Hilfe fertig zu werden. Sie würde staunen, wenn sie von einem ihrer Kurse aus Dießen zurückkam. Sebastian war fort, um Bewerbungsschreiben zur Post zu bringen. Daddy Tom hatte in München zu tun.

Als Mareike aus dem Kühlschrank eine Flasche Limo genommen und zwei Gläser eingeschenkt hatte, läutete vorn am Tor die Kuhglocke, und eine Fahrradklingel bimmelte.

Mit den Limogläsern gingen Steffi und Mareike in den Hof.

„Trille! Du machst aber rasch ernst mit dem angekündigten Besuch!"

„Klar. Man soll nichts auf die lange Bank schieben, finde ich. Außerdem bin ich neugierig auf eure Pferde. Und wenn ihr Flori sucht, der ist bei meiner Schwester Bini. Eigentlich heißt sie Sabine. Er hat ihr bei den Hausaufgaben geholfen, und Mutter sagt, so hat es damals mit ihr und Vater angefangen: Er trug ihren Ranzen und hat ihr die Hausaufgaben gemacht. Jetzt betreuen Flori und Bini die kranken Katzen und Hunde; sie füttern Stallhasen und eine kranke Ziege ..."

Trille nahm einen in Cellophan gewickelten Kranzkuchen aus einem Korb vom Gepäckständer.

„Hier, ich habe Kuchen mitgebracht. Mutter bekommt von den Besitzern ihrer Patienten oft etwas geschenkt: Speck, Schinken, Kuchen. Meist mehr, als wir essen können."

Sie tranken Limo zum Kuchen. Dann gingen sie zur Koppel. Trille benahm sich, als sei sie immer schon mit Pferden umgegangen. Sheila ließ sich von ihr mit einer Möhre verwöhnen. Sandokan war scheuer, aber er trabte fröhlich davon und wieherte übermütig.

Die Mädchen setzten sich unter einen Apfelbaum.

„Dein Vater ... ist er auch Tierarzt?" wollte Steffi wissen.

„Nein, er ist tödlich verunglückt, kurz nachdem meine Schwester Bini geboren wurde. Aber wir kommen zurecht."

„Wir auch, obwohl Dad geschieden ist und Mama meinen Hund mitgenommen hat." Steffi stockte. Da war er wieder, der Kloß im Hals. „Dad hat Bim früher einmal Mama geschenkt, zum Geburtstag, wir hatten ihn gemeinsam ausgesucht. Aber Bim war immer bei mir. Ich habe ihm das Futter gegeben, bin mit ihm spazierengegangen ... So war er eigentlich mein Hund."

„Das finde ich gemein. Aber entschuldige, schließlich ist sie deine Mutter."

Steffi senkte den Kopf. „Ich fand sie super, früher. Aber sie war nie so zu Dad, wie er es verdient, finde ich. Ihr Beruf war ihr immer sehr wichtig. Und aus mir hat sie sich wohl nie viel gemacht. Das hat mir oft weh getan."

Trille nickte verständnisvoll und krauste die Nase. „Und bei dir, Mareike? Flori sagt, eure Familie sei prima!"

Mareike nickte. „Ja, uns geht's gut."

Sebastian schob sein Fahrrad in den Hof. „Ich habe wieder annonciert", sagte er und gab Trille die Hand.

„Trilles Mutter ist Tierärztin", sagte Steffi. „Flori ist gerade bei ihnen und macht Trilles Schwester Bini die Hausaufgaben!"

Sebastian lachte. „Also, Kinder, ich gehe in die Werkstatt, bin dort fast fertig. Trotzdem gibt's noch einiges zu tun."

Mareike stand auf und nahm Tiger eine tote Maus ab, die der Kater eben ins Haus schleppen wollte. „Weder in die Küche damit noch ins Wohnzimmer – und schon gar nicht zu mir hinauf", sagte sie und holte einen Spaten, um die tote Maus hinter den Tulpen an der Hauswand zu beerdigen.

Steffi legte eine abgebrochene Tulpe auf den Erdhügel. Und sie hielt Asco davon ab, nachzusehen, was da vergraben worden war.

„Wir müssen etwas tun, hört ihr“, sagte sie leise. „Ganz früh schon die Zeitungen holen, selbst nachsehen, ob sich denn gar kein Job für Sebastian findet. Von Tag zu Tag wird er trauriger. Ich komme mir richtig schlecht vor, wenn ich mich so freue, daß wir jetzt hier sind. Es geht nicht, daß einer von uns Sorgen hat und keine Arbeit, ohne daß wir alle versuchen, etwas dagegen zu tun.“

Trille nickte. Sie blickte Steffi bewundernd an. „Jetzt weiß ich, warum du neulich im ersten Klassenaufsatz über Verantwortung eine Eins geschrieben hast. Gleich beim ersten Aufsatz! Und Frau Wiesinger ist ziemlich streng. Jetzt weiß ich – du hast diesen Einser verdient!“

Die Obstbäume waren abgeblüht. Kathinka, Mareike und Steffi beobachteten täglich, wie die neugepflanzten Tomatenstauden wuchsen. Vom Balkon leuchteten rote, rosa und weiße Geranien, Nelken und weiße Margeriten. Sebastian hatte zwei alte Obstbäume geschlagen, die keine Früchte mehr trugen, um die Wiese noch mehr in eine Pferdekoppel zu verwandeln. Der Flieder blühte, und auf den Wiesen außerhalb des Grundstücks der Löwenzahn. Sebastian hatte sich etwas nützlich machen können und Trilles Mutter die Baracke neu gedeckt und vergrößert, in der die Tierpatienten untergebracht wurden. Doch außer hinhaltenden Antworten war noch keine Nachricht von einer Firma gekommen. Er wurde immer schweigsamer, lachte seltener.

Bim kommt zurück

„Sie werden verstehen, daß wir zuerst alle eingehenden Bewerbungen abwarten müssen, ehe wir uns entscheiden", hatte es ein paarmal geheißen. Oder die Bewerbungen kamen mit einem „Wir bedauern..." zurück. Oder: „Leider ist der Posten schon besetzt."

„Was machen denn die anderen Kollegen, mit denen du früher gearbeitet hast?" hatte Steffi gestern beim Abendessen gefragt, als Sebastian wieder fast nichts gegessen hatte.

„Einen hat eine Baufirma geholt, als Bauführer,

den Paul Kerner. Jens Bauer hat die Tochter eines Architekten geheiratet und arbeitet mit seinem Schwiegervater in dessen Team. Von den anderen weiß ich nichts."

Am Morgen war Sebastian wieder in den Ort gefahren, hatte ein paar Zeitungen gekauft. Jetzt schrieb er, nachdem er telefonisch eine Annonce aufgegeben hatte, auf die angebotenen Stellen. Steffi mistete mit Sepp Buchwieser den Stall aus, Kathinka besuchte ihre Mutter Babuschka, Mareike war in der Küche beschäftigt. Aus dem offenen Fenster duftete es nach Kuchenteig. Im Wohnzimmerfenster läutete das Telefon.

„Ich verstehe", hörte Steffi Sebastian antworten. „Hören Sie zu. Ich beschreibe Ihnen den Weg von Dießen zu uns, Frau Rehden-Stefan. Sie können ihn gar nicht verfehlen."

Steffi leerte eben die große Schubkarre auf den Misthaufen. Plötzlich hatte sie Herzklopfen. Dad war in der Stadt, um mit einem Kunden eine neue Werbekampagne zu besprechen. Doch was wollte Mama hier? Brachte sie vielleicht Bim mit, wenigstens zu Besuch?

Zögernd ging sie auf das Haus zu. Da erschien Sebastian in der Tür.

„Steffi, deine Mutter kommt. Sie fährt jetzt in

München ab ... Und sie will dir Bim bringen, dir und Tom!"

Steffi spürte wieder den Kloß im Hals – dieses Mal aber vor Aufregung und Freude.

„Für immer? Dann hat Dad es also doch noch geschafft? Denn bis jetzt wollte sie Bim nicht hergeben. Wirklich, sie bringt Bim, meinen Bim? Mareike, hast du das gehört?" rief Steffi durch das offene Küchenfenster.

„Mama bringt Bim! Du, dafür verzeihe ich ihr alles! Ach was, natürlich hab ich ihr gar nichts zu verzeihen, ich meine nur ... Jetzt ist alles vergessen, warum ich ihr manchmal böse war ... und daß sie Dad verlassen hat und keine Kinder mag. Und daß sie mir Bim weggenommen hat!"

Steffi traten die Tränen in die Augen. Sie wischte sie weg. „Bim, meinen Bim bringt sie mir!"

Sebastian legte ihr die Hände auf die Schultern. „Steffi, deine Mama sagte, sie sei aus Paris zurückgekommen; als sie fort war, sei Bim in ein Auto gelaufen. Er hat einen Beckenbruch, der zwar langsam heilt, aber er braucht Pflege. Er läuft noch sehr langsam und ... kurz und gut, so kann sie ihn nicht bei sich behalten."

Steffis Herz zog sich vor Mitleid zusammen. „Der arme Bim", murmelte sie hilflos und voller

Sehnsucht nach dem schwarzweißen, lustigen Hund. „Sie hat ihn einfach nie richtig liebgehabt. Sie wollte Dad und mir nur zeigen, daß alles immer so geht, wie sie will. Aber das ist jetzt vergessen, wenn sie Bim wirklich bringt."

Sebastian gab Steffi ein sauberes, noch zusammengefaltetes Taschentuch. „Es kann sein, Steffi, daß deine Mama sich auch selbst etwas angetan hat mit der Scheidung. Hast du schon einmal darüber nachgedacht? Es kann doch sein, daß sie selbst auch nicht glücklich ist. Die Hauptsache aber ist jetzt, daß du deinen Bim wieder bekommst."

Sebastian sah sich um. „Ich sollte im Hof noch aufräumen, bevor sie ankommt. Und du, Mareike, mach bitte Kaffee! Vielleicht wird der Kuchen auch noch fertig. Steffi, du suchst bitte ein paar alte Wolldecken zusammen und bereitest deinem Bim in der Küche in der Ecke ein Lager. Treppensteigen ist nichts für ihn, mit einem Beckenbruch."

Sebastian schleppte Gießkannen, Spaten, Rechen in den Schuppen. Dann drehte er sich noch einmal um. „Später rufe ich Trilles Mutter an und bitte sie, daß sie abends vorbeikommt und sich Bim einmal ansieht. Es soll ihm bei uns an nichts fehlen."

Steffi ging ins Haus. Sie nahm Bims alte grüne

Leine in die Hand, die sie an die Flurgarderobe gehängt hatte. Wie oft hatte es sie große Überwindung gekostet, nicht in Tränen auszubrechen beim Anblick dieser Leine. Aus der Küche duftete es nach Kaffee. Mareike kam auf Steffi zu und umarmte sie.

„Endlich! Ich kann mir nicht vorstellen, daß Kathinka uns Asco wegnehmen und uns im Stich lassen könnte", sagte sie.

„Mama ist nicht wie Kathinka. Wenn sie auch nur ein bißchen wie Kathinka wäre, hätte sie sich nie von Daddy scheiden lassen. Aber ich glaube, jetzt kann ich ihr nicht mehr so böse sein. Verstehst du das? Nicht, wenn sie Bim wirklich herbringt und ihn bei uns läßt. Vielleicht stimmt es auch, was Sebastian sagt: daß Mama selbst nicht glücklich ist. Neugierig bin ich allerdings, was für Augen sie macht, wenn sie das Häusl und euch und die Pferde sieht. Etwas Schöneres gibt es doch überhaupt nicht!"

Das Lager für Bim im Kücheneck war vorbereitet. Hier würde er ungestört liegen können und doch an allem teilhaben. Sebastian brachte noch ein Kissen, Steffi einen alten Tennisball, und Mareike legte Hundekuchen auf die Decken, drei Stück.

Draußen vor der Hauswand hatten sie eine rote Leinendecke aufgelegt, Tassen und Teller hingestellt und den noch warmen Kuchen in Scheiben geschnitten. Steffi holte ein paar Zweige Flieder und stellte sie in einem Krug auf den Tisch.

Sebastian hatte sich einen Walkjanker angezogen und ein frisches Hemd. „Die berühmte Fotografin soll nicht glauben, daß uns hier etwas fehlt! Und euch erst recht nicht“, sagte er lachend.

Langsam sank die Sonne, die Schatten wurden länger. Asco holte sich einen der Hundekuchen. Steffi streichelte ihn. „Ihr vertragt euch, bitte, du und Bim. Ihr werdet bestimmt Freunde werden. Bim ist zwar größer als du, aber jetzt ist er verletzt, der Arme. Er ist zu Hunden und Katzen immer freundlich gewesen. Du brauchst nicht eifersüchtig zu sein!“ redete sie Asco zu.

Auf der Straße wurde gehupt. Sebastian ging, um das Tor zu öffnen, und dann fuhr Mama in ihrem weißen Sportwagen in den Hof.

„Bim!“ rief Steffi und lief zum Wagen. Sie wartete kaum ab, bis ihre Mutter, die ihr vom Nachbarsitz eine Tüte mit Dosenfutter und Hundekuchen entgegenhielt, ausgestiegen war. Steffi klappte den Fahrersitz nach vorn und umarmte Bim, der auf dem Rücksitz liegend die Fahrt gut überstanden hatte. Steffi sah nur noch ihren Hund. „Hier gibt es keine Autos, in die du reinlaufen kannst. Ach, Bim, mein guter Bim, ich bin ja so froh!“

Langsam und vorsichtig half Steffi Bim aus dem Wagen, ihrem mager gewordenen Hund mit dem glanzlosen Fell. Sie sah die erste zögernde Freude in den großen, braunen Hundeaugen.

Sebastian nahm Bettina Rehden die Tüten ab und stellte sich vor. Steffi sagte: „Hallo, Mama. Das ist Sebastian, dort Mareike. Ach, und da kommt auch Kathinka. Und Flori!“

Kathinka fuhr den Kombi in den Hof. Flori sprang heraus. Er und Kathinka betrachteten Bim ausgiebig.

Steffi flog Kathinka um den Hals. „Er darf bei uns bleiben! Er ist von einem Auto angefahren worden, als Mama in Paris war, und hat einen Beckenbruch ... Aber jetzt bleibt er bei mir!“

Kathinka gab Bettina Rehden die Hand. „Wie schön, Sie einmal hier zu haben, liebe Frau Rehden-Stefan. Und eine größere Freude hätten sie Steffi nicht machen können, als ihr Bim wiederzugeben. Mit unserem Asco wird er sich bestimmt gut vertragen!“

Bim wirkte matt und elend. Steffi brachte ihn zu seinem neuen Kissen, an dem er lange schnupperte.

Da die oberste Decke von Steffi stammte, legte er sich auch bald nieder. Steffi brachte ihm einen Napf Wasser und setze sich zu ihm.

„Warum trinken wir unseren Kaffee nicht in der Küche?“ schlug Kathinka vor. „Dann weiß Bim gleich, daß er immer dabeisein wird. Kommt, Flori und Mareike, faßt mit an, tragt alles wieder ins Haus! Sicher möchten Sie, Frau Rehden, Steffis Zimmer sehen, das Studio und die übrigen Räume. Und dann natürlich die Pferde!“

Steffi kam dazu, als Mama sich in ihrem Zimmer umschaute, das Sebastian ihr zeigte. Nach einem kurzen Blick in Tom Stefans Studio zog Mama die Brauen hoch. Sie wirkte betroffen und enttäuscht. „Nirgends ist ein Foto von mir. Nur von Bim.“ Nachdenklich sah sie ihre Tochter an. „Ich glaube, ihr habt's gut hier. Vielleicht habt ihr die Scheidung leichter verkraftet als ich. Ich fliege morgen nach Rom, hab anschließend in London Aufnahmen zu machen. Ich kann nicht anders leben. Und unter diesen Umständen ist es auch für Bim so das beste.“

Kathinka hatte Bim und Asco je ein halbes Schnitzel gegeben. „Ich werde mich morgen mit einem Spiegelei begnügen“, sagte sie lachend und stand auf. „Aber einen Begrüßungshappen mußte er doch haben. Außerdem hat das gleichzeitige

Verspeisen des Schnitzels ihrer Freundschaft sicher gutgetan."

Auf der Fensterbank saß Tiger. Er putzte sich hingebungsvoll und äugte zu dem schwarzweißen Setter hinüber.

Kathinka schenkte Kaffee ein. Mama schlug die Beine übereinander und wirkte in ihrem hellen Lederanzug wieder wie eine Frau aus einer Modezeitschrift. „Ich habe viele Fotos mit Bim gemacht", erzählte sie, „auf denen er im Hintergrund sehr dekorativ wirkte. Das hat sicher mit dazu beigetragen, daß ich jetzt sehr viel zu tun habe. Also hat Bim mir auch geholfen."

„Hier wird er sich wohl fühlen, Mama", sagte Steffi überzeugt. Sie war schrecklich glücklich, ihren Hund wiederzuhaben. „Du weißt, daß er auch immer sehr an Daddy hing. Und du kannst ihn und uns doch immer besuchen, wenn du willst."

Mama nickte. Sie lehnte Kuchen dankend ab, aber sie rauchte. Als erneut ein Wagen in den Hof fuhr, sah sie nervös zur Tür. Und dann betrat Daddy die Küche. Steffi sprang auf. „Dad, Mama hat mir Bim gebracht. Für immer", sprudelte sie hervor.

Tom Stefans sonnengebräuntes Gesicht verriet

seine Überraschung. „Bettina, du hast dich überwunden? Das ist furchtbar nett von dir. Wir sind froh, daß wir Bim bei uns behalten können!"

Mama stand auf und lächelte amüsiert. „Ja, Tom. Um ehrlich zu sein, er ist in ein Auto gelaufen und wurde verletzt, als ich in Paris war. Ich muß jetzt nach Rom und nach London... Ich habe einfach zu wenig Zeit für Bim. Und er hat es ja hier auch wohl besser... Aber ich muß jetzt fort. Ich habe noch zu packen und viel zu erledigen. Es war nett, euch zu sehen und Sie, Frau Sündermann, und Ihren Mann kennenzulernen!"

Steffi bekam einen Kuß. Ein Hauch von Parfum und Zigarettenrauch blieb zurück. Ein Wagen fuhr davon.

Steffi streichelte Bim und fuhr mit der anderen Hand über Ascos Kopf. „Mein guter Bim. Sie hat dich wirklich bei uns gelassen!"

Dad kam in die Küche zurück. Er wirkte plötzlich sehr einsam, wie er da in der Tür stand.

„Ich habe eben mit Frau Dr. Töpfer telefoniert und sie gebeten, Bim genau zu untersuchen. Ein Beckenbruch heilt wohl allmählich von selbst, trotzdem wäre es gut, ihre Meinung zu wissen", sagte jetzt Sebastian.

Tom Stefan nickte. „Eine gute Idee, danke,

Sebastian. Die Ärztin ist eine sympathische Frau."

Steffi und Mareike warfen sich einen Blick zu.

„Ach, übrigens, wir würden riesig gern mal unsere neue Lehrerin einladen. Sie reitet nämlich auch. Und sie ist überhaupt prima!" erklärte Mareike.

Sebastian hob abwehrend die Hände. „Gerne, irgendwann einmal. Nur bitte erst, wenn wir uns hier etwas mehr eingerichtet und eingelebt haben! Ich muß mich jetzt ganz auf meinen Job konzentrieren!"

Kathinka stand auf. „Das wird schon wieder, Sebastian. Und das wissen wir alle ... Ohne dich wären wir hier mit dem Umbau längst noch nicht fertig. Ohne dich ginge es gar nicht. Das weißt du doch genau!"

Coriolan wird gerettet

Bim begriff rasch, daß er jetzt im Häusl daheim war. Nach einer Woche legte er einen Holzstecken vor Asco hin, als Aufforderung zum Spiel. Er fraß, schlief viel und saß aufmerksam vor der Koppel, wo er die Pferde beobachtete. Er blinzelte zu Tiger hinüber, wenn der Kater um ihn herumstrich, und tat so, als ob er schliefe. Zum Zeichen seiner friedlichen Gesinnung wedelte er mit dem Schwanz. Einmal, als ein Gewitter Blitz und Donner und später einen kräftigen Regenguß brachte, war er die Treppe hinaufgelaufen und durch die nur angelehnten Türen in Steffis Zimmer gekommen. Als sie ganz früh am Morgen erwachte, lag Bim neben ihrem Bett. Er hob den Kopf, als Steffi ihn entdeckte, und wedelte mit dem Schwanz.

Steffi beugte sich glücklich zu ihm hinunter. „Ist alles in Ordnung, Bim? Komm, wir gehen frühstücken!“

Als Steffi im Nachthemd mit einer Strickjacke darüber und in Gummistiefeln in den Stall kam, waren die Pferde bereits gefüttert. Das mahlende Geräusch, das sie beim Fressen machten, empfing Steffi, als sie den offenen Stall betrat. Da stand Mareike, ebenfalls im Nachthemd; und dort drüben strich Tiger herum, denn wo es Stroh gab, gab es auch Mäuse. Der Himmel sah aus wie frisch gewaschen, ganz blau.

„Hallo, ihr beiden! Ich konnte nicht schlafen bei dem Gewitter, und da dachte ich, wenn ich schon wach bleibe, kann ich schließlich auch füttern. Du hättest ausschlafen können, Steffi! Heute ist doch

Samstag!“ erklärte Mareike.

„Im Gegenteil“, sagte Steffi und kraulte Bim und Asco, der auch erschienen war. „Heute gibt’s doch die Wochenendausgabe der Zeitungen, und ich dachte, daß ich gleich nach dem Füttern hinunter nach Dießen fahre und sie besorge. Wir könnten doch schon mal den Stellenmarkt durchkämmen, ob nichts dabei ist für Sebastian. Er nimmt sich sehr zusammen, aber ich finde, es muß endlich etwas geschehen! Er tut mir so leid!“

Als seien Steffis Worte das Stichwort gewesen, läutete vorn am Tor eine Fahrradklingel. Trille schob ihr Fahrrad in den Hof und schwenkte eine Zeitung. Sie sah munter aus. Sie hatte ihre Jeans hochgekrempelt und lehnte das Rad gegen die Hauswand. Dann kam sie zum Stall gelaufen.

„He, ihr beiden! Ich habe unsere Patienten bei dem Gewitter beruhigt, und bald darauf kam schon die Zeitung. Also habe ich nachgesehen wegen einer Stellung für Sebastian. Und ein prima Angebot ist heute drin!“

Trille hatte die Annonce rot angestrichen. Jetzt las sie vor: *„Fertighauswerk Karl Köninger sucht erfahrenen Bauingenieur...* Ist das etwa nichts? Ihr solltet Sebastian gleich wecken, damit er dort anruft. Grafrath-Wildenroth ist nicht weit vom

Ammersee entfernt. Das alles ist doch auf deinen Vater wie zugeschnitten, Mareike!"

Mareike blickte Steffi an, dann wieder Trille. „Mal sehen", murmelte sie.

„Zeig mal. Da steht was von *Bewerbungen erbeten.* Wißt ihr was? Ich finde, er sollte einfach hinfahren. Vielleicht vorher anrufen, aber nicht warten, bis ihm eine Menge Konkurrenten zuvorkommen!"

Mareike nahm die Zeitung; sie rannte ins Haus und die Treppen hoch. Kurz darauf erklangen aus dem offenen Schlafzimmerfenster die Stimmen von Kathinka, Sebastian und Mareike. Dann kam Mareike wieder nach unten. Sie setzte Kaffeewasser auf, deckte den Frühstückstisch in der Küche.

„Du frühstückst doch mit, Trille? Kannst ja zu Hause anrufen." Trille nickte und versprach ihrer Mutter am Telefon, später eine neue Zeitung mitzubringen. „Es war einfach zu wichtig, Mami. In einer Stunde bin ich wieder da, ehe die Sprechstunde beginnt!" versprach sie.

Oben im Bad und in den anderen Räumen flogen die Türen. Das ganze Haus schien plötzlich hellwach zu sein. Daddy kam in Jeans und T-Shirt herunter. „Ihr seid prima, besonders du, Trille. Überhaupt, daß ihr mithelft, ist richtig schön!"

Mareike und Steffi wuschen sich am Wasserhahn im Garten. Sebastian war heute die Hauptperson. Er sollte nicht das Gefühl haben, im Bad zur Eile gedrängt zu werden. Da schob Sepp Buchwieser sein Rad in den Hof. Kaum hatten die Mädchen sich angezogen, rief Kathinka zum Frühstück. Die frische Luft nach dem Gewitter belebte alle.

Dann kam Sebastian die Treppe herunter. „Ich bin nicht sicher, ob im Werk heute, am Sonnabend, gearbeitet wird", sagte er, als er zum Telefon ging. „Aber Tom hat recht. Jetzt werden alle Interessenten auf einmal ihre Unterlagen hinschicken. Einmal möchte ich schneller sein. Acht Uhr! Ich riskiere es anzurufen."

Niemand setzte sich an den Frühstückstisch. Die Mädchen gaben den Hunden ihr Futter; Tiger erhielt einen Napf Katzenfutter. Kathinka schenkte Kaffee und Milch ein. Dann kam Sebastian zurück. Während des Telefongesprächs hatte er die Wohnzimmertür hinter sich geschlossen gehabt. Jetzt wirkte er entschlossen und erleichtert.

„Gemeldet hat sich der Firmeninhaber Köninger selbst", berichtete er. „Und ihr hattet alle recht, mich darin zu bestärken, sofort anzurufen. Köninger hat mich für drei Uhr nachmittags ins Werk bestellt. Er hat sich nur kurz informiert, was ich bisher gemacht habe. Er habe zwar erst ab Montag mit Bewerbungen gerechnet... ‚Aber warum nicht – auch ich bin ein Mann rascher Entschlüsse', hat er dann gesagt."

Sebastian setzte sich an den Frühstückstisch. Alle setzten sich mit ihm hin, auch Sepp Buchwieser.

„Wir halten dir die Daumen, Sebastian, wir alle. Ich wollte nach dem Füttern die Zeitung holen, mit Mareike. Aber Trille ist uns zuvorgekommen und hat sie uns gebracht!" sagte Steffi.

„Wenn es diesmal klappen sollte, seid ihr meine Glücksbringer!" erklärte Sebastian.

„Sebastian", schlug Mareike vor, „wir wollten doch eigentlich heute nach München fahren mit dir, um Werkzeug zu kaufen und Trockenfutter für die Pferde. Und wir wollten Kathinkas Krüge, Schüsseln und Töpfe in die Stadt bringen."

„Bitte", bat auch Steffi, „nimm uns mit! Wir halten dir dann die ganze Zeit, während du mit Herrn Köninger redest, die Daumen!"

Sebastian überlegte. „Okay", sagte er dann. „Sollte es klappen, habt ihr bei mir ohnehin einen Wunsch frei. Zu einem Hamburger seid ihr sowieso eingeladen, unterwegs."

Er trank seinen Kaffee, essen wollte er nichts. „Tut mir leid, aber ich kann jetzt nichts essen. Ich werde mit dem Sepp noch an der Reitbahn im Schuppen arbeiten, bis wir losfahren, um halb zwölf. Bitte seid pünktlich, Steffi und Mareike!"

Im Stall wieherte Sandokan. Mareike und Steffi sprangen auf; die Pferde wollten auf die Koppel.

Trille bedankte sich für das Frühstück. „Die Sprechstunde fängt an, und samstags helfe ich Mami immer. Bis später! Und laßt mich wissen, wie es ausgeht. Jedenfalls werde ich fest den Daumen halten."

Kathinka blieb allein in der Küche zurück. Sie räumte den Tisch ab und gab den Hunden ein Rädchen Fleischwurst. Dann blickte sie aus dem Fenster in den leuchtendblauen Himmel. Ein schöner Tag, dachte sie. Und hoffentlich auch ein guter Tag.

Steffi führte Sheila, die langsam und vorsichtig die Hufe setzte, auf die Koppel. Mareike hatte Mühe, den übermütigen Sandokan am Halfter festzuhalten; er wäre gern im Hof herumgelaufen. Flori kam mit einer großen Tüte Futter für die Hühner, die schon fleißig Eier legten. Sebastian hatte den Hühnern einen Stall gebaut.

„Du kannst mit mir einkaufen fahren und mir

tragen helfen, ehe Sebastian und die Mädchen mit dem Kombi fortfahren", rief Kathinka ihm nach.

Flori grinste. „Aber dann muß ich zu Bini radeln und mit ihr unsere Aufgaben machen. Okay?"

„Ist gut, Flori!"

Es war gut, wieder Hoffnung zu haben, dachte Kathinka.

Die *Köninger-Fertighauswerke* lagen am Rande von Grafrath. Fünf Minuten vor drei Uhr lenkte Sebastian den Kombi durch das offenstehende Tor auf das Geschäftshaus zu, um das herum sich die Werkshallen gruppierten. Hinten im Wagen lagen drei Säcke mit Fertigfutter für die Pferde. Steffi hatte das neue blauweiß gestreifte Hemd, das gleiche, wie Mareike es besaß, gleich anbehalten. Mareike hatte Wolle erstanden; sie wollte Kathinka zum Geburtstag eine Jacke stricken. Für Flori hatten sie einen Nickypullover eingekauft und ein T-Shirt mit einem Goofy darauf. So ein T-Shirt trug auch Bini, und die war im Augenblick „Nummer eins" in Floris Leben.

„Goofy sieht Asco zwar nur bedingt ähnlich und Bim schon gar nicht", hatte Sebastian festgestellt, „aber immerhin wäscht sich Flori dieser ersten Liebe wegen ohne Aufforderung den Hals, putzt sich die Zähne und hat saubere Fingernägel."

Jetzt aber dachte er an die bevorstehende Besprechung. Er wirkte angespannt, als er vor dem Geschäftshaus parkte. „Ihr bleibt am besten im oder am Wagen", sagte er. „Und haltet mir die Daumen!"

Da stand plötzlich ein hagerer, grauhaariger Mann in Cordhosen und Wildlederjacke vor der Tür. Er lächelte Steffi und Mareike zu.

„Das können die beiden Mädchen auch in meinem Büro tun... die Daumen halten, Herr Sündermann! Kommt ruhig mit. Ihr stört mich nicht. Die Frau des Hausmeisters hat für Kaffee gesorgt, aber es gibt auch Saft und Sprudel in meinem Arbeitszimmer. Ansonsten ist es hier am Wochenende sehr ruhig. Nur der Pförtner ist da und seine Frau. Und die Wachhunde natürlich!"

Köninger ging voraus, allen voran zum ersten Stock. Das nach Norden gelegene Arbeitszimmer war kühl.

„Sie haben Pferde, sagten Sie? Da haben wir ja ein gemeinsames Hobby." Herr Köninger schenkte Saft mit Sprudel für Steffi und Mareike ein, für Sebastian und sich Kaffee. Dann saßen die Männer sich am Schreibtisch gegenüber, auf den Sebastian seine Bewerbung und seine Unterlagen gelegt hatte. Steffi und Mareike versanken in tiefen Ledersesseln, die sich kühl anfühlten.

Sebastian berichtete kurz, was er bisher gemacht hatte. „Seit das Team sich aufgelöst hat, wollte nichts mehr klappen. Zuvor waren wir mit bei der Stadtplanung tätig. Hier haben Sie die Unterlagen für alles, was wir zu dritt gemacht haben und womit ich anfangs allein beauftragt worden bin. Es lief gut, bis vor Wochen meine beiden Kollegen aus dem Team ausbrachen. Ich weiß, die Lage ist schwierig. Und doch ist es hart für den, den es gerade trifft. Ich liebe meinen Beruf, ich arbeite gern, und es tröstet mich nur wenig, daß meine Frau mit ihren Töpferarbeiten und ihren Kursen die Familie über Wasser hält!"

„Es geht wieder aufwärts in der Baubranche", sagte Herr Köninger. „Und meine Fertighausproduktion, Herr Sündermann, hat nur unwesentlich unter der Wirtschaftskrise gelitten", fügte er hinzu. Er lehnte sich zurück und blätterte in Sebastians Unterlagen. „Nur brauche ich im Grunde einen Bauingenieur für mein Zweigwerk in Ostfriesland, nahe bei Aurich. Hier im Hauptwerk habe ich Herrn Cornelsen, der aus Bremen kommt und schon lange hier tätig ist."

Steffi schluckte. Als sie Mareike anschaute, sah

sie, daß die Freundin das gleiche dachte wie sie. Ostfriesland!

Sebastian umklammerte mit den Händen die Sessellehne.

„Wenn ich ehrlich sein darf, Herr Köninger, dann möchte ich um Bedenkzeit bis morgen früh bitten. Ich muß auch mit meiner Frau sprechen."

„Ostfriesland", wisperte Mareike, „das ist ziemlich weit."

„Klar, ganz oben links auf der Deutschlandkarte."

Herr Köninger mochte es gehört haben, vielleicht auch nicht.

„Darf ich erfahren, wo das eventuelle Hindernis liegt?" wollte er von Sebastian wissen. Der nickte.

„Die Familie. Das Bauernhaus an dem wir bis jetzt zu tun hatten, um es auszubauen. Damit Steffi mit ihrem Vater – einem erfolgreichen Werbegrafiker –, ihren zwei Pferden und einem Hund zu uns ziehen konnte. Man trennt sich nicht leicht von so einem Zuhause. Es wäre schwierig, alle Tiere mitzunehmen und wieder unterzubringen. Dann der Schulwechsel für die Kinder ... Andererseits wäre ich natürlich froh, wenn ich finanziell wieder für meine Familie sorgen könnte und eine lohnende Aufgabe bekäme!"

Auf dem Schreibtisch surrte das Telefon. Herr Köninger nahm den Hörer ab.

„Nein“, stieß er verstört hervor, während der Anrufer auf ihn einzureden schien. „Aber das ist ja schrecklich. Auf alle Fälle will ich ihn mir ansehen. Ich komme sofort, Doktor!“ Köninger hängte ein.

„Es geht um das Leben eines meiner Pferde. Ich züchte nämlich Galopper, Vollblüter, auf meinem Gut hier in der Nähe. Und eben ist Coriolan, mein liebstes Pferd, ein noch junger Hengst, der von meiner verstorbenen Frau aufgezogen wurde, beim Hindernisrennen gestürzt und hat die linke Vorderhand gebrochen. Es geht jetzt darum, ob der Arzt ihn in seiner Pferdeklinik operieren kann, oder ob man das Tier einschläfert. Jedenfalls muß ich sofort in die Pferdeklinik nach Riem. Das verstehen Sie sicher. Köninger wirkte aufgeregt.

Sebastians Stimme wirkte beruhigend.

„Herr Köninger, erlauben Sie mir, daß wir Sie hinbringen? Jetzt wäre es nicht gut, wenn Sie sich selbst ans Steuer setzen würden.“

Der grauhaarige Mann nickte. „Danke. Ich bin Ihnen wirklich dankbar. Und um ehrlich zu sein ... Ich bin froh, daß ich nicht allein hinfahren muß.“ Wenig später fuhren sie wieder in Richtung München und hinaus zur Rennbahn Riem. Dort war die Pferdeklinik.

„Vor drei Jahren ist meine Frau, eine Pferdenärrin, beim Training mit einem unserer Pferde tödlich verunglückt. Coriolan hat sie selbst gezogen. Jetzt ist er siebenjährig. Er war ihr liebstes Pferd, anhänglich, temperamentvoll, ein bildschöner Rapphengst."

„Aber man kann doch Brüche bei Pferden heute heilen", sagte Steffi schnell. Sie verstand nicht, daß ein Beinbruch ein Pferd das Leben kosten sollte.

„Seit Daddy mir Sheila gekauft hat und für sich den Schimmel, hat er eine Pferdezeitschrift abonniert. Ich lese alles über Pferdekrankheiten. Und überhaupt: Auch Menschen brechen sich ziemlich oft mal ein Bein."

„Aber Menschen sind keine Rennpferde", murmelte Herr Köninger niedergeschlagen, als der Wagen vor der Pferdeklinik hielt.

„Aber muß dieses Pferd denn unbedingt Rennen laufen?" wollte Mareike jetzt wissen. „Und gar Hindernisrennen?"

Herr Köninger blieb stehen. Er war nachdenklich geworden. „Da habt ihr recht, Mädchen, alle beide. Es fragt sich nur, welcher Art der Bruch ist und wie groß die Chance zu operieren. Sehen wir nach Coriolan!"

Er ging voran in die Halle mit den Boxen für kranke oder verunglückte Pferde. Gleich in der vordersten Box stand zitternd der schöne, stark verängstigte und aufgeregte Rapphengst. Der Tierarzt und zwei Pferdepfleger waren bei ihm.

„Herr Köninger, da sind Sie ja schon!"

„Wie sieht es aus, Doktor? Er soll unbedingt eine Chance haben. Wie geht es dir, mein Alter?" Er klopfte sacht Coriolans Hals.

Steffi hatte nie ein schöneres Pferd gesehen; auch Mareike starrte den Rapphengst mit dem glänzenden Fell an. Das Tier zitterte vor Aufregung, vielleicht auch vor Schmerzen. Seine Augen verrieten Angst; Schauer durchzuckten den Pferdekörper.

„Ich verstehe Sie, Herr Köninger", sagte der Tierarzt, der das Pferd abtastete, die Schultern, den Rücken und die Beine befühlte. Aus einer offenen Wunde an der rechten Schulter sickerte Blut; den rechten Fuß setzte der Rappe nicht auf.

„Wir müssen zunächst röntgen, dann wissen wir Genaueres. Conny, Fred, bitte helft, Coriolan zu beruhigen und ihn vorsichtig in den Röntgenraum zu bringen. Eine Beruhigungsspritze habe ich ihm schon gegeben, aber die Aufregung und der Sturz ... die Spritze wirkt leider kaum."

Steffi ging auf das Pferd zu.

„Brav“, sagte sie mit ihrer hellen Stimme, ganz liebevoll und leise. „Brav, mein Guter. Es wird alles wieder gut.“

Mareike kramte in ihrer Tasche.

„Ich habe noch Zucker hier ...“ Sie gab Steffi drei Stück Zucker.

Steffi hielt dem Hengst, der so unruhig war, den Zucker auf der flachen Hand hin. Samtweich berührte das Pferdemaul Steffis Handfläche, ohne jedoch den Zucker zu nehmen. Doch es schien, als habe Steffi mit ihrer liebevollen Geste dem Pferd Mut gemacht.

„Darf ich ihn führen?“ fragte sie.

Herr Köninger nahm Coriolan beim Zügel. „Du darfst neben mir den Hengst nach hinten führen. Du scheinst eine gute Hand für Tiere zu haben, Steffi!“

Wenige Minuten später verließen Steffi, Mareike und Sebastian die Klinik. Sie standen draußen vor dem Kombi, während das Rennen weiterging. Ab und zu wurde zum Start geläutet. Dann jagte ein Pulk von Galoppern vorüber, jenseits der Hecke.

„Hoffentlich ist das Pferd zu retten“, murmelte Steffi bedrückt. „Er hat meine Hand so sanft berührt. Er tut mir so leid.“ Sie schluckte.

„Ich wünsche es dem Pferd und seinem Besitzer", sagte Sebastian, der an den Wagen gelehnt dem Rennen zusah. „Ein sehr sympathischer Mann. Ich würde gern bei ihm arbeiten. Notfalls sogar in Ostfriesland, wenn Kathinka und auch dein Dad glauben, daß ihr mich entbehren könnt", fügte er nachdenklich hinzu.

Am Horizont ging langsam die Sonne unter. Das Rennen war zu Ende, als Herr Köninger die Klinik verließ. Er wischte sich mit einem Taschentuch über die Stirn. Der Tierarzt begleitete ihn.

„Also gut, Doktor, zuerst einen Streckverband, und dann gipsen Sie den Bruch ein. Wißt ihr, unser Tierarzt hier gibt Coriolan die Chance, um die ich, um ehrlich zu sein, gebetet habe. Es ist ein glatter Bruch. Natürlich wird Coriolan keine Rennen mehr laufen können. Wahrscheinlich werde ich ihn später kastrieren lassen. Aber das hat Zeit."

Herr Köninger gab dem Tierarzt die Hand. „Halten Sie mich auf dem laufenden. Ich komme morgen wieder, werde Coriolan täglich besuchen. Wenn er sich erholt hat, später auf der Koppel, will ich ihn reiten. An diesem Hengst, bei dessen Geburt ich dabei war, und an meinem alten, braven Neufundländer Nero hängt mein Herz."

Herr Köninger stieg ein, Steffi und Mareike

saßen schon hinten im Wagen. Sebastian fuhr los.

Die Sonne war untergegangen.

„Ich hatte große Pläne, gerade mit diesem Pferd", sagte der grauhaarige Mann nachdenklich. „Jetzt ist mir nur noch wichtig, daß er am Leben bleibt. Daß er dableibt, allein darum geht es mir."

„Herr Köninger", sagte Sebastian plötzlich, als sie eine Weile schweigend gefahren waren und München hinter ihnen lag, „wenn Sie zu Hause nicht erwartet werden, hätten Sie nicht Lust, bei uns zu Abend zu essen? Sie könnten sich unsere Tiere und das Häusl ansehen... und wie wir leben. Ich meine, Sie sollten jetzt nicht allein sein. Und Ihr Hund ist doch sicher versorgt?"

Köninger schien dankbar und erleichtert zu sein. Er blickte sich zu Steffi und Mareike um. „Danke", sagte er. „Das ist wirklich ein guter Vorschlag. Wir müssen ja auch noch miteinander reden. Ich gebe zu, daß die letzten Stunden meine Nerven ganz schön strapaziert haben. Ich hänge nun mal an meinen Pferden, an Coriolan ganz besonders. Und auch, daß mein guter Nero schon so alt ist, bedrückt mich oft. Mein Sohn ist in einer Lawine beim Skilaufen verunglückt. Meine Frau starb nach dem Reitunfall. Seitdem sind die Tiere und die Arbeit mein Leben."

Sheilas Fohlen kommt zur Welt

Das Tor zum Hof stand offen, als sie heimkamen. Dad und Kathinka kamen aus dem Pferdestall; Flori lief aus dem Haus, von den Hunden gefolgt.

„Ach, ihr seid es“, stieß Flori aufgeregt hervor, als Sebastian, Herr Köninger, Steffi und Mareike ausstiegen. „Und wir warten so auf Binis und Trilles Mutter. Ich telefoniere dauernd mit ihnen. Frau Dr. Töpfer ist in München. Und wir brauchen sie jetzt so dringend, weil die Fohlengeburt angefangen hat!“

Steffi blickte Sebastian an; ihr verzweifelter Blick traf auch Herrn Köninger.

„Sie verstehen doch viel von Pferden! Bitte, können Sie uns nicht helfen?“ Sie zog den grauhaarigen Mann zum Pferdestall. Durch die offene Tür hörten sie die Stimmen von Kathinka und Dad.

„Wir schaffen das schon, Sheila, laß dir Zeit. Ruh dich aus. Und hab keine Angst. Wir helfen dir.“

Sheila lag im Stroh. Dad kniete vor ihr und redete beruhigend auf sie ein.

„Es dauert schon eine ganze Weile“, sagte

Kathinka, ohne zu fragen, wer der grauhaarige Mann war, den Steffi mit sich zog.

Herr Köninger wußte, was zu tun war.

„Rede du leise und beruhigend mit ihr, sie ist ja an dich gewöhnt. Ich will mir rasch die Hände waschen. Haben Sie eine Gleitsalbe? Es ist auch bei meinen Pferden manchmal vorgekommen, daß das Fohlen nicht richtig lag ... Ich will versuchen, der Stute zu helfen."

Steffi kniete im Stroh und streichelte Sheila.

„Flori telefoniert noch immer nach Trilles Mutter. Sie soll in München sein, hoffentlich kommt sie bald zurück. Daddy, Herr Köninger züchtet Pferde. Ich glaube einfach, ach was, ich weiß, daß er was von Pferden und Pferdegeburten versteht."

Sie murmelte leise Worte zu Sheila, die erschöpft im Stroh lag. Endlich hörten sie Herrn Köninger mit Kathinka zurückkommen. Als der Mann, der so in Sorge um seinen Rapphengst gewesen war, jetzt mit der Hand abtastete, ob das Fohlen, das nicht kommen wollte, richtig lag, gab das Steffi Hoffnung und Vertrauen.

Dann sagte Köninger ruhig: „Jetzt haben wir's! Gleich kommt es, das Fohlen. Es hatte ein Beinchen verklemmt bei dem Weg ins Leben, aber jetzt müßte es kommen."

9 8808-24

Steffi wagte sich nicht umzusehen. Sie hielt Sheilas Kopf sanft in den Händen, strich ihr über den Hals, wagte kaum zu atmen. Niemand sprach. Endlich schien sich die Stute zu strecken. Kathinka sagte aufgeregt: „Sieh nur, Steffi, das Fohlen kommt!"

Steffi blickte sich um. Hinter Sheila lag, noch von einer dünnen Haut bedeckt und ganz feucht, ein dunkelbraunes Fohlen mit schwarzer Mähne im Stroh.

„Ein Stutfohlen! Wie schön es ist! Kräftig und gesund", hörte Steffi Herrn Köninger sagen. Er richtete sich auf.

Sheila begann ihr Fohlen mit kräftigen Strichen trocken zu lecken.

„Die Kleine hebt schon den Kopf", sagte Köninger. „Ich glaube, wir können die Stute mit ihrem Fohlen jetzt erst einmal sich selbst überlassen", schlug er dann vor.

„Und kann man Sheila etwas Gutes tun?" fragte Steffi.

„Sie braucht jetzt Ruhe. Und später etwas Kraftnahrung. Ich mixe Ihnen etwas zusammen, im Haus. Haben Sie Milchpulver da? Gut."

Steffi stand auf. Sie schloß die Tür zur Box. Hingerissen beobachtete sie, wie das Fohlen versuchte, aufzustehen. Draußen im Hof hörte sie Herrn Köninger sagen, daß die Tiere jetzt Ruhe brauchten. Wie benommen folgte Steffi ihrem Vater. Sie fiel Mareike, die in der Haustür gewartet hatte, um den Hals, gerade als der Wagen der Tierärztin in den Hof fuhr. Tom Stefan ging ihr entgegen und begleitete sie in den Stall.

„Herr Köninger hat geholfen", sagte er. „Er versteht offenbar etwas von Pferdegeburten."

Steffi hörte Frau Dr. Töpfer lachen. Sie war immer fröhlich.

„Wundert Sie das? Er hat etwa zwanzig Vollblüter und züchtet seit Jahren Pferde. Er ist Fachmann. Trotzdem möchte ich mir Mutter und Kind gern ansehen."

„Sage mir nur noch, Steffi", Daddy wandte sich kurz um, „hat es geklappt mit ihm und Sebastian?"

Steffi zuckte die Achseln. „Ich weiß es nicht. Eigentlich will er Sebastian für sein Zweigwerk in Ostfriesland haben. Sie konnten auch kaum darüber reden. Wir sind gleich mit ihm in die Pferdeklinik gefahren. Denn daß sein Rapphengst Coriolan, der beim Rennen ein Bein, die rechte Vorderhand, gebrochen hat, am Leben bleibt, das war erst einmal das Wichtigste."

Sie folgten Mareike ins Haus. Kathinka und

Flori deckten im Wohnzimmer den Abendbrottisch. Bim schien wieder ganz gesund zu sein. Er lief um Steffi herum, stupste sie mit der Nase. Offensichtlich hatte er sie sehr vermißt den ganzen Tag über, sagte Flori. Als Steffi Bier brachte und Mareike Saft und Limo, saßen Herr Köninger und Sebastian schon am Tisch. Kathinka blieb abwartend im Hintergrund.

„Um Ihre Frau nicht zu sehr auf die Folter zu spannen, lieber Herr Sündermann, möchte ich Ihnen ein neues Angebot machen. Sie entwickeln mir für die Fertighausproduktion einen neuen Haustyp im ländlichen Stil. Eine Art bäuerliches Haus, unter Verwendung von viel Holz. Wer heute in die Vororte zieht oder aufs Land, bevorzugt doch mehr und mehr eine rustikale Bauweise, hier dem oberbayerischen Landhausstil und den Bauernhäusern angepaßt."

Herr Köninger nahm dankend das Bier entgegen. Er hob Sebastian das Glas entgegen.

„Und ich glaube sogar, ich kann Cornelsen, meinen alten Bauingenieur, dafür gewinnen, an Ihrer Stelle nach Ostfriesland zu gehen. Schließlich stammt er aus Bremen und hat viele Verwandte und Freunde dort oben. Und Sie kommen zu mir nach Grafrath, ins Hauptwerk. Der Nachmittag heute hat mir gezeigt: Sie sind der Mann, den ich gern als Mitarbeiter haben möchte!"

Dad und Frau Dr. Töpfer kamen in die Wohnstube. Flori lief hinaus, um die Butter zu holen. Kathinka strahlte, und Sebastian sah aus, als habe er das große Los gewonnen.

Steffi aber stand auf und ging zu ihrem Dad hinüber, der Sebastian strahlend gratulierte. Sie umarmte ihn und flüsterte ihm etwas ins Ohr.

Dad lächelte Steffi zustimmend an.

„Und ob du das darfst, Kleines! Sprich nur!" Dann hob er sein Glas, stand auf. „Steffi möchte allen etwas sagen."

Steffi wurde verlegen. Unsicher stand sie da. Alle blickten sie fragend an. Doch dann nahm sie all ihren Mut zusammen.

„Es ist ein ziemlich besonderer Tag heute, glaube ich. Sebastian hat endlich wieder Arbeit. Coriolan bleibt am Leben. Und Sheila hat dieses Schätzchen, dieses Fohlen – ich würde es gern Schätzchen nennen. Aber vor allem möchte ich, daß das Fohlen, wenn es seine Mutter nicht mehr so dringend braucht, Mareike gehören wird. Weil durch Mareike und euch alle wir hier ein Zuhause gefunden haben. Auch Schätzchen."

Mareike war ganz blaß geworden. Die Stimmen

klangen durcheinander. Langsam wich der ungläubige Ausdruck in Mareikes Augen. Sie strahlte.

„Wirklich? Und Tom, ist es dir auch bestimmt recht? Oh, ich werde alles für Schätzchen tun. Es ist das Schönste, das Allerschönste, was mir jemals geschenkt wurde!“ Mareike umarmte Steffi heftig. „Das vergesse ich dir nie!“

Steffi sah, wie Frau Dr. Töpfer Dad zunickte. Und wie Dad mit einem Lächeln zu antworten schien. Mechanisch gab Steffi Bim und Asco eine Schinkenscheibe. Flori aber krauste die Nase und blickte von einem zum anderen.

„Und wenn sie wieder ein Fohlen bekommt, die Sheila, bekomme ich es dann? Wahrscheinlich ist es beim nächsten Mal ein Schimmelfohlen, weil wir ja doch Sandokan hier haben ...“

Heiteres Gelächter antwortete Flori. Sein Vater legte ihm den Arm um die Schultern.

„Flori, Sandokan ist ein Wallach. Nur Hengste können Vater werden. Warte ab, Junge, ich hab ja wieder Arbeit. Vielleicht läßt sich später über ein Pony für dich reden.“

Steffi und Mareike standen auf und gingen in den Hof. Es war dunkel geworden. Am Himmel schimmerten die Sterne, der Mond stieg über den Baumwipfeln auf. Jasminblüten leuchteten hell aus dem Dunkel. Und im Stall in der Box stand das Fohlen bereits auf staksigen Beinen neben seiner Mutter und trank Sheilas Milch. Sandokan äugte aus der Nachbarbox herüber.

„Es ist wirklich ein Schätzchen", murmelte Steffi mit feuchten Augen.

Mareike drückte ihre Hand. „Danke. Vielen Dank, du."

„Und ich danke euch, daß wir hier ein Zuhause gefunden haben."

In der Ferne hupte ein Auto; ein Hund bellte. Die Pferde standen ruhig da. Im Haus aber wurde fröhlich gelacht wie schon lange nicht mehr.

„Der schönste Tag seit langem", sagte Steffi gedankenverloren. „Für Sheila und Schätzchen. Für Sebastian. Für Coriolan, weil er weiterleben wird. Und für uns alle ist es der glücklichste Tag seit langem."

Mareike nickte. „Eins weiß ich sicher: Unser Schätzchen ist unter einem Glücksstern geboren."

„Und an einem schönen, glücklichen Ort."

Eine Sternschnuppe fiel durch die Nacht. Die Mädchen sahen sich an. „Alles Gute für Schätzchen!" riefen sie fast gleichzeitig.

Vom Haus her kam Herr Köninger. Er lachte. „Und alles Glück den Bewohnern dieses Hauses, euch allen“, sagte er und warf noch einen Blick in den Stall.

„Ohne euch hätte ich vielleicht resigniert, auch für Coriolan keine Hoffnung mehr gehabt. Ihr habt mir geholfen.“ Er winkte ihnen zu. „Bis bald“, sagte er und ging zu Sebastian hinüber, der ihn mit dem Kombi nach Hause fahren wollte.

Mareike bückte sich und nahm Tiger auf den Arm, der sich schnurrend an sie schmiegte.

Steffi spürte Bims feuchte Nase in ihrer Hand; Asco wartete ebenfalls auf eine Liebkosung. Sie bückte sich und streichelte beide. „Glaubt nicht, daß ich euch vergessen habe. Wir haben nur ein neues Familienmitglied bekommen. Und einen neuen Freund mit vielen Pferden. Einen Hund hat er übrigens auch!“

Steffi suchte den Himmel ab, doch eine zweite Sternschnuppe fiel nicht herab. Der Tag hatte auch genug Glück gebracht, Glück für alle. In der Haustür hörte sie Daddy und die Tierärztin reden und lachen. Steffi lächelte. Es war schön, alle zufrieden zu wissen, wenn man selbst so froh war.

„Es wird Zeit, daß wir Kathinka helfen, komm Mareike“, rief Steffi und lief zum Haus. „Mal sehen, wer schneller ist!“

Gemeinsam liefen sie davon.

Julian rettet die Pferde

Die ersten Ferien mit drei Pferden

Der Sommertag hätte nicht strahlender, der Himmel nicht blauer sein können, als Steffi und Mareike ihre Räder mit den Schultaschen durch das Hoftor schoben. Vom Balkon und aus allen Blumenkästen leuchteten rote Geranien und Nelken, weiße Margeriten, violette Petunien. Aus der Haustür stürzten der schwarz-weiße englische Setter Bim, Steffis Hund, und der goldbraune Cockerspaniel Asco herbei. Hinten im Obstgarten, der durch Balken in zwei Pferdekoppeln unterteilt war, graste im linken Teil Steffis hellbraune Haflingerstute Sheila mit der sternförmigen Stirnblesse, der hellen Mähne und dem hellen Schweif mit ihrem Fohlen Schätzchen. Stephanie Stefan, von allen Steffi genannt, hatte das Fohlen ihrer Freundin Mareike Sündermann geschenkt. Denn ohne Mareikes Idee, daß sowohl Sündermanns wie auch Steffi und ihr Vater Tom Stefan aus München fort und in das kleine Bauernhaus der Sündermanns bei

Dießen am Ammersee ziehen sollten, wäre das „Häusl", das frühere Bauernhaus, nicht ihr gemeinsames Zuhause geworden.

Ein Vierteljahr war vergangen.

Die rothaarige Mareike winkte Sepp Buchwieser zu, der dabei war, den Stall auszumisten.

„Der Sepp gehört schon richtig zu uns", sagte Mareike und schob ihr Fahrrad in den offenen Schuppen, in dem die Räder, die Autos und Gartengeräte Platz fanden. Im rechten Teil, durch Balken von der linken Hälfte des Schuppens getrennt, hatten die Pferde bei schlechtem Wetter Auslauf.

Auch Steffi schleppte die Schultasche in den Hausflur, wo es angenehm kühl war. Sie legte sie auf die alte Bauerntruhe und ging dann hinter Mareike her über den Hof zu den Obstgartenkoppeln. Zwei Bäume, die alt waren und kein Obst mehr trugen, waren gefällt worden, damit die Pferde mehr Bewegungsfreiheit hatten. Schön waren die Hecke und die Fliederbüsche, Holunder-, Schneeballen- und Goldregensträucher.

„Hallo, Sepp", rief Steffi. „Ich schütte schon das gepreßte Fertigfutter in die Futterkästen . . ."

„Und ich fülle die Wassereimer", sagte Mareike

und machte sich daran, Wasser aus dem Hahn im Stall in die Eimer laufen zu lassen.

„Tut das mal“, sagte der alte Mann gutmütig. Er wischte sich mit einem Taschentuch über die schweißnasse Stirn. Seine freundlichen blauen Augen verfolgten zufrieden die Geschäftigkeit der beiden zwölfjährigen Freundinnen. „Und dann führt die Pferde in die Boxen. Es ist frisch eingestreut. Vergiß nicht, Steffi, deiner Sheila täglich etwas weniger Milchpulver zu geben. Schätzchen frißt ganz schön mit. Mischt der Sheila dafür mehr Hafer unter das gepreßte Fertigfutter, dem Fohlen zuliebe. Dem Schimmel gebt nur ein knappes Eimerchen mit Fertigfutter. Dazu noch einen Arm voll Heu und ein paar Möhren, die Sheila ja auch bekommt. Den Burschen sticht langsam der Hafer, wie man so sagt. Die Koppeln sind halt nicht groß. Dein Vater frischt ja schon seine alten Reitkenntnisse bei seinem Freund in Riem auf. Aber es wird Zeit, daß er anfängt, seinen Sandokan zu reiten. Dem Schimmel fehlt Bewegung. Er ist jetzt wieder in guter Verfassung, ist auch ruhiger geworden ...“

Steffi war fertig mit dem Einschütten des Futters. Sie öffnete das Tor zu Sheilas Koppel. Die helle Haflingerstute kam vertrauensvoll auf Steffi zu; die strich ihr über den Kopf, tätschelte Sheila den Hals und den Widerrist und liebkoste Schätzchen, das langbeinige Stutfohlen mit den weißen Fesseln, das noch einige Sprünge machte, ehe es seiner Mutter und Steffi in die Box folgte. Im Stall war es jetzt kühl; die Kippfenster standen offen. Schwalben flogen aus ihren Nestern unter dem Dach aus und ein. Steffi sah zu, wie Sheila und Schätzchen zu fressen begannen. Sie mußte wieder an ihre alte Stute Nora denken, die ihr zwar nicht gehört hatte, die sie jedoch versorgt, geritten und sehr geliebt hatte.

„Ich habe euch so lieb", flüsterte Steffi und schüttelte ihr dunkles, lockiges Haar. „Aber Nora werde ich auch nie vergessen. Und jetzt werde ich Sandokan holen ..."

Sie ging hinaus. Doch Mareike war ihr zuvorgekommen.

„Er stand da und schaute so sehnsüchtig zum Stall hin", sagte Mareike, bei der sich mal wieder das Band gelockert hatte, mit dem sie ihr rotes Haar hochband.

„Nachdem ich nun mit Sheila schon angefangen habe, reiten zu lernen, weiß ich nicht, warum ich nicht auch mit dem Schimmel zurechtkommen sollte. Ihm ist heiß draußen, und Hunger und

Durst hat er bestimmt auch. Immerhin kennt er mich ja inzwischen schon gut. Steffi, es ist toll, daß in ein paar Tagen die Sommerferien anfangen. Wo bloß Flori bleibt?"

Steffi folgte Mareike und dem Schimmel in den Stall. Sie nahm den Strohbesen und fegte die Stallgasse.

„Ich soll euch sagen, daß Kartoffeln gekocht sind", erklärte Sepp. „Den Salat aus dem Garten habe ich in die Küche gebracht. Und unsere Hühner sind fleißig! Ihr sollt also ein Bauernomelett mit Salat machen, für euch und Flori. Die Hunde und den Kater hat Mutter Kathinka versorgt."

Die Mädchen lauschten dem Geräusch der Pferde, die jetzt fraßen; es war ein schönes Geräusch. Gut gepflegt und gefettet hingen Zaumzeug und Sättel in der kleinen Futterkammer nebenan. Aus dem angrenzenden Heuschober, in dem auch das Stroh für die Einstreu lagerte, kam Tiger, der graugestreifte Kater, heraus. Er maunzte und rieb sein Köpfchen an den Beinen der Mädchen. Beide hatten ihre Jeans heute hochgekrempelt. Mareike nahm den grauen Kater mit den grünen Augen auf den Arm. Ihre Augen waren fast ebenso grün wie die des Katers.

Steffi hörte im Haus das Telefon läuten. Sie

rannte über den Hof und ins Wohnzimmer, das jetzt hübsch eingerichtet war mit dem großen, ausziehbaren Tisch vor einer Rundbank, dem Kamin und einer bemalten, hübschen Bauernkommode. Sie nahm den Hörer ab.

„Sündermann und Stefan. Hier ist Stephanie Stefan", sagte sie. Dann lachte sie. „Ach, du bist es, Daddy. Sepp hat die Reste der Wurzeln von den geschlagenen Bäumen herausgebracht und Erde darüber gegeben. Mareike und ich versorgen nachher die Pferde. Bleibst du heute in der Stadt. Mußt du noch eine Nacht durcharbeiten? Oder kommst du nach Hause?"

Steffi hörte ihren Vater lachen.

„Kind, auch ein Mann, der jede Menge Aufträge hat und bei dem auch mal eine ganze Nacht dran glauben muß, um pünktlich zu liefern, braucht Schlaf. Außerdem nehme ich doch jede Gelegenheit wahr, draußen zu sein, draußen zu arbeiten. Aber ich habe einen Vorschlag. Wenn Mareike und Flori sich eine Weile um das Fohlen kümmern und das Kleine mal eine Stunde ohne seine Pferdemutter auskommt, wollte ich heute gern mit dir ausreiten. Ich habe auf Onkel Peters Fuchswallach nun ein paar Wochen lang einiges an reiterlichem Können mitgekriegt, so daß ich denke, wir packen es heute mal. Einverstanden? Ich meine, es ist ja auch für dich der erste Ausritt mit Sheila dort draußen."

„Klasse, Daddy! Aber ob Sheila mit uns kommt, wenn ihr Schätzchen daheim bleibt?"

„Wir versuchen es. Langsam wird Schätzchen doch schon selbständiger. Wenn wir durch das rückwärtige Gatter auf die Wiese reiten und sie erst einmal draußen ist, jenseits der Hecke, und Sepp, Mareike und Flori sich um das Fohlen kümmern, meine ich, es könnte gehen. Es ist mir zu gefährlich, das Fohlen mitzunehmen."

Steffi lief in die Küche. Eben war Flori erschienen; wie stets hingen ihm die Locken in die Stirn. Sepp öffnete eine Flasche Bier und nahm einen Schluck; Mareike schlug die Eier über die in Speck angebratenen Kartoffeln, und Steffi machte den Salat zurecht.

„Ich sterbe vor Hitze und vor Durst", stöhnte Flori. Er wollte sich an den Küchentisch setzen, auf den Mareike jetzt die bunten Teller stellte.

„Bitte erst Hände waschen! Was ich sehe, sind klebrige, dreckige Pfoten."

Flori zog die Stupsnase hoch und grinste. „Das kommt vom Schokoeis. Ich habe Bini und mir eins gekauft."

Flori deutete auf das mit einem nicht ganz sauberen Taschentuch umwickelte rechte Knie. „Und hingefallen mit dem Rad bin ich auch noch. Nur weil ich einem Bierwagen vom *Staudinger Bräu* ausweichen mußte. Ich werde Onkel Maxl sagen, was er für Fahrer hat! Kommt mir bloß nicht mit Jod. Das heilt auch so!"

Steffi stellte den Salat auf den Tisch. Mareike gab von dem Bauernomelett auf jeden Teller. Sepp fuhr sich mit dem Handrücken über den Mund und stellte die Bierflasche neben seinen Teller. Die Hunde hatten getrunken und lagen unter den Stühlen. Der Kater hatte sich in seinem Korb zusammengerollt und schlief. Durch das offene Küchenfenster summte eine Biene herein, kreiste um den Tisch und entschwand wieder ins Freie. Steffi blickte ihr nach in den blauen Himmel.

„Haben wir ein Glück, daß wir hier leben", sagte sie.

Im Stall wieherte der Schimmelwallach. Onkel Peter Gerlach, Daddys Freund, der einen Rotfuchs besaß, hatte gesagt, der Knick an der Nase und der feine Gliederbau, das Temperament und Sandokans ganzes Wesen zeige, daß er sehr viel Araberblut hätte, auch wenn er, genau wie Sheila, ein Pferd ohne Abstammungspapiere war.

„Freust du dich auf den Ausritt? Wir werden

Schätzchen schon beruhigen. Das kleine Fohlen wird ja auch langsam vernünftig", sagte Mareike. „Schätzchen ist schon ganz vertraut mit uns. Daß du es mir geschenkt hast, weiß es zwar noch nicht. Aber daß ich es furchtbar lieb habe, weiß es bestimmt!"

„Und die Hunde, Asco und Bim, laufen die mit, wenn ihr ausreitet?" wollte Flori wissen.

„Jeder, wie er mag. Bim tut ein richtiger Auslauf sicher gut. Wir überlassen das am besten ihnen."

Mareike stand auf. „Waschen wir rasch ab. Denn wenn die Pferde ins Gelände dürfen, sollten wir sie vorher noch mal putzen. Nach dem Striegeln mit einem wollenen Lappen abreiben, damit das Fell schön glänzt. Es soll niemand glauben, auch nicht der Hausinger-Bauer oben auf dem Hügel, wir Stadtleute verstünden nichts von Pferden."

Flori trocknete seufzend die Bestecke ab, Steffi räumte die Teller in den Schrank, Mareike stellte die Gläser weg.

„Ich könnte Schätzchen putzen", sagte Flori.

„Versuch's mal", erwiderte Mareike lachend. „Aber das Fohlen wird bestimmt nicht lange stillhalten. Nimm dir lieber Asco vor, schau nach, ob er sich nicht wieder beim Herumstöbern im Gebüsch Zecken geholt hat. Bitte, Flori, pflück

Erdbeeren für heute abend. Außerdem wird Sepp nicht böse sein, wenn du ihm hilfst und später im Hühnerstall die Eier einsammelst. Untätig herumhocken brauchst du nicht. Was ist mit Hausaufgaben?"

Flori grinste. „Mannomann! Wo doch Ende der Woche die Sommerferien beginnen! Nur einen Hausaufsatz haben wir auf, aber den schreibe ich mit dem kleinen Finger der linken Hand. Ein Klacks für mich. Wißt ihr, welches Thema der Brunner uns gegeben hat? *Meine Wünsche und Pläne für die Sommerferien.* Na, ist wohl klar, wie die aussehen: Weiter auf Sheila reiten lernen. Unten im See schwimmen, mal segeln. Mit den Hunden und Pferden zusammen sein, Kathinka beim Einmachen von Obst und Gemüse helfen. Ein paar Jungen aus meiner Klasse besuchen – oder zu mir holen. Auch mal zelten vielleicht. Kapiert?"

„Kapiert", sagte Steffi.

„Ich glaube, ebenso sähe der Aufsatz aus, wenn Mareike oder ich ihn schreiben müßten. Fertig, Mareike, zum Putzen der Pferde?"

Mareike trocknete sich die Hände ab.

„Fertig. Und unsere paar Rechenaufgaben und die englische Übersetzung, das machen wir hinterher, spielend!"

Oma kauft eine Wiese

Steffi hatte immer gefunden, Mareike habe mehr Mut und mehr Energie als sie selbst. Doch trotzdem hatte sie ihr bisher stets die sanfte Haflingerstute überlassen, wenn es ums Putzen ging. Denn sie selbst hatte schon seit zwei Jahren Erfahrung mit Pferden. Sie hatte alle die Pferde, die die Reiter beim Schäfer Xaver in seinem Schuppen am Stadtrand im Münchner Nordosten stehen hatten, putzen und reiten dürfen. Sie war mit allen Tieren bald vertraut gewesen. Und so nahm sie sich jetzt, wie sonst auch, den Schimmel Sandokan vor, von dem Daddys Freund Onkel Peter sagte, er sei „ein ganz edles Pferd".

Als Steffi Sandokan aus der Box holte, ihn vor dem Stall gegenüber von Sheila an einem Eisenring anband und ihn mit der Kardätsche zu striegeln begann, stand das früher so oft geprügelte, oft nervöse Pferd ganz still da und ließ sich geduldig pflegen. Aus dem zuvor mit Sporen und Kandare rücksichtslos gerittenen und verängstigten Tier war ein Pferd geworden, das spürte: Hier bringt man mir Verständnis und Liebe entgegen. Als Steffi die Hufe auskratzte, stieß der Schimmelwallach sie sanft mit dem weichen Maul gegen die Schulter. Steffi lachte.

„Kerlchen, wir haben's gleich. Die Hufe fetten wir nach dem Ausritt ein. Jetzt bekommst du deinen Zucker und darfst auf die Koppel hinüber. Aufzäumen und satteln wird Daddy dich bestimmt selbst. Er hat dir ja auch viel Zeit gelassen, dich hier zu erholen."

Steffi wischte sich das schweißnasse Gesicht ab, nachdem sie Sandokan auf die hintere Koppel gebracht hatte. Dort standen jetzt nur noch ein Apfelbaum und ein Pflaumenbaum. Auf der Koppel von Sheila und Schätzchen wuchsen ein Birnbaum und ein Kirschbaum.

Mareike hatte Sheila inzwischen tadellos geputzt. Jetzt durfte die Stute mit ihrem Fohlen, das sich neugierig im Hof umgesehen hatte, wieder auf ihre Koppel. Mareike band ihr Haar wieder hoch, wusch sich die Hände und spritzte mit dem Wasserschlauch die Stallgasse aus.

„Was uns betrifft", sagte sie, „wir hätten's jetzt. Fehlt nur noch Tom."

Im gleichen Augenblick kündete ein kurzer Hupton an, daß Steffis Vater den Hügel herauffuhr. Flori öffnete das Hoftor; Tom Stefan fuhr den Wagen in den linken Teil des Schuppens und stieg aus.

Dunkelhaarig wie Steffi, groß und schlank, kam er zur Koppel herüber.

„Die beiden habt ihr ja super geputzt. Sie glänzen richtig, unsere Pferde. Peter hat mir eine Reithose vererbt, die mir paßt. Ich könnte auch Jeans tragen. Stiefel mußte ich mir kaufen. Aber in ein paar Minuten bin ich soweit!"

Er verschwand, und Steffi sattelte ihre Sheila. Die Gummireitstiefel hatte sie schon an, die Jeans hineingestopft. Sheila wieherte fröhlich. Sie ließ sich geduldig den Sattelriemen um ein Loch enger ziehen. Zaumzeug und Trense, die schon die alte Nora getragen hatte, saßen bequem, und Sheila gab Steffi einen liebevollen Stupser mit dem Maul. Steffi stieg erst in den Sattel, als Daddy Sandokan aufgezäumt und gesattelt hatte. Die Trense anlegen, den Sattel auflegen lassen und Tom Stefan im Sattel zu dulden, das hatte sich der Schimmel von Mal zu Mal geduldiger gefallen lassen. Auch war Tom mit dem Schimmel auf der Obstgartenkoppel schon ein wenig im Schritt oder einem leichten Trab geritten. Doch jetzt öffnete Sepp Buchwieser das Gattertor, das zu den Wiesen und Feldern und über Feldwege hin einen Ausritt erlaubte. Sandokan wieherte, Sheila hob den Kopf. Steffi ritt auf Sheila hinaus, während Mareike verhinderte, daß Schätzchen seiner Mutter folgte.

Sheila schaute sich kurz um, denn das Fohlen gab jammervolle Klagelaute von sich. Doch Sandokan wieherte aufs neue, und vor Sheila winkte die Freiheit eines Feldwegs, an einer großen Wiese entlang. Das Gatter hinter ihr hatte Sepp Buchwieser wieder geschlossen.

„Wir kommen ja zurück, meine Gute! Daddy, trab los, ehe sie es sich anders überlegt!“ rief Steffi. Ihr Haar wehte im Wind. Eine blühende Wiese, die der Hausinger-Bauer sicher bald mähen würde, lag zur Rechten, das Häusl mit seinem Stall, den Koppeln, Obstbäumen, Hecken und Blumen blieb zurück. Ein paarmal wollte Sheila sich weigern weiterzutraben. Sie blieb stehen, drehte sich im Kreis. Doch Steffi trieb sie an, mit den Schenkeln und den Absätzen, loszugaloppieren und dem Schimmel zu folgen. Sandokan war in einen versammelten Galopp gefallen. Daddy hob den Arm und winkte.

„Wir kommen“, rief Steffi und trieb Sheila an. Daddy ritt einen weiter ausgreifenden Galopp, von dem Steffi wußte, daß man ihn Mittelgalopp nannte. Sheila schien das Tempo zu gefallen. Wie mochte den beiden Pferden ein richtiger Auslauf gefehlt haben! dachte Steffi. Oben am Himmel trieben Wolken dahin. Drüben beim Hof sah man, wie der Bauer mit einem Traktor auf einer bereits gemähten Wiese arbeitete. Das gewendete, von Luft und Sonne getrocknete Heu wurde auf einen Wagen geladen. Steffi wußte, daß der Hausinger trotz moderner Landmaschinen noch ein Pferd besaß, einen braunen Halbblüter, Schorschi, der auch den Wagen zog und den der Hausinger zuweilen ritt.

Auf dem Hügel winkte Daddy dem Bauern zu, der grüßend die Hand hob. Dann blieb Sandokan stehen, bis Sheila neben ihm angelangt war. Beide Pferde schnaubten.

„Das hat ihnen gut getan, Steffi. Ich denke, wir reiten jetzt im Schritt über die Landstraße und den Feldweg bis hinüber zum Wald. Und dann in großem Bogen und in leichtem Trab am Wald entlang und hinab ins Tal bis zum Häusl zurück. Schätzchen wird sich, wenn wir nicht zu lange fort sind, daran gewöhnen, ein Weilchen ohne ihre Mutter auszukommen.“

Wildes Gebell erklang hinter den Reitern. Als Steffi und ihr Vater sich umwandten, kamen Bim und Asco hinter ihnen hergerannt. Der Setter war schneller als Asco. Beide Hunde hechelten, als sie die Pferde erreicht hatten.

„Wo die wohl durch den Zaun gekommen sind?" fragte Steffi, die fast ein schlechtes Gewissen hatte, daß sie die Hunde nicht mitgenommen hatte. „Über dem Lärm, den das Fohlen machte, als es nicht mit durfte, hatte ich die Hunde ganz vergessen. Entschuldigt, Bim und Asco, beim nächsten Ausritt denke ich dran, daß ihr mitwollt!" Sie lachte.

Die Hunde liefen voraus, schlappten Wasser aus einem schmalen Bach neben dem Weg, dann blickten sie hoch und liefen hinter den Pferden her, als diese wieder antrabten.

„Er geht musterhaft, mein Schimmel", sagte Tom Stefan, als sie vor einem geschnitzten Christusbild, das ein Blumenstrauß schmückte, am Waldweg hielten und über die Landschaft blickten, bis hinab zum silbern schimmernden Ammersee. „Er zeigt keine Mucken. Wie muß der arme Kerl unter seinem Vorbesitzer gelitten haben . . . nur mit Kandare und mit scharfen Sporen geritten, geprügelt, gestürzt. Nicht auszudenken, was manche Reiter mit ihrem Pferd tun!"

Tom Stefan klopfte dem Schimmel den Hals.

„Ein Braver bist du, ein ganz braver Bursche. Und du auch, Sheila. Schau, das Häusl kommt schon in Sicht. Den Wiesenweg traben wir noch, und dann bist du wieder bei deinem Fohlen!“

Steffi spürte, daß ihr Vater die Pferde ebenso liebte wie sie selbst. Sie liebten eigentlich alle Tiere.

Steffi fuhr ihrer Stute durch die Mähne, klopfte ihr den Hals. „Das war unser allererster gemeinsamer Ausritt, Daddy. Und er hätte nicht schöner sein können. Ich bin stolz auf dich, du sitzt einfach toll im Sattel. So gut ist keiner von den Reitern beim Xaver gewesen. Vielleicht die Hedda, aber sie war Gymnastiklehrerin und konnte sich sowieso gut bewegen.“

Eine Weile erklang nur das Schnauben der Pferde. Das letzte Stück, zehn Meter auf der wenig befahrenen Landstraße bis zum Hoftor des Häusls, ritten sie im Schritt. Vor dem Gatter sprang Daddy aus dem Sattel; er öffnete das Tor, und die Hunde liefen in den Hof. Steffi gelang es nicht, Sheila zum Stehen zu bringen, ehe sie nicht bei der Koppel war. Dort konnte sich das Fohlen über das Wiedersehen kaum beruhigen. Steffi mußte die Stute, nachdem sie sich aus dem Sattel geschwungen hatte, auf der Koppel abzäumen und absatteln. Die Begrüßung zwischen Sheila und ihrem Fohlen hatte etwas Rührendes. Das Kleine lief um seine Mutter herum, stieß mit dem Köpfchen gegen ihre Flanken und den Hals, suchte nach den Zitzen, um zu trinken. Und erst nachdem es getrunken hatte, durfte Steffi mit einer Handvoll Stroh Sheila abreiben, der bei dem Ausritt an dem sommerlich heißen Nachmittag warm geworden war. Daddy war längst mit Sandokan fertig. Der Schimmel kam zur Umzäunung und äugte herüber, während Daddy ihm den wohlverdienten Zucker gab und dann Zaumzeug und Sattel in die Futterkammer brachte. Als auch Steffi Sheilas Sattel und Trense aufgehängt hatte, ertönte Hupen am Tor.

„Babuschka kommt", schrie Flori, der die Autohupe seiner Großmutter sofort erkannt hatte. Er lief, in Sandalen und kurzen Jeans, mit nacktem Oberkörper durch den Hof, riß das Tor auf, und der kleine grüne Wagen fuhr in den Hof. Steffi und Mareike liefen auf die Sündermannsche Großmutter zu, die jetzt ausstieg. Die gemütlich wirkende Babuschka mit dem graumelierten, dichten Haar umarmte die Kinder und die Hunde und lachte mit ihren blauen Augen.

Steffi wußte, daß Babuschkas Bruder Maximilian der frühere *Bräuwirt* gewesen war, der Inhaber des Gasthofs und der Brauerei Staudinger. Er lebte nicht mehr, und sie bewohnte das als Studio ausgebaute Dachgeschoß im Landhaus ihres Neffen Maxl Staudinger, der eine nette Frau hatte und einen Buben, den Ferdl. Auch zwei Haflinger und ein Pony gab es beim Staudinger.

„Da komme ich daher mit einem Sack voller Neuigkeiten, und keiner der Erwachsenen ist da, nicht Kathinka, nicht Sebastian ..."

„Aber Daddy ist da", sagte Steffi strahlend. „Wir haben eben unseren ersten Ausritt gemacht. Daddy, ich und die Hunde. Die Koppeln sind halt klein, und die Pferde brauchen einfach ab und zu mehr Auslauf!"

Sie kam nicht dazu weiterzusprechen, denn Sebastian und Kathinka fuhren in den Hof.

Babuschka war Kathinkas Mutter; jetzt stemmte sie zufrieden die Hände in die Taille. Ihre Augen blitzten vor Freude.

„Da seid ihr ja!" rief sie strahlend. „Endlich habe ich das Publikum, das ich mir für meine Überraschung gewünscht habe! Immerhin habe ich nicht jeden Tag eine solche Überraschung bereit: Dem Hausinger-Bauern, der sich aufs Feilschen und Handeln versteht wie kaum ein zweiter, hab ich die Wiese abgeschwatzt und abgekauft! Das mit dene Pferdln", fuhr sie auf bayerisch fort, „dös hast ja nimmer anschaun können. Viel zu wenig Platz. Einen richtigen Auslauf brauchen Rösser. Und die Wiese zwischen eurem Zaun bis zum Feldweg hin, die gehört jetzt euch. Das gibt nicht nur zwei Koppeln, sondern noch ein ansehnliches Stück offene Reitbahn. Was sagt ihr jetzt?“

Sie standen sprachlos vor Staunen da. Sepp Buchwieser, der vom Stall kam und alles mitgehört hatte, fuhr sich mit seinem roten Taschentuch über die runzelige Stirn.

„Den Hausinger rumkriegen, dazu gehört schon was“, sagte er anerkennend. „Sie haben gewußt, was wir brauchen!“

„Dazu gehört nichts als ein Herz für die Tiere, ob es nun Pferde sind, Hunde, Katzen oder ein kleiner Spatz!“ sagte Babuschka.

Die Pferde hatten ihr Futter bekommen, waren abgerieben worden; das Fohlen wich nicht von der Seite seiner Mutter. Jetzt saßen alle in der Küche um Babuschka herum, die sich schmecken ließ, was Kathinka und die Mädchen auf den Tisch brachten: Brot und Butter, Geräuchertes und Käse, Gewürzgurken, Tomaten, Bier, Limo und Milch.

„Wißt ihr, wo ich ihn gepackt hab? Er hat doch noch sein letztes Pferd behalten, den Wallach Schorschi. Weil er die Rösser mag, wie er sagt. Und ich hab's ihm klargemacht: Genau der Rösser wegen brauchen wir die Wiese. Na, und wenn zwei so Narrische, die zusammen vor langer Zeit auf der Schulbank gesessen haben, zusammenhocken, da springt am Ende dann doch was heraus. In diesem Fall die Wiese!" Die Großmutter lachte.

„Babuschka", meinte Kathinka, „so ein Stück Grund und Boden wird auch der Hausinger dir nicht umsonst gegeben haben!"

„Natürlich nicht. Es mußte alles passen: daß der Verlag die ersten zwei Bände meiner neuen Märchen zusammen herausbringt. Und daß das Fernsehen so angetan war von meinen Vorschlägen für die Fuchsfamilie, die allen Kindern bestimmt gut gefallen wird, daß wir einen guten Vertrag abgeschlossen haben und ich eine schöne Anzahlung bekommen habe. Und Grund und Boden sind doch nun mal eine gute Geldanlage, oder?"

Babuschka blickte alle strahlend an. „Glück hab ich gehabt. Gute Arbeit hab ich aber auch geleistet. Und ich bin sicher, daß der Maxl Staudinger uns von seinem Hotelumbau ein paar Leute ‚ausleiht', die mit anpacken, um die Wiese mit Pfosten und einem festen Zaun zu begrenzen."

Kathinka umarmte ihre Mutter. Steffi und Mareike drückten der Märchen-Autorin fast die

Luft ab. „Babuschka, du bist toll. Du bist einsame Spitze!“ riefen ihre Enkel.

Sepp Buchwieser stand auf. „Zwei Freunde von mir, der Haffner und der Rattner, die beiden helfen bestimmt mit, wenn sie sich zur Rente ein paar Mark dazu verdienen können“, erklärte er.

Sebastian umarmte die Großmutter. „Danke, Babuschka. Hätte ich nicht Kathinka geheiratet, dann sicher dich. Stimmt's, Kinder?“

Sie lachten. „Er hat recht, der Sebastian“, sagte Tom Stefan. „Aber in Ihren Augen sehe ich so was blitzen, Babuschka! Haben Sie noch mehr in Ihrer Geheimniskiste?“

„Der errät's doch glatt, der Tom Stefan. Stimmt genau“, sagte Babuschka. Dann fuhr sie fort: „Dein Vetter, Kathinka, der Maxl Staudinger, hat nämlich auch seine Probleme. Der Umbau vom alten Bräugasthof ins Hotel *Staudinger Bräu* ist schon voll im Gang. Und ihr könnt euch denken, daß damit viel Lärm, viel Dreck, viel Unruhe verbunden ist. Kathinka weiß es, weil sie ja im Gartensaal ihre Töpferkurse abhält. Für die Stute Afra, die nun tragend wurde und jeden Moment abfohlen wird, ist das nicht das Richtige. Also hat der Max mich gebeten, euch zu fragen, ob sie zu euch kommen kann. Sie ist doch eine Haflingerstute wie Sheila. Und wenn die Wiese erst umzäunt ist, hätten die Stuten mit ihren Fohlen eine Menge Auslauf. Euer Schimmel, Tom, natürlich auch." Babuschka lachte. „Das wäre meine Bitte. Der Gedanke ist nämlich nicht Vetter Maxl gekommen, sondern mir." Abwartend blickte sie sich um.

Doch da gab es kein Kopfschütteln, keinen Widerspruch. „Ist doch klar", sagte Kathinka. Und Tom nickte. „Natürlich, Babuschka. Das machen wir gern. Die Pflege, das Füttern, die Pferde ins Freie zu lassen, zu sehen, wie sie sich wohl fühlen, und der tägliche Umgang mit ihnen... für uns gibt es nichts Schöneres, das weißt du doch."

Babuschka stand auf. „Dann rufe ich Max an und sage ihm, daß alles in Ordnung ist."

Mareike umarmte ihre Großmutter.

Steffi strahlte. „Dann hat ja Schätzchen bald einen Spielkameraden. Der Max will doch Afra nicht gleich nach dem Abfohlen zurückhaben, Babuschka? Der Sommer hier draußen ist für die Stute und das Fohlen einfach toll. Sie können sich austoben. Ich sehe es schon vor mir!"

Babuschka schaute die Familie an. „Also von keiner Seite Einwände? Dann gehe ich hinüber und rufe Maxl an. Ich lasse mir sagen, wann er Afra

bringen wird."
„Sofort", schlug Sebastian vor.
„In die freie Box muß nur noch Stroh eingeschüttet werden", erklärte Steffi.
Mareike fügte hinzu: „Ein Wassereimer noch und Futter. Beides haben wir. Was aber macht Onkel Max bei dem Lärm und Durcheinander mit Annian, dem Wallach, und dem Pony vom Ferdl?"
Babuschka langte kräftig zu. „Der neue Stall am Landhaus ist zum Teil schon fertig. Freilich, es wird noch daran gearbeitet. Max will die Haflinger und das Pony privat behalten, auch wenn sie für das Hotel nicht mehr gebraucht werden. Aber auch am Landhaus geht es für eine tragende Stute zu turbulent zu. Später, nach dem Abfohlen, braucht auch das kleine Fohlen Ruhe."
Sebastian stand auf und rief Sepp Buchwieser, der nie lange sitzen konnte. Beide Männer verschwanden im Stall. Auch Tom folgte ihnen. Babuschka telefonierte inzwischen mit Onkel Max Staudinger. Steffi und Mareike schrubbten die Stallgasse, entfernten die Spinnennetze. Sie halfen, die Strohbündel zu öffnen, und in Kürze war die leere Box fertig, eine neue Bewohnerin aufzunehmen.
Flori hatte niemand vermißt. Doch plötzlich

kam er angestürmt, hielt ein Stück buntbemalter Pappe in Händen, auf der *Herzlich willkommen, Afra* stand, und kletterte auf einen Stuhl vor der Box, um die Tafel an den Stäben anzubinden.

Am Ende erschien Babuschka im Stall.

„Morgen vormittag bringt der Maxl die Stute her. Und hier, Sebastian und Kathinka, mein Geschenk an euch alle!" Die Sündermannsche Oma nahm aus ihrer Handtasche ein zusammengefaltetes Blatt. „Die Fotokopie von meinem Kaufvertrag über die Wiese. Das Original liegt in meiner Mappe mit wichtigen Unterlagen. Und eine weitere Kopie hat mein alter Schulfreund, Notar Dr. Helferich. Hier ist auch noch der Grundstücksplan mit der eingezeichneten Wiese, damit ihr alle, auch Sie, Tom Stefan, genau wißt, was es zu umzäunen gilt. Mit Balken, und, so würde ich meinen, einem elektrisch geladenen Draht. Jetzt muß ich heim, meine Fuchsfamilie für das Bayerische Fernsehen zu Papier bringen."

Sie fuhr davon. Steffi und Mareike winkten ihr nach und schlossen das Hoftor.

„Noch eine Stute, noch ein Fohlen", murmelte Steffi verklärt.

„Wenn das so weitergeht", sagte Mareike und ergriff den Gartenschlauch, um die Kletterrosen am Haus, die Sträucher, Büsche und den Rasen im Vorgarten zu gießen, „... dann wird es mit der Zeit hier ein richtiger Pferdehof. Ich hab dir ja gleich gesagt: Auch wenn du keine Großeltern mehr hast, Steffi: eine Oma wie Babuschka reicht für uns alle!"

Ein viertes Pferd hält Einzug

Heute wartete Steffi ebenso ungeduldig auf das Läuten der Schulglocke wie Mareike. Denn heute sollte Afra Einzug im Häusl halten. Kaum wurde geläutet, jagten die Freundinnen davon; sie fuhren heim, keuchten den Hügel zum Häusl hinauf. Die Räder wurden gegen den Tisch an der Hauswand gelehnt, denn da stand der große Wagen von Onkel Max. Und der Onkel, ein ruhiger Mann mit Bundhose und kurzem Kinnbart, führte eben seine Stute Afra aus dem Anhänger heraus und zum Stall.

„Hallo, wie geht es? Das ist also die Afra, Stockmaß einsfünfundvierzig, mehr fuchsfarben als Sheila, und ihre Blesse auf der Stirn ist breiter. So, meine Gute", sagte er dann, tätschelte der Stute den Hals, den Widerrist und die Kruppe. „Sieh dich nur um hier. Jetzt geht es erst einmal in deine neue

Box, meine Liebe."

Sheila blickte hinter Afra her. Neugierig hob ihr Fohlen, das Schätzchen, den kleinen Kopf. Auch Sandokan in der zweiten Obstgartenkoppel schaute interessiert herüber.

Die Mädchen gingen zu Sheila und Schätzchen in die Koppel. Steffi schlang ihrer Sheila die Arme um den Hals, streichelte das weiche Maul, während Mareike Schätzchen zum Herumtollen zu begeistern versuchte.

„Das ist also Afra, meine liebe Sheila. Bald hat auch sie ihr Fohlen. Ihr werdet euch sicher gut vertragen. Und jetzt komm mit", fuhr Steffi fort; sie faßte Afra am Halfter und führte sie durch das Gattertor und die Stalltür in ihre Box. Schätzchen folgte von selbst.

Onkel Maxl streichelte Afra und redete auf sie ein: „Es ist arg heiß heute, ich weiß es, meine Gute. Ruhe und liebevolles Umsorgtsein, das braucht Afra jetzt am meisten. Gebt ihr etwas von dem Milchpulver unter den Hafer oder unter das Fertigfutter, so wie ihr es bei Sheila macht."

Er klopfte Afra auf den Hals. „Braves Mädchen. Die Tierärztin, Dr. Töpfer, weiß, wo Du jetzt bist, und wird vorbeischauen. In einer Stunde, Mareike, könnt ihr sie mal auf die Koppel hinauslassen, wenn die anderen Pferde schon in ihren Boxen sind, nur, damit sie sich orientieren kann."

„Und darf sie am Abend noch eine Möhre haben oder zwei?" wollte Steffi wissen.

„Ja, aber nicht mehr. Einem Tier, das jeden Tag abfohlen kann, muß man vor allem Ruhe gönnen. Ich füttere normalerweise auch das in harte Würste gepreßte Hafer-Fertigfutter. Aber ihr seht ja selbst: Ist das Fohlen erst da und will mitfressen, ist man für eine Weile mit Hafer besser dran. Dazu kommt noch das frische grüne Gras von der Koppel. Im Winter natürlich gibt's mehr Heu und Futterrüben. Ihr habt schon gesehen, daß Afra nicht so hell ist wie Sheila, mehr fuchsfarben. Aber Haflinger sind gutmütige, brave Tiere, zäh dazu. Früher waren sie vor allem Gebirgsponys."

Der Bräuwirt legte einen Arm um Steffi, den anderen um Mareike.

„Afra ist die Stute von Tante Liesel. Decken lassen habe ich Afra bei einem befreundeten Züchter. Damit unser Bub, der Ferdl, mit dem Reiten nicht warten muß, bis Afras Fohlen soweit ist, eingeritten zu werden, hat er dieses Shetlandpony, Mikkymaus, bekommen. Einhundertfünfzig Mark hab ich bezahlt und das Pony im VW-Bus nach Hause kutschiert. Na, das war eine Gaudi. So hat der

Annian, unser Wallach, wenigstens jetzt, solange die Afra nicht da ist, Gesellschaft."

Kathinka kam aus der Küche. „Ißt du mit uns Abendbrot?"

Doch der Bräuwirt schüttelte den Kopf. „Der Umbau ruft mich heim. Du mußt dich einfach um alles persönlich kümmern, mußt überall zugleich sein ..."

Er gab Kathinka einen herzhaften Kuß.

„Bist eine prächtige Person, Katharina. Wenn dein Mann dich bloß nicht in Kathinka umgetauft hätte! Aber er hat das Herz auf dem rechten Fleck. Stangen für die Umrandungen der Koppeln und mehrere Leute habe ich schon organisiert. Servus, allesamt."

Die erste Nacht und den ersten Tag hatte Afra mit Sheila und ihrem Fohlen auf der Koppel verbracht. Am Morgen war Sepp Buchwieser mit zwei Männern gekommen und gleichzeitig ein Lastwagen, vom Bräuwirt geschickt, mit Stangen und schweren Drahtrollen, um die neue Wiese in ausbruchsichere Koppeln und einen freien Reitplatz zu verwandeln. Belegte Semmeln und einige Kästen mit Getränken waren auch mitgeliefert worden. Von der Wiese her, hinter der Hecke, die die Obstgartenkoppel umschloß, erklangen Hämmern und Klopfen, sowie Stimmen und Gelächter.

Am Nachmittag kam Kathinka aus dem Ort zurück. Sie hatte einen ihrer Kurse abgehalten und bat Mareike und Steffi, ihr zu helfen, Einkaufskörbe aus dem Kombi zu nehmen und ins Haus zu tragen.

„Afra haben wir wieder in die Box gebracht“, sagte Steffi. „Sie ist unruhig, vielleicht liegt es an der neuen Umgebung. Vielleicht macht ihr die Hitze zu schaffen. Ich glaube, wenn wir die Tüten und Körbe im Haus haben, bringen wir auch den Schimmel, Sheila und Schätzchen in die Boxen.“

Kathinka war ins Bad hinaufgegangen; sie hatte kalt geduscht und kam in Sandalen und einem losen, bunten Leinenkleid wieder herunter.

„Dann tut das erst einmal. Später könnt ihr mir helfen, das Abendbrot vorzubereiten. Wo steckt eigentlich Flori?“

„Er macht sich nützlich, sagt er. Er ist bei den Männern, die mit Sepp an der Umzäunung der Wiese arbeiten!“

Steffi füllte den Hunden die Wasserschüssel neu und kühlte unter dem Wasserhahn ihre heißen sonnengebräunten Arme, das Gesicht und den Hals.

„Tut das gut! Das solltest du auch machen, Mareike. Und jetzt zu den Pferden. Im Stall ist es doch kühler als draußen!"

Die Telefonklingel hörten sie noch, als sie zur Koppel liefen. Sie führten die Pferde in den Stall. Alle Wassereimer waren gefüllt. Afra hatte sich niedergelegt. Die zweite Brut der Schwalben piepste in ihren Nestern unter dem Stalldach.

Mit dem Futter hatte es noch Zeit bis halb sieben. Also kehrten die Freundinnen in die Küche zurück, als Kathinka aus dem Wohnzimmer vom Telefon kam. Sie sah bleich und verstört aus und setzte sich in der Küche auf einen Stuhl.

„Ihr solltet euch auch setzen", sagte sie halblaut. Ihre Stimme klang verändert. „Sebastian hat eben angerufen. Es ist etwas Schreckliches passiert. Herr Köninger hat, nein, er hatte einen Neffen, den Sohn seines früh verstorbenen Bruders. Und dieser Jürgen Köninger, seine Frau Lisa und ihr zehnjähriger Sohn Julian sind von Berlin aus in den Süden gefahren, in den Urlaub, und haben bei Innsbruck einen schweren Verkehrsunfall erlitten. Grauenhaft", murmelte Kathinka und bedeckte das Gesicht mit den Händen.

„Der arme Junge! Ihm ist fast nichts passiert, aber er hat beide Eltern verloren." Sie holte tief Atem und kämpfte mit den Tränen. „Herr Köninger ist in aller Frühe nach Innsbruck gefahren, um ihn zu sich zu holen. Natürlich nimmt er sich jetzt des Jungen an. Aber – das sagt er selbst, und das findet auch Sebastian – er ist den ganzen Tag im Werk, und zu Hause ist nur die Haushälterin. Sebastian hat ihm vorgeschlagen, was ich ebenfalls dachte: daß Julian für die nächste Zeit zu uns kommt."

Mareike umarmte ihre Mutter. „Du hast recht, Kathinka, hier bei uns, mit den Hunden und den Pferden, kommt er nicht so viel zum Grübeln. Wir lenken ihn ab!"

„Zumindest erst einmal für die Ferien, bis der Junge den Schock etwas überwunden hat. Bei uns ist immer etwas los, jeder hat Aufgaben und Pflichten, und wir helfen uns gegenseitig. Da wird sich Julian nicht so allein fühlen!" Steffi seufzte.

Julian braucht Hilfe

Sollen wir schon mal das Gästezimmer herrichten?" fragte sie beklommen.

Kathinka stand auf.

„Das ist das Wichtigste. Aber ich möchte nicht,

daß es nach Gästezimmer aussieht, sondern ...“

„Wie ein Zuhause“, bekräftigte Mareike. „Genau das meinst du, nicht, Kathinka?“

Sie nickte. „Auf dem Dachboden steht noch ein kleiner Schreibtisch, der paßt gut ins Zimmer. Und auf das Bett, das wir an die Wand stellen, legen wir eine bunte Decke. Das Zimmer muß gemütlich sein. Vielleicht steuert jeder von euch etwas dazu bei ...“

Eine halbe Stunde später war das für Julian vorgesehene Zimmer nicht mehr wiederzuerkennen. Steffi hatte ihren Schaukelstuhl gebracht, und Mareike ein Poster mit Hunden, dazu Bücher und bunte Kissen. Kathinka hatte für den kleinen, bäuerlichen Schreibtisch einen Platz gefunden und ein paar Bücher daraufgelegt. Ein Krug mit Sommerblumen stand da. Das Fenster war offen; in den Blumenkästen blühte es bunt.

Sie sahen sich an.

„Eine Leselampe fehlt noch. Und vielleicht ein Bademantel und einer von euren Schlafanzügen“, schlug Kathinka vor.

„Hallo, ihr alle“, sagte Flori, der in der Tür stand, grinsend. Sein linkes Knie blutete.

„Was geht denn eigentlich hier vor?“

Kathinka deutete auf das Knie. „Wo hast du dir

denn das geholt?"

„Ach, das ist doch weiter nichts. Der Hausinger Karli und ich haben ein bißchen gerauft – nur so, zum Spaß. Er hat mir oben auf dem Hausinger-Hof die Ferkel gezeigt und junge Katzen. Aber was ist hier los?"

Kathinka legte ihm den Arm um die Schultern und gab ihm einen liebevollen Kuß auf die Wange.

„Ja, Flori, der Anlaß ist traurig. Wir bekommen Besuch, oder besser, wir wollen, zuerst einmal während der Ferien, einen Großneffen von Herrn Köninger aufnehmen. Julian heißt er. Er ist ein Jahr älter als du. Auf der Fahrt in den Urlaub ist die Familie heute nacht bei Innsbruck mit dem Wagen schwer verunglückt. Er hat das Unglück überlebt, aber seine Eltern leben nicht mehr. Wir alle wollen versuchen, Julian über die erste, besonders schlimme Zeit hinwegzuhelfen. Bitte, sei nett zu ihm!"

Flori nickte und krauste die Nase.

„Der Arme! Keine Eltern mehr zu haben ... Ich kann mir überhaupt nicht vorstellen, wie das sein muß. Vielleicht sollten wir noch einen von den vielen Hundekörben im Haus in sein Zimmer stellen. Sicher mag er Tiere. Es wirkt dann viel gemütlicher."

Flori lief davon. „Ich habe den Korb aus meinem Zimmer geholt, damit er von jedem von uns etwas hat. Wann kommt er denn, der Julian?"

Kathinka schaute über den Blumenkasten in den Hof hinunter.

„Ich nehme an, heute abend. Herr Köninger fürchtet, in seinem großen Haus würde für Julian alles noch viel schlimmer sein. Und hier mit uns zu leben, mit den Hunden, mit Tiger, den Hühnern und Pferden, das würde ihm helfen."

Flori nickte. Er blickte unsicher zu Kathinka auf. „Aber davon reden, was passiert ist, müssen wir doch nicht mit ihm?"

„Um Himmels willen, nein, Flori. Wir sollten lieb und herzlich mit ihm sein. Ihm zeigen, daß er hier ein Zuhause finden kann, wenn er will. Ihn spüren lassen, daß er zu uns gehört, wenn er will. Darüber sprechen ... kein Wort, außer er möchte von sich aus darüber reden."

Sie verließen das Zimmer; die Tür blieb offenstehen.

„Steffi, Mareike, sammelt ihr bitte die Eier ein und macht das Hühnerhaus zu?"

Steffi und Mareike liefen aus dem Haus. Kathinka begann im Wohnzimmer den Ecktisch auszuziehen und zu decken. Ihr Herz war voller

Mitgefühl. Armes Kind, dachte sie. Wenn wir dir nur in deinem Kummer etwas helfen könnten!

Bim stupste seine Nase gegen Kathinkas Hand; Asco hatte sich neben sie gesetzt.

„Ihr guten Kerlchen, ihr spürt genau, ob man traurig ist oder fröhlich. Also, Julian kommt. Hört ihr? Julian kommt. Vielleicht könnt auch ihr dazu beitragen, daß er seinen großen Kummer mit der Zeit leichter ertragen kann. Seid ihm gute Freunde, ihr beiden."

Die Hunde wedelten mit dem Schwanz, und Kathinka streichelte sie.

„Dann sind wir uns ja alle einig."

Julian findet ein neues Zuhause

Es dämmerte bereits, doch der gedeckte Tisch für das Abendbrot war noch unberührt. Die Pferde waren pünktlich um halb sieben, wie immer, gefüttert worden. Das Zimmer für Julian, so hatte jeder im Haus festgestellt, hatte nichts mehr von einem Gastzimmer, sondern wartete, liebevoll und gemütlich eingerichtet, auf den Jungen.

Steffi kam mit ihrem Daddy durch die Obstgartenkoppel, nachdem sie das Tor zur Wiese hin geschlossen und verriegelt hatten.

„Es wird wohl noch länger dauern, bis die Männer die große Wiese umzäunt, in Koppeln und einen Reitplatz unterteilt haben, Kleines“, sagte Tom Stefan. Er sah nachdenklich aus, denn auch ihn hatte die Nachricht vom Schicksal Julians erschüttert.

Im Haus ging das Licht an. Bim lief neben Steffi her, auch Asco kam aus dem Haus gestürzt. Am Hoftor öffnete Sebastian das Tor und fuhr seinen Wagen auf den Hof; ihm folgte das Auto von Herrn Köninger. Das Motorengeräusch verstummte. Bim blickte abwartend zu Steffi hoch. Asco war aufgeregt und sprang auf Sebastian zu. Am Abendhimmel blinkte der erste Stern auf. Kathinka kam aus dem Haus und ging auf Herrn Köningers Wagen zu. Der grauhaarige Mann stieg aus; sein Gesicht verriet, wie sehr ihn das, was geschehen war, aufgewühlt hatte. Liebevoll sagte er: „Julian, komm. Steig aus.“

Langsam stieg ein Junge aus, kaum kleiner als Steffi. Der Junge war schlank und blond. Sein gelocktes Haar strich er sich jetzt aus der Stirn. Die blauen Augen in dem blassen Gesicht waren verstört. Steffi ging auf den Jungen zu und schob Bim zu ihm hin.

„Das ist Bim, Julian. Er möchte dich zuerst von uns allen begrüßen."

Als jetzt auch Asco zum Wagen gelaufen kam, fuhr sie fort: „Und der Cocker da ist Asco!"

Beide Hunde beschnupperten Julian, der sich niederbeugte und sie streichelte. Als er sich wieder aufrichtete, schwammen seine Augen in Tränen.

Mareike war fast ebenso blaß wie Julian. Hilfeflehend blickte sie ihre Eltern an. Da tat Kathinka das einzig Richtige. Sie ging auf Julian zu und nahm ihn ohne ein Wort in die Arme. Sie hielt seinen blonden Kopf an sich gepreßt, spürte das unterdrückte Schluchzen des Jungen.

„Ich bin Kathinka, die Mutter von Mareike und Flori. Ein bißchen auch eine Ersatzmutter von Steffi, die dich als erste begrüßt hat. Wir alle heißen dich willkommen. Fühl dich wie zu Hause bei uns, Julian."

Kathinka begrüßte Herrn Köninger.

„Vielleicht will Julian zuerst sein Zimmer und das Haus sehen, damit er sich zurechtfindet? Oder glauben Sie, zuerst die Pferde?"

„Die Pferde, bitte", sagte Julian und gab allen die Hand.

Im Stall brannte noch Licht. Die Pferde blickten

Julian aus ihren Boxen entgegen. Es war still. Die Pferde schauten den Jungen an, mit glänzenden Augen. Sie schnaubten leise.

„Daddys Schimmel heißt Sandokan", sagte Steffi. „Mein Dad hat ihn einem Mann abgekauft, der sehr grausam zu seinem Pferd war. Aber hier bei uns geht es ihm jetzt gut. Die Stute mit dem weißen Stern auf der Stirn ist meine Sheila. Eine Haflingerstute. Ihr Fohlen, Schätzchen, habe ich Mareike geschenkt."

Julian nickte. Die Starre in seinem Gesicht lokkerte sich.

„Die andere Stute ist Afra, die gehört dem Onkel von Mareike und Flori, dem Staudingerwirt. Aber ich höre, daß dein Magen knurrt..."

„Ja", sagte Julian ehrlich. „Onkel Karl hatte einen Picknickkoffer dabei. Aber ich kann nichts essen." Er schluckte. „Wenn ich darf, würde ich gern einen Augenblick hier allein bleiben, bitte!"

Sebastian legte dem Jungen die Hand auf die Schulter.

„Aber natürlich, Julian, klar. Komm ins Haus, wann du willst. Wir verstehen dich. Glaub mir, jeder weiß, wie dir zumute ist. Du kannst dich auf die Futtertruhe setzen, dir die Pferde in Ruhe ansehen. Niemand wird dich stören."

Julian blieb zurück. Die anderen verließen den Stall, den Hof. Der Mond war aufgegangen; aus den Büschen erklang verschlafenes Gezwitscher. Kathinka brachte heißen Tee, Sebastian Bier und Mareike Milch und Sprudel.

Sie setzten sich um den großen Tisch. Sebastian entzündete im Kamin ein Feuer.

„Es ist zwar ein warmer Sommertag, doch das Kaminfeuer, finde ich, strahlt Wärme und Behagen aus. Und das braucht der Junge jetzt. Wärme, Liebe und Fürsorge ..."

Steffi sah Bim nach, der aus dem Haus lief und zurück zum Pferdestall.

„Ein sensibles Tier, unser Bim. Er spürt, daß Julian traurig ist."

Sie tranken Tee und Milch. Keiner konnte etwas essen.

Kathinka drückte Herrn Köninger die Hand.

„Wir werden uns alle bemühen. Wir werden Julian wie unser eigenes Kind behandeln, die Kinder in ihm einen Bruder sehen. Niemand kann ihm die verlorenen Eltern wiedergeben. Aber je besser er sich hier eingewöhnt, je mehr Verantwortung wir ihm übertragen, desto eher wird er seinen großen Schmerz überwinden."

Herr Köninger nickte bedrückt.

„Ich tue alles für den Jungen, glaubt mir. Aber ich bin ein einsamer, nicht mehr junger Mann. Ich muß mich um das Werk kümmern. Allein schaffe ich es nicht, Julian über diese schwere Zeit hinwegzuhelfen."

Flori strich sich ein Butterbrot, legte Schinken darauf und sah sich fragend um. „Darf ich bitte anfangen zu essen?"

Sebastian nickte.

„Natürlich, Junge. Wir sollten alle etwas essen. Julian müssen wir den Zeitpunkt, wann er herkommen will, selbst überlassen."

Julian saß auf der Futterkiste. Er hatte die Hand auf dem Kopf des Setters liegen, der zu ihm hochblickte. Und wenn Julian die Augen schloß, sah er alles wieder ganz deutlich vor sich: Sein Vater war eben dabei, einen Wagen zu überholen, da drängte sich von der rechten Fahrspur her ein anderer Wagen dazwischen. Vater bremste, doch der andere wollte sich vorbeidrängen. Dann gab es ein entsetzliches Krachen.

Als Julian später aus seiner Ohnmacht erwachte, umstanden ihn Polizisten und Krankenpfleger. Die Eltern waren sofort tot gewesen.

Dann war irgendwann Onkel Karl Köninger

gekommen. In Julians Kopf jagten sich die Bilder und Gedanken. Ein Stöhnen weckte ihn, holte ihn in die Gegenwart zurück. Julian glitt von der Futtertruhe und sah, daß eine der Stuten sich im Stroh wälzte. An ihrer Box hing ein buntbemalter Karton mit der Aufschrift *Herzlich willkommen, Afra.* Die Stute stand wieder auf. Sie zitterte, und ihr Fell war verschwitzt. Dann warf sie sich wieder ins Stroh.

Entsetzt hielt sich Julian an den Stäben fest, die über den Holzwänden der Boxen angebracht waren. Starb dieses Pferd etwa? Vielleicht träumte er das alles nur? Da war doch eben erst der Unfall gewesen.

Die Eltern waren tot... und jetzt starb hier ein Pferd.

Julian rannte aus dem Stall über den Hof, er hörte Stimmen und stand keuchend, verzweifelt im Wohnzimmer, wo sie alle versammelt waren, wo ein Feuer im Kamin brannte.

„Ein Pferd stirbt, es wälzt sich und stöhnt..." Seine Stimme brach ab; er zitterte. Doch Onkel Karl sprang auf.

Um Himmels willen ... was kann das sein? Der Schimmel, Julian, oder die Stute mit dem Fohlen..."

Sebastian war vor ihm an der Tür.

„Seit heute steht die tragende Stute Afra vom Bräuwirt Staudinger bei uns, die täglich abfohlen soll. Kathinka, ruf die Tierärztin an und auch den Max, daß es losgeht."

Sebastian lief hinaus. Karl Köninger aber nahm Julians Hand.

„Eine Pferdegeburt, Julian, ist etwas ganz Natürliches. Du hast so etwas nur noch nie erlebt. Wenn du ganz leise bist, darfst du durch die offene Stalltür sehen, wie das Fohlen auf die Welt kommt..."

Julian betrat auf Zehenspitzen die Stallgasse. Onkel Karl und Sebastian machten keineswegs verzweifelte Gesichter; sie nickten sich zu.

Julian sah jetzt deutlich, daß zwischen den Hinterbeinen der Stute ein dunkles, feuchtes, kleines Tier herauskam, ein winziges, zartes, kleines Fohlen. Reglos lag es im Stroh. Die Stute Afra versuchte, mit dem Maul den feuchten kleinen Körper ihres Fohlens zu berühren.

Onkel Karl bückte sich zu dem noch reglosen Fohlen und versuchte, ihm Atem in die Nüstern zu hauchen. Lieber Gott, betete Julian inbrünstig, bitte, laß es nicht tot sein. Ich will mich auch immer um das kleine Pferd kümmern. Vielleicht ist es dann nicht sinnlos, daß ich am Leben geblieben bin...

„Es bewegt sich", sagte Sebastian, und seine Stimme klang froh. „Herr Köninger, es bewegt sich. Auch der Herzschlag ist jetzt zu spüren!"

Köninger hob den Kopf, und jetzt sah auch er, daß das Fohlen die Glieder regte, daß sich das Köpfchen hob. Sebastian rieb mit trockenem Stroh sanft das feuchte Fohlen trocken. Die Stute verfolgte alles genau. Sie schien ihre Schmerzen vergessen zu haben. Sie schnaubte leise, berührte den Körper des Fohlens wieder und wieder mit dem Maul. Dann begann sie das Kleine sanft abzulecken.

„Die Haut, die noch heraushängt", sagte Karl Köninger zu Julian, „der sich nicht gerührt hatte", „geht mit der Nachgeburt ab. Herr Sündermann, ich lege das Fohlen an die Zitzen..."

Das Fohlen bewegte die kleinen Beine, es versuchte aufzustehen, doch es gelang ihm noch nicht. Sanft schob Onkel Karl jetzt das Köpfchen zu dem Milchquell der Stute. Und als habe es das schon immer getan, begann das Kleine zu saugen. Ein Zittern ging durch den Körper der Stute. Julian kam es wie ein Seufzer der Erleichterung vor.

Julian schluckte. Er sah alles verschwommen,

wischte sich die Tränen aus den Augen. Das kleine Pferd trank mit Hingabe, seine Augen glänzten. Afra machte jetzt einen ganz zufriedenen, ruhigen Eindruck.

Herr Köninger stand auf, und auch Sebastian verließ die Box. Draußen im Hof erklang Motorengeräusch, kurz darauf noch einmal. Die Stimmen von einem Mann und einer Frau drangen in den Stall.

„Das ist der Bräuwirt, Kathinkas Vetter Max Staudinger, der Besitzer der Afra. Und die Tierärztin", sagte Sebastian zu Julian. „Unsere Frau Dr. Töpfer."

Sebastian nahm Julians Hand. „Komm mit!" Dann fuhr er fort: „Ein gesundes Hengstfohlen, Max, ich gratuliere. Es regte sich nicht gleich, Doktorin. Doch Herr Köninger hat Mund-zu-Mund-Beatmung gemacht. Jetzt trinkt es bereits. Und Julian, der seit heute bei uns ist, hatte schon Angst um das Fohlen."

Frau Dr. Töpfer setzte die Arzttasche auf der Futterkiste ab und untersuchte Afra. Dann betastete sie das Fohlen, horchte den Herzschlag ab und nickte.

„Es ist alles in Ordnung. Da hast du gleich eine Geburt miterlebt, Junge. Sie, Herr Köninger, waren mal wieder im richtigen Augenblick zur Stelle."

Max Staudinger setzte sich zu der Stute und strich ihr über den Kopf und die Mähne.

„Das hast du brav gemacht, Afra. Endlich hast du dein erstes Fohlen . . ."

„Ich werde gut auf das Kleine aufpassen", flüsterte Julian mit erstickter Stimme. Köninger strich ihm über das Haar.

Der Staudinger-Wirt stand auf.

„Schön, daß du deine Ferien hier verlebst", sagte er zu Julian. „Und da übermorgen auch hier die Ferien beginnen, könnt ihr euch alle um die Pferde kümmern!"

„Onkel Maxl", wollte Flori neugierig wissen, „wie soll es denn heißen, das neue Fohlen?"

Der Bräuwirt dachte nach.

„Sein Vater heißt Roberto. Nennen wir ihn doch Robertino. Ich meine, offiziell. Aber wenn ihr ihn anredet und ruft, sagt einfach Tino zu ihm. Das ist kürzer, und er kann es sich leichter merken. Übrigens habe ich einen Kasten Bier im Wagen. Ich schlage vor, auf das große Ereignis einen Schluck zu trinken!"

Später, als sie alle um den großen Tisch saßen und das Feuer im Kamin schon fast erloschen war, nahm der Bräuwirt plötzlich Julians Hand.

„Du sagst Onkel Maxl, bittschön, so wie die anderen auch. Schau, es ist so: Wenn der Deckhengst, der Vater eines Fohlens, ein gekörter Hengst ist, also einer, der so gute Eigenschaften hat, daß man ihn zur Zucht zuläßt, dann hat ein Pferd Papiere, so eine Art Stammbaum. Und da der Vater Roberto heißt, fängt der Name des Fohlens auch wieder mit dem gleichen Buchstaben an: also Robertino, von Roberto. Und dann wird es bei unserem kleinen Kerl noch zusätzlich heißen: aus der Afra. Denn das ist seine Mutter."

Julian nickte. Bim hatte sich zwischen Julian und Steffi gesetzt. Julian nahm das Glas Milch, das Kathinka ihm reichte. „Danke", sagte er leise.

Er hatte kaum darauf geachtet, daß Mareike ihm ein Schinkenbrot auf den Teller gelegt hatte.

„In unserem Haus in Berlin – es war ein Mietshaus – durfte man keine Hunde haben. Deshalb wollten wir gerade umziehen, gleich nach den Ferien. Ich habe mir immer schon einen Hund gewünscht, und Mami und Paps auch. Gleich nach den Ferien wollten wir ..." Er brach ab, die Stimme gehorchte ihm nicht mehr.

Kathinka legte den Arm um Julians Schultern.

„Hier ist nichts verboten. Hier das Haus, der

Garten und die Ställe ... alles das gehört ebenso Tom Stefan, Steffis Vater, wie uns Sündermanns. Und du, Julian, gehörst von jetzt an dazu. Und natürlich auch zu deinem Onkel Köninger, zu seinem Hund und zu seinen Pferden. Bei uns ist jeder für den anderen da. Wenn du willst, kannst du Bim heute mit in dein Zimmer nehmen, das neben Mareikes Zimmer und dem von Flori liegt. Oder Asco. Oder den Kater. Unser grauer Tiger kommt vielleicht und kuschelt sich nachts mit in deine Kissen. Ich sehe schon, Bim mag dich. Er weicht kaum von deiner Seite."

Julian bückte sich und legte sein Gesicht gegen den Kopf des Setters. Niemand sollte merken, daß er weinte.

„Ich mag Bim auch", sagte er leise. „Und euch alle. Es ... geht nur nicht so schnell."

Als Julian erwachte, schien draußen die Sonne vom wolkenlosen Sommerhimmel. Hühnergackern war zu hören, ein Hund bellte, und auch Bim lag nicht mehr in dem großen Hundekorb in der Ecke des Zimmers. Julian setzte sich auf. Er fühlte sich wieder schrecklich allein.

Kathinka kam in das Zimmer, dessen Tür nur angelehnt war. Julian wußte nicht, daß sie schon mehrmals leise nachgesehen hatte, ob er schon erwacht war. Sie trug ihren blauen Arbeitskittel und Jeans, in den Händen ein Tablett mit Milch und gebuttertem Weißbrot, mit einem Töpfchen Honig und einem anderen mit Marmelade. Bim und Asco folgten ihr. Kathinka setzte das Tablett auf einem Hocker ab, dann setzte sie sich auf den Bettrand. Ohne ein Wort legte sie beide Arme um den Jungen mit den verstörten blauen Augen.

„Mein lieber Junge, ich verstehe dich so gut. Ich habe gewartet, bis du aufwachst. Wecken wollte ich dich nicht, denn du brauchst Schlaf, du mußt nach allem erst einmal zu dir kommen. Glaub mir, niemand könnte darüber leicht hinwegkommen. Jeder Mensch erlebt irgendwann einmal einen schweren Verlust, den Verlust eines geliebten Menschen. Trotzdem, das Leben geht weiter. Warum Gott es so gewollt hat, weiß keiner. Aber glaub mir – auch dort, wo deine lieben Eltern jetzt sind, werden sie an dich denken, dir gute Gedanken schicken. Sie werden stets bei dir sein. Und sie werden sich wünschen, daß es dir wieder gutgeht. Daß dein Onkel Köninger und wir dir alle die Liebe und Hilfe geben, die die Eltern dir jetzt nicht mehr geben können. Wir sind bei dir, du bist nicht allein!“

Julian fühlte sich warm und geborgen. Er fühlte, daß Kathinka es gut mit ihm meinte.

„Ich war so alt wie du, Julian, als mein Vater bei einer Bergtour abstürzte. Sebastian hat seine Eltern auch sehr früh verloren. Sie sind beim Segeln ertrunken. Jeder erleidet Schicksalsschläge, mit denen er fertig werden muß. Nicht nur du allein hast Kummer und Schmerzen."

Sie wiegte Julian sanft in den Armen.

„Meine Mutter, die alle Babuschka nennen, ist für alle Kinder hier im Haus die Oma. Sie malt, und sie schreibt wunderschöne Märchen. Sie hat uns eine große Wiese hinter dem Obstgarten gekauft, damit die Pferde mehr Auslauf haben. Der Obstgarten mit den zwei Koppeln ist zu klein."

Kathinka stand auf.

„Trink wenigstens einen Schluck Milch, aber zwing dich nicht zum Essen, Julian. Wir haben uns hier alle sehr lieb. Auch deinen Onkel Karl. Auch die Tiere brauchen von uns nicht nur Futter und einen Stall, sondern Liebe und Zuwendung. Du bist bei uns zu Hause, solange du willst, Julian. Onkel Karl wird dir in seinem Haus mit euren Möbeln zwei Zimmer einrichten. Er wird immer für dich sorgen. Aber auch auf uns kannst du dich verlassen. Ich gehe jetzt nach unten. Die Kinder sind in der Schule, und ich habe allerhand zu tun. Es wäre lieb, wenn du mir helfen könntest und dich um die Fohlen kümmern würdest. Glaub mir, es gibt immer jemanden, für den es sich lohnt zu leben."

Julian stieg aus dem Bett; er trank seine Milch, und in sein Gesicht kehrte etwas Farbe zurück.

Dann ging er ins Badezimmer. Er vermied es, im Spiegel über dem Waschbecken sein blasses, verweintes Gesicht anzusehen. Frottiertücher, Seife, Waschlappen, eine Zahnbürste – alles lag für ihn bereit, fast so, wie Mami es immer gemacht hatte.

Unten wieherte der Schimmel. Julian duschte, putzte sich die Zähne und fuhr in die kurzen Jeans und ein Polohemd, das vielleicht Flori oder den Mädchen gehörte. Als er die Tür öffnete und das Bad verließ, warteten Asco und Bim unten im Flur; sie schauten nach oben und wedelten freudig mit den Schwänzen.

„Ich bin soweit", sagte Julian. Dann stieg er die Treppe hinunter.

Sepp Buchwieser, seine beiden Freunde, die er mitgebracht hatte, und zwei Männer von der Baustelle des neuen Hotels *Staudinger Bräu*, hatten auf der Bank an der Hauswand gefrühstückt. Dann waren sie, da sie nur halbtags halfen, die neuen Zäune für die Wiese und die Koppeln zu errichten, auf ihren Rädern und Motorrädern davongefahren.

Der alte Sepp mistete die Ställe aus und streute frisches Stroh ein. Mareike und Steffi fegten die Stallgasse aus, während Sepp mit dem Wasserschlauch den Boden spritzte.

„Das gibt gleich frischere Luft. Und jetzt, Steffi und Mareike, holt Sheila mit Schätzchen und danach den Schimmel wieder in die Boxen. Es ist zu heiß draußen. Gegen Abend können sie ruhig noch mal eine Stunde auf die Koppel. Morgen soll auch Afra mit ihrem Fohlen hinaus“, sagte Sepp.

Julian hatte von Steffi erfahren, daß Sepp als junger Mann bei der Kavallerie gedient hatte. Und daß er seinen Bauernhof seinem ältesten Sohn übergeben hatte und in Dießen wohnte, daß seine Kinder erwachsen waren und Sepp allein lebte, das wußte Julian inzwischen auch.

Julian kannte nun den Hof. Er wußte, wann die Hühner gefüttert wurden und die Pferde. Als Sepp am Nachmittag meinte, es sei jetzt nicht mehr so „sakrisch“ heiß, durften Sheila und das Fohlen wieder auf die Koppel. Der Schimmel kam auf die zweite Koppel. Steffi kam in Gummistiefeln aus dem Haus. Sie hatte ihre Jeans in die Stiefel gestopft; Mareike zog ihre Stiefel gerade auf der Bank an.

Steffi holte Sattel und Trense aus dem Stall. Sie zäumte Sheila auf und sattelte sie.

„Wenn die großen Koppeln erst umzäunt sind", meinte Sepp, der den Sattelgurt noch etwas fester zog, „dann könnt ihr Sheila an die Longe nehmen. Verstehst du, Julian, es ist wichtig, dem Pferd beim Reiten die richtigen Hilfen zu geben. Dazu gehört der richtige Sitz, die Armhaltung, daß die Arme nämlich am Oberkörper anliegen. Bei den Händen muß der Daumen oben sein. Zwischen dem Daumen und dem kleinen Finger haltet ihr die Zügel. Keinesfalls wird an den Zügeln gezerrt. Sie sind auch nicht zum Festhalten da, denn Pferdemäuler sind weich und empfindlich."

Steffi saß im Sattel. Es sah ganz leicht aus, wie sie mit dem linken Fuß in den linken Bügel trat und sich in den Sattel schwang.

Aufmerksam lauschte Julian auf Sepps Worte. Er lehnte sich wie der alte Mann an das Koppelgatter.

„Die richtigen Hilfen, mit denen ihr dem Pferd zeigt, welche Gangart ihr reiten wollt, ob Schritt, Trab oder Galopp, die werden mit den Schenkeln gegeben, mit dem Absatz, mit der richtigen Haltung."

Julian nickte.

„Antraben, Steffi! Zeig bitte Julian, wie man leicht trabt. Nicht jeder Schritt wird ausgesessen; so, wie Steffi es jetzt macht, hebt sich der Reiter beim Schrittwechsel leicht aus dem Sattel."

Steffi hielt wieder an. Sie klopfte Sheila den Hals. „Ich möchte sie nicht zu sehr anstrengen. Mareike, willst du noch eine Runde Schritt reiten?"

Steffi sprang aus dem Sattel, und Mareike stieg auf. Steffi führte die Stute am Zügel herum. Mareike fuhr Sheila, während die Stute die Obstgartenwiese umrundete, mit der linken Hand über den Hals und die Mähne.

„Du wirst von Tag zu Tag sicherer", sagte Steffi zu ihrer Freundin. „Morgen früh, bevor es heiß wird, darf Flori sie im Schritt reiten. Und du, Julian, sagst mir, wann du es versuchen möchtest. Ich verzichte gern auch mal einen Tag darauf, sie selbst zu reiten. Sie hat ja noch für ihr Fohlen zu sorgen, und solange es so heiß ist, möchte ich nicht, daß sie sich zu sehr anstrengt."

Mareike glitt aus dem Sattel, und Steffi zäumte und sattelte Sheila wieder ab.

„Ist das eine Trense oder eine Kandare?" wollte Julian wissen.

„Eine Trense, Junge", erwiderte Sepp Buchwieser. „Mit der Kandare werden Pferde hauptsächlich auf Turnieren geritten. Es gibt auch noch anderes Zaumzeug, doch für den Anfang reicht es, wenn du das verstehst, was du hier siehst. Sporen gelten heutzutage als überholt, besonders scharfe Sporen. Sporen und Kandare sind nur etwas für gute, rücksichtsvolle Reiter. Wenn ein Pferd sehr erhitzt worden ist, dann reibt man es trocken. Man läßt es nie im Zug stehen. Und jetzt gib mir das Zaumzeug und die Trense, Steffi! Hier ist Zucker zur Belohnung!"

Steffi nahm den Zucker und gab ihn der Stute auf der flachen Hand. Schätzchen kam neugierig näher. Sie machte ein paar übermütige Sprünge und stupste mit dem Maul leicht gegen Mareikes Schulter. Liebevoll fuhr sie dem Fohlen durch die Mähne.

Kathinka kam aus dem Haus. „Ich habe Zitronenlimonade fertig, und in der Küche stehen Weißbrot, Butter und Marmelade auf dem Tisch. Versorgt euch selbst, ja? Ich will noch nach Dießen fahren und ein paar Besorgungen machen."

Sie fuhr mit dem Kombi davon. Die Mädchen lehnten sich, nachdem jede ein Glas Limonade und ein Brot genommen hatte, an den Stamm eines Obstbaums auf Sheilas Koppel. Julian lag im Gras und hatte den Kopf auf die verschränkten Arme gelegt. Flori half dem alten Sepp, die Küken zu füttern und die Eier im Hühnerhaus einzusammeln.

Im Stall rumpelte Afra gegen die Boxwände. Julian stand auf, um nachzusehen, ob es dem Fohlen Tino auch an nichts fehlte.

„Wenn später die anderen Pferde in den Boxen sind“, sagte Sepp, der Flori den Korb mit frischen Eiern gegeben hatte, damit er ihn in die Küche trug, „könnten wir die beiden mal eine halbe Stunde auf die Koppel lassen. Vielleicht aber doch erst morgen. Lieber warten wir einen Tag länger. Schließlich ist es nach der Geburt sehr schwach gewesen, das kleine Hengstfohlen.“

„Ich hab es gern“, sagte Julian.

13 8808-24

Mit Tieren leben ist die beste Medizin

Der alte Sepp nickte. „Wer Tiere nicht liebt, der ist für mich kein guter Mensch. Schau die zarten, langen Beinchen an, den Hals, die Augen! Siehst du, wie seine Mutter es keinen Moment aus den Augen läßt?"

Julian preßte die Lippen zusammen. Er schluckte. Er ging in den Hof, lehnte sich auf Sandokans Koppelzaun und sah dem Schimmel zu, der Gras zupfte, zuweilen zu ihm hinschaute und dann ein paar Schritte weiterging. Das Schreckliche, das geschehen war, das wußte Julian, konnte er noch immer nicht ganz begreifen. Aber es war gut, daß die Pferde da waren und die Hunde, die neben ihm saßen, und der alte Sepp.

Julian stützte den Kopf in die Hände und sah zu dem Schimmel hinüber. Bim und Asco lagen zu seinen Füßen. Am Himmel zog eine einzelne weiße Wolke dahin. Julian legte sich im Schatten eines Holunderstrauches nieder. Er erwachte erst, als Kathinka zurückkam. Die Mädchen halfen ihr, den

Kombi auszuladen.

Später kam Tom Stefan aus München zurück und Sebastian von der Arbeit im Fertighaus von Köninger. Plötzlich wurde gesprochen und gelacht.

Julian rieb sich den Schlaf aus den Augen. Er stand auf, um alle zu begrüßen. Die Pferde standen in den Boxen; sie fraßen genüßlich. Julian ging langsam zu den Menschen, zu denen er jetzt gehörte. Alle sahen ihm herzlich und liebevoll entgegen. Julian lächelte zaghaft. Er war ihnen dankbar.

Die Tage vergingen. Die beiden Stuten und ihre Fohlen vertrugen sich immer besser. Flori hatte seine ersten Reitversuche auf Sheila gemacht, und heute hatte auch Julian versucht, im Sattel auf der sanften, gutmütigen Sheila den richtigen Sitz zu bekommen. Steffi war dabei. Sie wiederholte, was die Schenkelhilfen für das Pferd bedeuteten, und daß es das Wichtigste sei, den Pferden zu zeigen, daß sie Vertrauen haben konnten.

Als am späten Nachmittag Tom Stefan heimkam, der die letzte Nacht wieder einmal in seinem Münchener Studio durchgearbeitet hatte, erzählte ihm Julian davon. Tom legte dem Jungen die Hand auf die Schulter. „Gehen wir mal zu Sandokan! Den Zucker hier kannst du ihm geben. Du weißt ja jetzt, daß du die flache Hand hinhalten mußt. Sandokan ist ein sanftes, wenn auch etwas unruhiges Pferd. Der Schimmel hat es bei seinem früheren Besitzer sehr schlecht gehabt."

Tom ging mit Julian auf die Koppel zu dem Schimmel. Sandokan kam auf sie zugelaufen und blieb vor ihnen stehen. Tom Stefan liebkoste seinen Kopf, den Hals, er strich sanft über den Widerrist und gab Sandokan einen leichten Klaps auf die Kruppe. „Na, mein Freund, machen wir nachher einen Ausritt? Gestern kam ich nicht dazu. Aber heute wird uns das bestimmt guttun!"

Sandokan nahm behutsam den Zucker; zart und sanft berührte das weiche Maul auch Julians Handfläche.

„Er macht das ganz vorsichtig, als hätte er Angst, einen zu erschrecken", sagte Julian.

Tom Stefan nickte.

„Ich gehe rasch nach oben und ziehe mich um. Du kannst mir dann wieder beim Aufzäumen und Satteln zusehen. Ich freue mich, Julian, daß du langsam etwas Farbe bekommst, daß die Hunde dir nicht von der Seite weichen und daß du dich so liebevoll um die Fohlen kümmerst."

Julian schaute zur Nachbarkoppel, wo Tino und Schätzchen auf ihren langen Beinen herumsprangen.

Karli, der Sohn vom Hausinger-Bauern, hatte Flori von dem kleinen See im nahen Wald erzählt, der gerade groß genug war, um ein paar Stöße hindurch zu schwimmen. Da es heute wieder einmal so drückend heiß war, daß man die Stuten mit den Fohlen bis zum späten Nachmittag in den Boxen lassen wollte, waren sie mit den Rädern und einem Picknickkorb, mit einem Rucksack voller Limoflaschen und Obst zum See gefahren. Bim und Asco schwammen um die Wette; nur ihre Köpfe schauten aus dem Wasser. Steffi, Mareike und die Jungen wurden zwar von Mücken zerstochen, aber trotzdem war es lustig am See.

Steffi und Mareike konnten heute einmal richtig faul sein. Immer wieder suchten sie Abkühlung im grünlichen Wasser des kleinen Sees, der still und kühl im Wald lag. Die Bäume warfen lange Schatten auf das Ufer.

Die Kinder ließen sich die mitgebrachten harten Eier, die Tomaten, die Brote mit Salatblättern und Geräuchertem schmecken. Es gab Monatserdbeeren und Himbeeren aus dem Garten; nur die

Limonade war nicht mehr ganz kalt.

„In Berlin“, sagte Julian nachdenklich, „gibt es die Havel und den Wannsee, mit Segelbooten. Wo wir wohnten, hatten wir den Lietzensee vor dem Haus. Das war in Charlottenburg. Doch der kleine See hier ist besonders schön, weil man allein sein kann, ohne viele Menschen. Da, habt ihr das Eichhörnchen gesehen?“

Steffi gab ihm die Flasche mit dem Sonnenöl. „Reib dich ein, ich glaube, die Mücken mögen das Öl nicht besonders. Wir sind schon viel brauner als du. Du solltest achtgeben, daß du keinen Sonnenbrand bekommst.“

Julian rieb sich Arme und Beine ein; am Rücken verrieb ihm Flori das Öl.

„Bloß einen eigenen Garten hatten wir nicht und daher auch keinen Hund. Nach dem Urlaub wollten wir umziehen, in eine Villenstraße im Westend.“

Julians Lippen zuckten. Er fühlte sich plötzlich wieder verloren und sehr einsam.

Mareike gab ihm eine Handvoll reifer roter Himbeeren. „Reden wir lieber von etwas anderem“, sagte sie hilfsbereit. „Vom Geburtstag deines Vaters, Steffi! Vierzig Jahre wird er. Es ist also ein runder Geburtstag, einer mit einer Null. Als

Babuschka voriges Jahr ihren Sechzigsten gefeiert hat, gab es ein großes Fest. Was haltet ihr von einer Grillparty? Ich fände das prima. Wir könnten alle unsere Freunde einladen, Julians Onkel Karl, die Eltern vom Karli, die sind ja sozusagen unsere Nachbarn. Und die Tierärztin und Toms Freund, Peter Gerlach. Denkt mal alle nach!"

„Was ist mit deiner Mutter, Steffi?" fragte Julian. „Sollten wir sie nicht auch einladen?"

Steffi hatte die Knie hochgezogen und die Arme aufgestützt. Ihr dunkles Haar war naß vom Schwimmen. „Eigentlich hast du recht, Julian. Vielleicht würde sie kommen!"

Mareike band ihr Haar wieder hoch.

„Julian hat recht. Sie kommt zwar selten und ist immer in Eile. Aber ein Geburtstag, dazu ein runder, ist doch etwas Besonderes."

Mareike sammelte die Butterbrotpapiere ein und legte sie in den Picknickkorb.

„Wir könnten selbstgemalte Einladungen verschicken. Und, Steffi, damit es eine Überraschung wird, sollte dein Daddy überhaupt nicht so genau wissen, wen wir alles einladen. Babuschka natürlich, die Staudingers. Die Tierärztin mit Trille und Bini. Wir machen mal eine Liste. Und deine Mama! Von deren Einladung erfährt Tom am besten gar nichts. Vielleicht freut er sich auf sie, und dann ist sie in Paris oder in Rom oder sonstwo ..."

Steffi nickte. Der Gedanke an die Grillparty, eine richtige schöne Geburtstagsparty für Dad, gefiel ihr immer besser.

„Wir könnten bunte Salate machen", sagte sie.

„Und Würstchen grillen", schlug Julian vor.

„Und Kartoffeln in Alufolie. Natürlich gehört eine Geburtstagstorte dazu. Also, wenn Mama käme, ich fände es super. Denn Dad würde sich freuen, auch wenn er es nicht so zeigt."

„Ich würde mich auch freuen", betonte Julian. „Sie sieht meiner Mami etwas ähnlich. Sollten wir jetzt nicht heimfahren und mit den Einladungen anfangen? Und Kathinka fragen, ob ihr alles recht ist?"

Flori krauste die Nase und grinste. „Klar ist ihr das recht. Geburtstage feiern, davon versteht sie was!"

Sie zogen ihre Jeans über die getrockneten Badehosen, schlüpften in die Polohemden, verstauten Taschen und Picknickkorb auf den Gepäckträgern und machten sich auf den Weg. Bald hatten sie den schmalen Waldweg hinter sich. Brütende Hitze empfing sie auf dem Feldweg, nur der Fahrtwind brachte ein wenig Abkühlung. An einer Kreuzung zweigte Karli Hausinger ab, er fuhr dem elterlichen Hof zu.

„Servus, ihr alle. Wenn es morgen wieder so schön ist, radle ich wieder zum See, und dann nehme ich auch unseren Bello mit. Er ist zwar nicht so verrückt aufs Schwimmen wie Asco und Bim, aber wenn er sieht, wie die beiden ins Wasser gehen, macht er es ihnen bestimmt nach!"

Hügelabwärts lag das Häusl von Kastanien, Gebüsch und einem Nußbaum umgeben. Da waren der Hof, die Stallungen und Kathinkas Werkstatt.

Die Kinder fuhren schneller, die Hunde liefen neben den Rädern her. Vor dem Hoftor blickte sich Steffi um.

„Das mit der Einladung für Mama bleibt unser Geheimnis, okay? Aber alles andere besprechen wir jetzt mit Kathinka. Dann kommt Sebastian dran. Dad muß mit dem fertigen Plan überrascht werden, denn er will nicht gern gefeiert werden. Doch diesmal muß er nachgeben."

Es war Sonntag. Der große Plan war mit Kathinka besprochen worden und hatte ihre Zustimmung gefunden. Noch in Nachthemd und Schlafanzug hatten die Kinder die Pferde gefüttert, den Stuten ihr Milchpulver unter den Hafer gemischt. Die Luft am Morgen war noch frisch, denn ein kleineres Gewitter in der Nacht hatte etwas Abkühlung gebracht. Tiger raschelte hinten im Heuschober zwischen Strohballen und Heu, die Schwalbenbrut zwitscherte in ihren Nestern. Steffi schlug vor, die Pferde erst nach dem Frühstück auf die Obstgartenkoppeln zu lassen, weil das Gras von dem Gewitter her noch etwas feucht war.

Steffi war als erste im Bad fertig, sie kam in Jeans und einem Polohemd wieder nach unten.

„Ich decke den Frühstückstisch im Wohnzimmer und ihr schaut, daß ihr fertig seid und die Bäder frei sind, wenn Daddy, Kathinka und Sebastian aufstehen."

Steffi deckte besonders aufmerksam heute, nichts durfte fehlen. Tiger bekam seine Milch und sein Futter, die Hunde eine kleine Portion Fleisch zum Frühstück und jeder einen Hundekuchen. Aus dem Radio erklang leise ein schönes Morgenkonzert, und als Kaffee und Tee auf einem Stövchen bereit standen, das bunte Geschirr auf einer Leinendecke, Toast und Eier in Warmhaltekörben und Steffi ein Tablett mit Marmelade und Honig, Wurst, Käse und frischer Landbutter ins Wohnzimmer trug, da kamen auch Mareike und die

Jungen.

„Mannomann, ist das ein Frühstück! Sie sind alle gleich unten, nur die Fenster sollten wir noch aufmachen, damit man die Blumen in ihren Kästen besser sieht."

Tom Stefan betrat als erster das Wohnzimmer.

„Hoppla, hat hier einer Geburtstag?" fragte er verblüfft. Doch Kathinka, im Dirndlrock mit weißer Bluse, schob ihm vergnügt die Hand unter den Arm und zwinkerte den Kindern zu.

„Heute nicht, Tom. Aber wir wissen von jemandem, der am nächsten Sonnabend seinen Vierzigsten feiert."

„So was spricht sich eben herum", sagte Sebastian, der Jeans und ein Polohemd angezogen hatte, um da und dort in Haus, Hof, Stall und Garten helfen zu können. „Wir dachten, ein schönes Sonntagsfrühstück wäre die passende Gelegenheit, um dir mitzuteilen, daß wir diesen Tag mit unseren Freunden bei einer zünftigen Grillparty feiern wollen. Du hast weiter nichts dazu beizutragen, als diesen Tag zu genießen."

Sie setzten sich um den Tisch, Kathinka schenkte Kaffee, Tee und Milch ein. Tom lehnte sich kopfschüttelnd zurück.

„Ihr spinnt ganz schön! Soviel Aufhebens darum,

daß ich ein Jahr älter werde? Da hat Steffi also aus der Schule geplaudert. Nun, ich sehe schon, euch zuliebe muß ich mitspielen. Wollt ihr euch meinetwegen wirklich soviel Mühe machen?"

„Red nicht so geschwollen daher, Tom", sagte Sebastian und köpfte sein Frühstücksei. „Die Kinder haben sich das ausgedacht. Wollen wir Spielverderber sein? Es ist doch klar, daß jeder versuchen wird, dir eine kleine Freude zu machen. Steffi, Mareike, Julian und Flori bestehen sogar darauf, schön gemalte und geschriebene Einladungen zu verschicken. Und wenn du jemanden weißt, den du gern dabeihaben willst, dann sag's uns!"

Daddy Tom zog eine Grimasse.

„Meinen Freund Peter Gerlach hätte ich gern dabei. Er war uns mit Rat und Tat und seinem Transporter behilflich, als wir Sheila und Sandokan gekauft haben. Und Julians Onkel – aber das versteht sich von selbst, genauso wie eure Babuschka..."

„Und die Staudingers vom *Hotel Bräu*"? wollte Steffi wissen. „Frau Dr. Töpfer mit Trille und Bini? Und Hausingers vielleicht?"

„Alles genehmigt. Ich kümmere mich gleich morgen um einen großen Grill oder auch zwei. Dann ein Faß Bier und..."

„. . . und der Rest“, unterbrach Sebastian ihn, „der ist unser Geburtstagsgeschenk für dich, Tom. Würstl, Fleisch, bunte Salate. Und frisches Brot und Käse!“

Tom Stefan drückte Sebastian und Kathinka die Hände. „Ihr seid richtig nett. Es könnte ein besonders schöner Geburtstag werden. Julian, ich verstehe, dir wird kaum nach einer Geburtstagsfeier zumute sein . . .“

Doch Julian lächelte Tom an. „Ich freue mich doch für dich mit, Tom. Ich bin sehr dafür, daß du einen besonders schönen Geburtstag bekommst. Ihr seid alle so nett zu mir. Und du hast mich auf Sandokan im Schritt reiten lassen und redest mit mir . . .“

Steffi stand auf und umarmte ihren Daddy.

„Also, abgemacht. Wir zeichnen und schreiben Einladungskarten, und du brauchst dich um nichts zu kümmern!“

Sie zwinkerte Mareike und Julian zu. Die beiden verstanden, was das Zwinkern bedeutete: daß die Einladung für Bettina Rehden das große, sorgsam gehütete Geheimnis bleiben sollte.

„Und natürlich der Sepp“, sagte sie. „Aber er gehört ja sowieso zur Familie.“

Daddy drückte sie an sich.

„Bleib, wie du bist, Kleines. Hauptsache, du behältst das Herz auf dem rechten Fleck."

Am Abend vor dem großen Tag werkelte Tom mit Sebastian und Sepp im Hof; auch Julian und Flori halfen, die Tische und Bänke aufzustellen, von denen der Bräuwirt Maxl genügend in Reserve hatte. Es war längst dunkel, als die Männer noch immer den Hof und den Schuppen aufräumten. Alle Boxen im Pferdestall hatten schwarze Tafeln mit weiß geschriebenen Namen der Pferde bekommen, und der Stall blitzte nur so vor Sauberkeit. Kathinka hatte, während die großen Blechkuchen auskühlten und die Schokoladentorte mit einer *Vierzig* aus gezuckerten Plätzchen im Kühlschrank wartete, alle Vasen und Krüge mit bunten Sommerblumen gefüllt. Im Flur und im Wohnzimmer mit dem Geburtstagstisch leuchteten die Sträuße aus allen Ecken.

Nur Steffi war trotz aller Geschäftigkeit traurig.

„Ob ich Mama nicht einfach noch mal anrufe, Kathinka?" fragte sie jetzt, als sie zusammen die bunten Salate vorbereiteten, die es zu den gegrillten Würsten, Rippchen und Fleischstücken geben sollte.

„Ich kann nicht verstehen, daß sie nicht mal

antwortet. Sie hat die schönste Einladungskarte bekommen. Sogar ein Foto von Bim habe ich draufgeklebt ...", sagte Steffi bedrückt.

Kathinka nickte. „Ruf noch einmal an, Steffi. Ich gehe jetzt nach draußen und sage Tom, daß er heute das Wohnzimmer nicht mehr betreten darf. Dann machen wir uns daran, den Geburtstagstisch für ihn zu richten."

Steffi nickte. Sie sah Kathinka nach. Mondschein, der Sternenhimmel, es war eine wunderschöne Sommernacht.

„Das Wetter bleibt bestimmt schön", sagte Mareike. „Trotzdem hänge ich die Lampions lieber erst morgen auf. Und das Faß Bier, das Onkel Maxl geschickt hat, steht im Flur auf der Truhe kühler als draußen. Schade, daß die Männer nicht rechtzeitig fertig geworden sind, die neue Wiese zu umzäunen. Doch wenn die Pferde auf der Obstgartenkoppel sind, können die Besucher sie besser sehen. Du, die putzen wir morgen, daß sie nur so glänzen!"

Steffi nickte, aber sie war bedrückt. „Da habe ich nun so ein schönes Geschenk für Daddy, eine Reitkappe und ein von mir aufgenommenes Foto von ihm auf Sandokan mit Bim daneben. Also, daß Mama nicht mal antwortet ..."

Im Wohnzimmer klingelte das Telefon.

„Geh hin, vielleicht ist sie es“, rief Mareike.

„Das glaube ich nicht. Nicht mehr. Die ganze Woche habe ich auf Antwort gewartet, immer vergeblich. Wir sind ihr eben gleichgültig geworden“, sagte Steffi niedergeschlagen. Doch sie ging ins Wohnzimmer und nahm den Hörer ab. „Hier bei Stefan und Sündermann. Stephanie Stefan am Apparat...“ Sie hörte das Lachen von Mama.

„Hallo, Steffi, du machst das ja wie eine gelernte Telefonistin! Stell dir vor, ich komme eben aus Paris, hab noch den Regenmantel an, noch nichts ausgepackt. Und wie ich eben die Post überfliege, sehe ich den Briefumschlag mit deiner Schrift. Also, hör zu“, sagte Mama, und ihre Stimme klang etwas erschöpft, abgehetzt wie meist: „Ich bin zwar halb tot... habe eine Woche nur fotografiert, wollte übers Wochenende die Aufnahmen entwikkeln, die Texte fertig machen, aber trotzdem werde ich natürlich kommen. Wenigstens auf einen Sprung morgen nachmittag! Ist doch klar, Kind!“

Steffi stieß einen Seufzer der Erleichterung aus. „Mama, du weißt gar nicht, wie ich mich freue. Es wird eine ganz tolle Grillparty... Alle haben zugesagt, Herr Köninger, Onkel Peter, die Tierärztin... einfach alle.“

„Das freut mich für Tom. Und für dich und Sündermanns. Aber wie gesagt, lange bleiben kann ich nicht. Ich muß am Montag meine Fotos in der Redaktion abliefern. Bis morgen also!"

„Tschüs, Mama", sagte Steffi.

„Ich freue mich! Bim wird sich auch freuen. Und natürlich auch Daddy, ganz bestimmt."

Mama zögerte: „Da bin ich nicht so sicher. Immerhin habe ich ihm sehr weh getan, als ich auf der Scheidung bestand. Dir auch, Kleines. Also, bis morgen." Schnell hängte sie ein. Auch Steffi legte auf. Eben kamen Kathinka mit der Schokoladentorte und Mareike mit einem Strauß Rosen für den Geburtstagstisch herein.

„Sie kommt", sagte Steffi und schluckte. „Sie war in Paris und ist gerade zurückgekommen. Sie sagt, sie käme nur kurz, weil sie arbeiten muß am Wochenende, aber sie kommt ..."

Kathinka stellte die Torte auf den Tisch. Mareike plazierte den Glaskrug mit roten Kletterrosen dahinter. Kathinka umarmte Steffi.

„Na, siehst du, Kind. Alles hat sie wohl doch noch nicht vergessen. Willst du es Tom nun verraten?"

Mareike und Steffi sahen sich an.

„Bloß nicht", riet Mareike. „Denn dann ist es

keine Überraschung mehr."

Steffi nickte. Mareike war viel energischer als sie. Am liebsten wäre sie zu Dad gelaufen und hätte ihm verraten, daß Mama kommen würde.

„Du hast recht, Mareike", sagte sie.

In der Küche schlug die alte Uhr zehnmal. Dann kamen Julian und Flori ins Haus. Wenige Minuten später war der Geburtstagstisch mit Geschenken bedeckt. Kathinka und Sebastian hatten eine Reitgerte und Reithandschuhe gekauft, Mareike ein Buch von ihrem Taschengeld, eine „Reitlehre", in der alles stand, worauf es beim Reiten und beim Umgang mit Pferden ankam. Flori hatte vom Hufschmied in Dießen ein Hufeisen erbeten, das jetzt eine rote Schleife trug und in Zukunft über der Tür zum Reitstall hängen sollte. Julian aber hatte mit seinem Onkel gesprochen und unter den Sachen seiner Eltern, für die der Onkel zwei Zimmer seines großen Hauses freigemacht hatte, ein Buch über moderne Malerei gefunden.

„Er macht doch so tolle Plakate", sagte Julian, als er das Buch brachte. „Da dachten Onkel Karl und ich, daß ihn dieses Buch interessiert."

Sie waren sich alle einig, daß es ein sehr schöner Geburtstagstisch geworden war.

„Und jetzt in die Betten, alle miteinander", sagte

Kathinka, als an jedem Geschenk ein kleines Kärtchen angebracht worden war, das verriet, von wem die einzelnen Gaben stammten.

„Morgen wollen wir ausgeschlafen sein. Es wird noch eine Menge zu tun geben."

Sie schloß das Wohnzimmer, das jetzt ein Geburtstagszimmer war, lachend ab.

„Tom ist zwar nicht neugierig, aber ich möchte nicht, daß er womöglich aus Versehen zu früh hineingeht, ehe am Morgen die Kerze angezündet ist und wir ihn mit einem Lied und den Hunden mit Schleifen am Halsband gebührend empfangen!"

Eine Überraschung zu Daddys Geburtstag

Zum Geburtstagsfrühstück, das sonst draußen bei der Hauswand auf dem langen Holztisch stattgefunden hätte, war auch Sepp Buchwieser erschienen. Auf dem Gabentisch brannte eine buntverzierte Kerze, dufteten Rosen. Steffis Vater war gerührt. Es war ihm anzumerken, daß er sich wirklich über jedes Geschenk freute. Auch der alte Sepp, der mit Schnupftabak und einer Flasche

Obstschnaps erschienen war, mußte mitfeiern. Für die Hunde mit den roten Schleifen um den Hals fiel eine Scheibe Schinken ab. Tiger bekam etwas Sahne in die Milch; die Pferde hatten eine saftige Möhre bekommen. Vom blauen Sommerhimmel strahlte die Sonne.

Sonnenblumen, Malven, Rittersporn und Rosen blühten in leuchtenden Farben. Auf den vom Bräuwirt geliehenen Tischen lagen blauweiße Decken, mit Klammern befestigt, falls Wind aufkäme. Nach dem Frühstück wurden neben dem Faß Bier im kühlen Hausflur Krüge und Gläser aufgereiht. Wein, Sprudel, Saft und Limonade standen bereit. Auf einem anderen Tisch im Flur, der mit seinem Deckengewölbe, seinen dicken Mauern und den steinernen Fliesen angenehm kühl war, standen Teller, lagen Bestecke bereit, alles vom *Staudinger Bräu* geliehen. Ein paarmal läutete das Telefon. Kollegen und alte Freunde von Tom riefen an. Stets sagte Tom: „Wir feiern ein bißchen, es wird gegrillt. Wer von euch Lust hat zu kommen, ist herzlich willkommen."

Steffi wechselte zuweilen mit Kathinka, mit Mareike und Julian einen Blick. Natürlich waren auch Sebastian und Flori informiert worden, daß Toms geschiedene Frau kommen würde. Nur er selbst, die Hauptperson, hatte keine Ahnung. Mittags wurden die Pferde für eine Weile in die Boxen geführt, damit ihnen die drückende Hitze nicht zu sehr zusetzte. In der Küche gab es einen Imbiß, Weißwürste mit bayerischem süßem Senf und einer Semmel.

Wenn du wüßtest, Daddy ... dachte Steffi. Sie geriet in Versuchung, ihm das große Geheimnis zu verraten. Doch Kathinka schüttelte unmerklich den Kopf, und Steffi zwinkerte ihr zu. Ich halte dicht, hieß das, und Kathinka lächelte.

Später halfen Steffi und Mareike, Tassen und Kuchenteller im Wohnzimmer aufzubauen. Blechkuchen wurde auf große Platten geschichtet. Babuschka hatte vom Konditor noch eine gewaltige Schwarzwälder Kirschtorte und einen großen Nußkuchen schicken lassen. Zwei große Thermoskannen mit Kakao und Kaffee standen auch bereit.

„Alles ist fertig. Auch die Lampions hängen an den Bäumen. Kinder, zieht euch um. Ich weihe mein neues Dirndl ein, aber von euch soll jeder selbst entscheiden, was er anziehen mag ..."

Mareike und Steffi tauchten in neuen Baumwollröcken mit weißen Blusen auf, die Jungen in Jeans mit neuen Polohemden. Sebastian hatte sich für eine lederne Kniehose entschieden, die Hauptperson Tom für eine helle Leinenhose und ein hellblaues Hemd mit aufgekrempelten Ärmeln. Asco hatte seine Schleife zerfetzt, die von Bim schleifte am Boden. So waren sie von dem Schmuck, der ihnen lästig war, erlöst.

Später durften die Pferde wieder auf die Obstgartenkoppeln. Kathinka verschönte alle Tische mit Krügen voller Sommerblumen.

Tom stand vor seinem Geburtstagstisch, die Hand auf Julians Schulter gelegt.

„Du glaubst nicht, Julian, wie mich dieses Buch über moderne Malerei freut. Ich werde es in Ehren halten. Es steht ja der Name deines Vaters drinnen. Und daß du mir noch einen so lieben Geburtstagswunsch hineingeschrieben hast, finde ich besonders nett. Wenn wir am Abend Zeit dafür haben, werden wir, du und ich, Bild für Bild gemeinsam ansehen. Hab ganz herzlichen Dank!"

Draußen wurde gehupt; die ersten Gäste kamen. Die Wagen mußten auf der Straße parken. Es wurde eine lange Reihe. Der Hof und das Haus füllten sich mit Gästen; die Pferde schauten neugierig von den Koppeln her. Die erste war Babuschka im violetten Dirndl mit silberner Kette, nicht wie sonst in Malerkittel und Hosen. Sie brachte einen Stapel ihrer Märchenbücher mit und gab Tom einen Kuß.

„Alle selbst erdacht und selbst gezeichnet, Tom. Und hier“, sagte sie und holte aus ihrer Tasche etwas Blankes heraus, „... hier noch einen silbernen Georgstaler. Du weißt ja, Sankt Georg ist der Schutzheilige der Pferde. Du kannst ihn an Jeans, am Trachtenjanker oder Lodenmantel befestigen. Jedenfalls soll er euren Pferden Glück bringen. Und euch natürlich auch.“

Der Hausinger-Bauer mit seiner Frau und Karli überreichte einen großen Schinken. Onkel Peter kam mit einer Pferdedecke für Sandokan und Bandagen für den Schimmel.

„Du weißt ja, daß Bandagen die Sehnen der Pferde schonen sollen. Vor allem bei Turnieren, aber auch bei Jagden und langen Ausritten in einem Gelände, wo auch mal gesprungen wird. Ich zeige dir noch, wie man sie anlegt. Sie dürfen nicht zu fest gewikkelt werden, damit sich das Blut nicht staut.“

Staudingers trafen ein, deren Geschenke das Faß Bier, einige große Laibe Leberkäs, Brezeln und ein paar hölzerne „Brotzeitteller“ waren, mit vielen Käsesorten üppig belegt.

Sebastian schenkte Faßbier in die Krüge. Die Kinder versorgten sich selbst mit Getränken. Kathinka bot Kaffee und Kuchen an. Tom und der

Bräuwirt, Onkel Maxl, standen am Grill wo es köstlich nach gebratenen Würsten duftete. Die Salate standen auf einem Tisch bereit, auch ein Korb mit Semmeln, Brezeln und Brot. Herr Köninger brachte einige Kartons mit Wein, die er mit Sebastians Hilfe ins Haus trug. Er schüttelte Tom die Hand.

„Mein Hauptgeschenk ist nichts zum Anfassen, Herr Stefan", hörte Steffi ihn sagen, die ungeduldig auf die große Überraschung wartete, nämlich auf das Erscheinen ihrer Mutter.

„Aber ich dachte, vielleicht hätten Sie Lust, bei der Werbung für die Köninger-Fertighäuser mitzuarbeiten? Allgemeine Werbung, Plakate der Haustypen. An Ihrer Mitarbeit wäre mir sehr gelegen, nach allem, was ich von Ihnen gesehen habe."

Steffi sah, daß Dad sich freute.

„Sehr gern, Herr Köninger. Das ist ein interessantes Angebot. Sie können mit mir rechnen."

„Und Sie mit einem guten Vertrag. Ich kenne keinen besseren Werbegrafiker. Ihre Texte sind besonders witzig. Auf gute Zusammenarbeit also!"

Julian lächelte. Er drückte den Arm seines Onkels.

Steffi zog Julian mit sich.

„Langsam mache ich mir Sorgen. Mama wird es doch nicht vergessen haben? Oder es ist ihr etwas dazwischen gekommen! Alle sind schon da, auch ein paar alte Freunde von früher. Aber ich weiß schon, bei Mama läutet ständig das Telefon. Vielleicht hat sie einfach keine Zeit gehabt. Man kann nie sicher sein, daß nicht irgend etwas dazwischen kommt. Ihr Leben ist hektisch. Manchmal vergißt sie etwas und lacht dann darüber!" Steffi versuchte sich selbst Mut zu machen. Sie sah bekümmert aus, und so fühlte sie sich auch: traurig und enttäuscht. Sie gab sich Mühe, es sich nicht anmerken zu lassen, als jetzt Frau Dr. Töpfer, die Tierärztin, kam, mit Trille und Bini. Flori packte Binis Ranzen oft auf seinen Gepäckträger, wenn er Bini heimfuhr. Deswegen hatte er sich neulich mit Karl Hausinger geprügelt. Jetzt, darin waren Karli und Flori sich einig, sollte Bini ihren Ranzen allein aufs Rad packen. Trotzdem kam sie jetzt mit ihrem rotblonden Wuschelkopf ganz unbefangen daher; sie lachte, und in ihren Wangen bildeten sich Grübchen.

Flori und Karli grinsten. „Servus, Bini."

Plötzlich stieß Bim einen kurzen, freudigen Blaffer aus und jagte zum Tor.

Steffi preßte Julians Arm. „Da ist sie, da kommt

Mama." Und zu Trille sagte sie halblaut: „Es ist unsere Überraschung. Daddy ahnt nichts. Aber ich habe Mama auch eine Einladung geschickt. Ich dachte, Daddy freut sich vielleicht doch, auch wenn sie geschieden sind!"

Bettina Rehden kam über den Hof. Sie ging direkt auf Tom zu, der eben Frau Dr. Töpfer einen Teller mit gegrillten Koteletts reichte.

Steffi fing Sebastians und Kathinkas Blicke auf. Kathinka ging auf Steffis Mutter zu, streckte ihr beide Hände entgegen.

„Wie schön, daß Sie gekommen sind, liebe Frau Rehden-Stefan", sagte sie. „Oder darf ich einfach Bettina sagen? Wir sind doch hier alle Freunde!"

Mama nickte. Steffi zog Julian mit sich. Tom begrüßte seine frühere Frau fast etwas verlegen. „Wenn das keine Überraschung ist!" sagte er. „Ich habe wirklich nicht damit gerechnet, daß du an diesen Tag denkst."

Mama schob die Hand unter Daddys Arm. Es störte sie nicht im geringsten, daß alle zu ihnen herschauten.

„Aber Tom, wir waren immerhin viele Jahre miteinander verheiratet. Und außerdem ist es dein vierzigster Geburtstag. Ganz herzlichen Glückwunsch!"

Sie nahm aus ihrer Umhängetasche ein bunt verpacktes Geschenk.

„Es ist eine Kamera, Tom, ziemlich neu auf dem Markt. Und sie ist nicht nur hervorragend, sie ist auch ganz einfach zu bedienen. Ich weiß, daß dir der Apparat, den du hast, viel zu kompliziert war. Und hier draußen gibt's doch bestimmt immer wieder etwas, das sich zu fotografieren lohnt. Die Pferde dort, die Kinder, euer Leben hier, die Hunde. Und vielleicht auch den heutigen Tag."

Mama half Dad, das Päckchen auszupacken; sie legte ihm den Apparat in die Hände.

„Du mußt nur einstellen auf Nähe oder Entfernung oder Landschaft", sagte Mama.

Daddy hob die Kamera, und es klickte. Mama lachte: „Jetzt hast du mich und Steffi und diesen Jungen auf dem ersten Foto!"

Steffi faßte ihre Mutter am Arm.

„Ich bin riesig froh, daß du doch noch gekommen bist. Ehrlich, ich dachte schon, es wäre etwas dazwischengekommen. Und das ist Julian. Er lebt jetzt bei uns."

Julian schluckte. „Ich habe Steffi gesagt, nach den Fotos sehen Sie Mami ähnlich, nur daß sie blond war." Dann lief er davon.

„Seine Eltern sind neulich bei einem Autounfall

umgekommen“, sagte Tom leise. Dann rief er: „Darf ich euch bitten, mal herzuhören: Das ist Steffis Mutter, meine frühere Frau, Bettina Rehden. Sie ist Fotografin.“

Bim ließ sich streicheln, er wedelte mit dem Schwanz und zeigte seine Freude.

Bettina war gerührt. „Er freut sich wirklich, mein guter Bim! Und du, Steffi, groß und hübsch geworden bist du! Servus, Mareike! Hallo, Flori!“

Tom und Bettina setzten sich zu Herrn Köninger. Mareike und Steffi brachten ihr einen Teller mit Fleisch und Salaten.

„Möchtest du Bier, Wein oder Sprudel?“

„Sprudel, Kleines“, bat Mama. „Wenn ich Auto fahre, trinke ich keinen Alkohol. Aber wenn du mir eine Scheibe Zitrone hineingeben würdest...“

Julian lief davon.

„Ich mache das schon, Steffi.“

„Und Torten und Kuchen gibt es, Käseplatten, einfach alles. Auch Kaffee...“

Mama nickte. Dann erzählten Tom und Herr Köninger ihr kurz von Julians Schicksal. Die schöne, strahlende Mama wurde ganz ernst. „Das ist ja schrecklich“, murmelte sie. „Was für ein Glück, daß er hier in dieses fröhliche Zuhause gekommen ist...“

„Mein Haus ist zu groß, zu leer", sagte Karl Köninger.

„Daß Julian später das Werk erben wird, davon hat er jetzt nicht viel. Wohl aber davon, hier mit den Kindern, den Pferden und diesen warmherzigen Menschen zu leben..."

„Er liebt Tiere. Er betreut die Hunde und die Fohlen", berichtete Tom. „Wenn er mein eigener Sohn wäre... ich könnte ihn nicht lieber haben. Sebastian und Kathinka geht es genauso."

Jetzt kam Julian zurück. Er balancierte auf einem kleinen Tablett ein großes Glas Sprudel, in dem ein Stückchen Zitrone und ein kleiner grüner Zweig schwammen.

„Wie hübsch", rief Bettina aus. „Woher hast du denn die Idee, das so nett anzurichten?"

Kathinka lachte. Sie freute sich, daß sich alle Gäste wohl fühlten.

„Mami hat es so gemacht und Paps auch", sagte Julian. „Es mußte immer alles schön sein. Und immer fröhlich, es gab selten Streit."

Er stellte das Glas vor Bettina hin und trug das Tablett ins Haus zurück. Dann ging er zur Obstgartenkoppel zu den Pferden.

„Die fuchsfarbene Stute mit dem Fohlen gehört Sebastians Vetter Max Staudinger, am Ende des

Tisches“, erklärte Tom jetzt Bettina. „Karl Köninger züchtet Galopper.“

Steffi und Mareike folgten Julian; auch Sepp gesellte sich zu ihnen.

„Es braut sich etwas zusammen, schaut zum Himmel. Es ist zu schwül und zu drückend für die Pferde hier draußen. Führen wir sie lieber in die Boxen“, schlug der alte Mann vor.

Bald darauf waren die Pferde im Stall. Die Fohlen legten sich müde ins Stroh. Sepp blickte besorgt zu den schwarzen Wolken empor.

Dann kehrte er zum Bierfaß zurück, um einzuschenken. Julian und Steffi, Mareike und Trille kümmerten sich darum, die benutzten Teller in die Küche zu bringen. Sie teilten Kuchen und Kaffeetassen aus. Mama bat Tom jetzt doch um etwas Wein für ihren Sprudel.

„Damit ich auf dein Wohl anstoßen kann, Tom. Du glaubst nicht, wie ich mich für euch freue, daß ihr nicht mehr allein lebt. Auch daß Bim jetzt auf dem Land ist. Und daß ihr so gute Freunde gefunden habt.“

„Auch für mich bedeutet dieses Haus mit seinen Bewohnern viel“, sagte Karl Köninger. „Sebastian und die Mädchen haben mich ermutigt, meinen Hengst Coriolan, dessen Vorderhand nach einem

Sturz gebrochen war, operieren zu lassen. Nun, heute ist er ein Wallach. Ich mußte ihn kastrieren lassen. Coriolan sondert sich seit dem Unfall von den anderen Pferden ab. Er tut mir oft leid, der arme Kerl. Vorher war er so lebhaft, bei Rennen kaum zu halten, ein junger Hengst eben. Jetzt meine ich, er fühlt sich unter den anderen Galoppern beinahe als Fremder. Julian hat ein Naturtalent fürs Reiten, für Pferde überhaupt. Eines Tages vielleicht bekommt er Coriolan ..." Er brach ab. Kathinka brachte Schokoladentorte, Steffi und Mareike Kaffee.

Bettina schmeckte Kathinkas Torte. Sie blickte Kathinka aufrichtig an. „Sie scheinen es zu schaffen, Beruf und Familie unter einen Hut zu bringen. Kurse geben, selbst töpfern und der Haushalt ..."

Doch Kathinka lachte. „Da helfen die Kinder mit. Eigentlich ist einer für den anderen da. Einkaufen, kochen, einmachen ..., da hilft jeder mit. Auch bei der Versorgung der Pferde und der Hühner. Auch die Sorge um die Hunde und den Kater teilen wir. Und alle tun es gern."

Die Wolken hatten sich zusammengeballt. Vom See her ertönte das Zeichen für Sturmwarnung.

Bettina stand auf. „Womöglich gibt es ein schweres Unwetter. Aber mit meinem schnellen

Wagen werde ich es schon noch schaffen heimzukommen. Das Wetter kommt ja von der anderen Seite", sagte sie.

Bettina gab Tom die Hand. Dann küßte sie Steffi und Julian.

„Kathinka, Sebastian, Dank für das schöne Fest. Aber ich möchte dem Gewitter davonfahren. Auf Wiedersehen!"

Sie ging zu ihrem Wagen. Steffi, Julian und Tom, der Bim am Halsband hielt, winkten ihr nach.

Das Grollen des Donners wurde stärker; ein Windstoß fegte über den Hof. Die Gäste schleppten Teller und Platten, Tischdecken und Gläser ins Haus. Sepp Buchwieser sperrte den Hühnerstall zu, der zwischen dem Schuppen und der Obstgartenkoppel lag, und schloß das Tor des Pferdestalls. Sturm kam auf, die ersten Blitze zuckten auf, und plötzlich war es fast dunkel geworden. Krachender Donner ertönte, und als Sebastian alle im Haus wußte, auch den Kater und die Hunde, schloß er die Haustür. Dann brach das Unwetter mit voller Wucht los. Der Sturm wirbelte Staub und Sand auf. Die Läden schlugen gegen die Fenster. Vom Dach flogen krachend ein paar Ziegel herunter.

„Hoffentlich kommt deine Mama gut nach Hause", sagte Julian mit blassem Gesicht. Steffi nickte. „Unterwegs gibt es ja Gasthöfe, wo sie im schlimmsten Fall das Gewitter abwarten kann." Aber sie wußte, daß auch Daddy sich Sorgen machte.

„Typisch Bettina", murmelte er. „Hals über Kopf abzufahren! Aber sie hat nun mal ihren Kopf für sich, man kann sie nicht ändern . . . Kümmert euch um die Gäste, Kinder. Es ist schade um die Lampions; jetzt wäre die richtige Zeit gewesen, sie anzuzünden. Sie sind sicher längst vom Sturm davongeweht."

Feuer im Pferdestall

Die Geräusche der vielen Stimmen, das Lachen der Besucher, die Sorge, sich darum zu kümmern, daß jeder einen Sitzplatz fand, ließen keinen im Haus vergessen, daß draußen ein Donnerschlag auf den anderen folgte. Grelle Blitze zuckten durch die Dunkelheit, Sturmböen jagten über den Hof. Sebastian und der Bräuwirt nickten verständnisvoll, als der Hausinger-Bauer, in Sorge um seinen Hof und sein Vieh, trotz des Unwetters das Haus verließ und mit seiner Frau und Karli davonfuhr. Kathinka und Babuschka betreuten die Gäste, als sei ein Gewitter, selbst ein so schweres, eine ganz normale Angelegenheit. Mareike und Steffi, Trille und Julian hockten mit den Hunden auf den Treppenstufen.

„Sie ist wirklich meiner Mami ähnlich, deine Mama“, sagte Julian versonnen.

„Sie lacht gern, sie ist hübsch. Man muß sie gern haben. Ich bin sicher, daß ihr sie vermißt habt, als sie weg wollte.“

Steffi seufzte. „Ich hab's einfach nicht verstehen können. Ich glaube, ich verstehe es noch immer nicht. Trotzdem, Daddy und mir bleibt ja gar nichts anderes übrig, als uns damit abzufinden. Und wir sind noch gut dran gegen dich. Am besten sind natürlich Flori und Mareike dran, denn Trille und Bini haben ja seit Jahren keinen Vater mehr. Ihre Mutter ist Klasse; die ist doch oft Tag und Nacht unterwegs. Wenn eine Kuh kalbt, eine Stute fohlt, ein Pferd eine Kolik hat, ein Tier Hilfe braucht... Und trotzdem ist sie immer für ihre Kinder da.“

„So wie mein Paps früher. Er war auch Arzt. Aber ich glaube, ich würde lieber Tierarzt werden. Ich passe auch immer ganz genau auf, wenn Frau Dr. Töpfer kommt, und versuche mir alles zu merken.“

Ein krachender Donnerschlag brachte alle zum Verstummen, ein greller Blitz ließ für Sekunden die Lichter ausgehen. Für einen Augenblick schwiegen alle. Dann brannten die Lampen wieder, doch Steffi kam es vor, als seien diesmal alle, die Erwachsenen, auch Julian und Mareike, eine Spur blasser geworden.

„Das hat irgendwo eingeschlagen“, sagte Sebastian. Er sah beunruhigt aus.

„Wir haben ein paar alte Eichen bei unserem Grundstück stehen. Und man weiß, daß Eichen besonders gefährdet sind. Es heißt doch: Vor Eichen sollst du weichen, Buchen sollst du suchen!“

Der grauhaarige hagere Karl Köninger öffnete die Haustür und ging nach draußen. Steffis Vater folgte ihm, obwohl der Sturm und das Getöse des Unwetters jetzt ungehindert bis in alle Räume drang.

Und dann schrien beide Männer auf; sie kehrten um und riefen beide gleichzeitig: „Der Blitz hat in den Heuschober eingeschlagen – es brennt! Kathinka, ruf die Feuerwehr! Max und Peter, öffnet das Hoftor, damit die Feuerwehrleute hereinfahren können!“ Karl Köninger rannte mit Sepp zum Pferdestall. Überall waren Rauchwolken, das hochaufflammende Heu und Stroh prasselte und flammte durch das zerstörte Dach des Schobers, beißender Qualm war überall. Im Pferdestall tobten die verängstigten Pferde; sie donnerten mit den Hufen gegen die Wände der Boxen.

Sepp öffnete die Obstgartenkoppel, Tom, Karl Köninger und Onkel Peter die Boxen, und dann jagten die Pferde hinaus, an der Spitze Sandokan, dann Sheila mit Schätzchen und am Ende Afra mit ihrem Fohlen. Blind gegen jedes Hindernis tobte der Schimmel gegen die Trennwand zur zweiten Koppel, die Balken gaben nach und dann auch das Gatter, das zu den großen Wiesen führte. Es zerbrach splitternd. Ehe einer die vor Schrecken und Angst wild davonjagenden Pferde aufhalten konnte, folgten die Stuten dem davongaloppierenden Schimmel.

„Gütiger Gott!“ rief Tom Stefan aus. „Herr Köninger, die Koppelumzäunung ist noch nicht fertig! Sebastian, du mußt den Rundfunk benachrichtigen, daß hier bei uns die Pferde ausgebrochen sind! Die Autofahrer müssen damit rechnen, daß sie auf eine Straße geraten ...“

„Daddy!“ schrie Steffi verzweifelt aus. „Wir müssen sie einfangen. Irgend jemand muß den Hausinger-Bauern anrufen; vielleicht laufen sie zu seinem

Hof oder die Wiesen hinab oder die Straße entlang oder zum Wald ..."

Sie wußte gar nicht, daß ihr Gesicht schneeweiß war vor Angst, sie sah nur Mareikes entsetztes Gesicht und das blanke Entsetzen in Julians Augen.

„Ihr Kinder nehmt die Räder!" rief der Bräuwirt. „Und Sie, Herr Köninger, Herr Gerlach und Tom – jeder macht sich mit dem Wagen auf die Suche. Möglichst mit Standlicht und langsam, im zweiten oder dritten Gang, um nicht zuviel Lärm zu machen und die Pferde nicht noch mehr zu erschrecken! Wir müssen sie finden."

Herr Köninger war leichenblaß, als er in seinen Wagen stieg. „Mein Gott, damit, daß sie den Zaun und das Gatter durchbrechen, habe ich nicht gerechnet. Aber wir mußten sie ins Freie lassen, der Stall hatte ja auch schon Feuer gefangen", murmelte er.

Hell loderten die Flammen aus dem Heuschober, und auch der Stall brannte jetzt. Fast gleichzeitig ging ein wahrer Wolkenbruch nieder. In der Ferne erklangen die Signale der Feuerwehr.

„Das ist unmöglich!" rief Herr Köninger aus dem offenen Wagenfenster. „Mit ihrem Lärm verscheuchen sie die Pferde ja nur noch mehr!"

Er fuhr los, zur Landstraße hin. Mareike, Julian und Steffi schwangen sich auf ihre Räder, Trille nahm das Rad von Kathinka, und auch Flori trat in die Pedale. Sie keuchten den Hügel hoch, den hinauf die Pferde davongestoben waren. In wenigen Augenblicken war jeder von ihnen total durchnäßt. Kleine Bäche rannen die schmalen Wege herab. Und plötzlich zerriß das Gewölk, und Wiesen, Hügel und Felder, der entfernte Wald und unten im Tal die Büsche und Sträucher lagen im hellen Mondlicht. Auch der brennende Heuschober und der ebenfalls brennende Pferdestall waren gut zu sehen. Die Kinder sahen auch, daß die Feuerwehr in den Hof einfuhr.

Als die vier an eine Weggabelung kamen, stiegen sie ab, atemlos und keuchend.

„Wir müssen uns trennen“, entschied Mareike. „Ein Weg führt bergab, zu dem kleinen Bach hin, dann die Straße am Hausinger-Hof vorbei und den Feldweg hinter zum Wald...“

„Ich radle die Landstraße entlang, beim Hausinger vorbei!“ rief Steffi. „Es ist zwar hier nie viel Autoverkehr, aber ich habe irre Angst, daß gerade jetzt ein Auto kommen könnte. Ich muß es aufhalten und den Leuten sagen, daß hier verstörte Pferde unterwegs sind!“

Sie radelte los, ließ die anderen hinter sich, und erst nach einer Weile merkte sie, daß Bim ihr gefolgt war und neben ihr herlief. Sein Fell war ebenso durchnäßt wie Steffis Haar und Kleidung. Jetzt kam eine Kurve. Plötzlich bellte Bim. Steffi sah sich um. Da sah sie, weiß im Mondlicht, Sandokan, der rechts von der Straße auf einer Wiese stand, keuchend, mit blutenden Platzwunden, denn er war mit voller Wucht gegen den Koppelzaun und das Gatter gelaufen. In seinen Augen stand noch Panik und Entsetzen. Steffi ließ ihr Rad in den Straßengraben fallen. Bim bellte wieder.

„Sandokan, komm! Sei brav! Es ist ja alles gut!" lockte Steffi den Schimmel. Sie wußte nicht, was sie sagte, aber sie sprach mit halblauter, beruhigender Stimme auf das verstörte Tier ein. „Komm her, Sandokan, so ist es gut!"

Langsam ging Steffi auf den Schimmel zu. Sie tastete in ihrer Rocktasche. Der Zucker, den sie stets bei sich hatte, war dabei sich aufzulösen. „Sandokan, hier ist Zucker, komm, du bekommst einen Zucker! Bitte, Sandokan, komm!"

Sie murmelte mehr, als daß sie richtig redete. Das Herz schlug ihr bis in den Hals. Eine Sekunde lang fürchtete sie, der Schimmel würde auf und davon rennen. Doch er blieb stehen, bis sie bei ihm war, ihm die nassen Zuckerkrümel bot. Seine Flanken zitterten, die Wunden an der Brust bluteten, doch er nahm, was Steffi ihm gab, und duldete, daß sie ihn am Halfter nahm und weiter mit leiser Stimme auf ihn einredete.

Wenn er jetzt stiege, eine jähe Wendung machte, davonjagte, das wußte sie sehr gut, dann hätte sie nicht die Kraft, ihn daran zu hindern, sie würde mitgeschleift werden oder stürzen. Und da war Bim, der neben ihr stand und beruhigend mit dem Schwanz wedelte. Ein tiefes Schnauben kam aus den Nüstern des Pferdes.

Steffi fuhr ihm über die Stirn und über das Maul, sie klopfte ihm den Hals.

„Wir lassen uns Zeit, Sandokan“, sagte sie. „Wir gehen auch neben der Straße, am Rand der Wiese entlang. Bis zum Hausinger-Hof, mein Guter. Denn das ist nicht so weit. Und da bist du ja mit Daddy schon gewesen. Vielleicht gibt es dort eine Möglichkeit, dich erst einmal unterzustellen, bis Daddy dich holt. Oder bis die Frau Doktor deine Wunden versorgt hat. Hab keine Angst mehr!“

Der Weg kam Steffi endlos vor, obwohl sie den Hof des Hausinger-Bauern schon vor sich liegen sah.

Endlich kam ihr Alfons, der Knecht, entgegen. „Ich hab euch kommen sehen! Der Bauer ist wieder zu eurem Haus gefahren, um zu helfen. Aber die Bäuerin sagte, ich solle hier warten, um den Schimmel nicht zu erschrecken. Die Box neben unserem Pferd ist frei. Führst du ihn selber hin?"

Steffi nickte. „Ist eingestreut?"

„Das wollte die Bäuerin inzwischen machen, als ich ihr sagte, daß ihr unterwegs zu uns seid."

Der schwere Braune, Schorschi, ein Halbblüter, der den Wagen zog und von dem der Hausinger-Bauer sich nicht trennen mochte, auf dem er zuweilen über seine Felder und Wiesen ritt, blieb ruhig stehen. Sandokan ließ sich erschöpft in die Box führen. Die Bäuerin hatte den Eimer nur halb mit Wasser gefüllt. „Er muß sich erst abkühlen. Alfons – reib ihn mit Stroh ab, aber nur dort, wo er keine Verletzungen hat", sagte sie.

Der alte Knecht rieb den Schimmel trocken, und erst nach einer Weile hielt er ihm den Eimer hin. „Nur einen Schluck, Burschi, damit du keine Kolik bekommst", sagte er. Die Bäuerin kam in den Stall zurück. „Ich habe bei euch angerufen. Die Tierärztin ist noch da und kommt gleich herauf, um den Schimmel zu verarzten", sagte sie.

Steffi nickte. Sie blieb bei Sandokan, liebkoste

seinen Kopf. „Es tut sicher ziemlich weh, du Armer. Aber das heilt wieder. Und du bist wieder da, hast ein Dach über dem Kopf. Ich gäbe was darum, wenn ich wüßte, wo die anderen sind, Sheila, Schätzchen, Afra und Tino."

Draußen im Hof fuhr ein Wagen vor. Daddy betrat den Stall, hinter ihm schleppte Frau Dr. Töpfer ihre Arzttasche herein.

„Kleines!" stieß Tom Stefan hervor, „wie hast du es geschafft, diesen verstörten Burschen heil einzufangen? Ehrlich, um den Schimmel hatte ich die größte Sorge. Ein Vollblüter, der außer sich ist vor Angst..., und er mußte sich ja beim Durchbrechen der Koppelstangen und des Gatters verletzt haben! Die Stuten sind ruhiger als er, und ihre Fohlen folgen ihnen, wo immer sie sich hingeflüchtet haben..."

„Bim war bei mir, und als er bellte, als Sandokan dann Bim und mich sah, da ging alles leichter, als ich geglaubt hatte. Wenn ich ehrlich bin, ich hatte schon Angst, daß er davonstürmen würde, als ich ihn am Halfter faßte. Er hat doch viel mehr Kraft als ich."

Daddy hielt den Schimmel am Halfter, als die Tierärztin die Wunden desinfizierte, Sandokan einen Sprühverband machte und eine Spritze gab.

„Er weiß, daß er dir vertrauen kann, Steffi. Von uns allen ist ihm nie etwas Böses zugefügt worden. – Alfons, ich muß wieder fort, nach den anderen Pferden suchen. Die Feuerwehr ist auch noch unten bei uns. Passen Sie gut auf ihn auf bis morgen?"

„Auch länger. Ich stelle mir eine Liege in der Stallgasse auf. Machen Sie sich keine Sorge, Herr Stefan. Und der Bauer schaut bestimmt auch noch nach ihm, wenn er später kommt."

Steffi streichelte Sandokan, dann ging sie mit Dad und der Tierärztin zum Wagen. „Können wir mein Rad noch holen? Ich habe es oben am Hügel im Straßengraben gelassen."

Sie stieg aus, als sie ihr Rad entdeckte.

„Danke, Dad. Ich komme lieber mit Bim und dem Fahrrad zurück. Es könnte sein, daß ich jetzt im Mondlicht die anderen Pferde entdecke..."

Ihr Vater zögerte, doch dann nickte er. „Wie du willst, Steffi. Du hast dich jedenfalls großartig verhalten. Und mondhell ist es ja auch. Aber bleib nicht zu lange aus. Es kann sein, daß die anderen Pferde schon gefunden worden sind."

Steffi nickte. Der Wagen fuhr davon. Sie stieg auf ihr Rad und rief Bim, der neben ihr herlief. Unten am Häusl fuhr die Feuerwehr wieder davon. Der

Brand war gelöscht. Die Nacht war sehr still.

Die Stute Afra lahmte und blieb immer wieder stehen. Zuerst waren sie und das Fohlen, von Entsetzen, Furcht und Panik gejagt, hinter dem Schimmel hergaloppiert. Die Stute wußte, es war wichtig, daß das Fohlen neben ihr war, und daß sie dem beißenden Qualm, dem Prasseln der Flammen entkommen mußten. Doch der Schimmel war schneller, und während er die Landstraße schon entlanggaloppierte, hatte sie in ihrer Panik einen schmalen Graben zu spät bemerkt. Sie war hineingestolpert. Und als sie wieder ebenen Boden unter den Hufen hatte und das Fohlen sich an sie drängte, war das Geräusch von Sandokans Hufen verklungen. Afra lahmte nun, doch nach und nach wurde sie ruhiger; sie ging im Schritt den Hügel hinab, wo im Mondlicht, das jetzt das Land beleuchtete, Gebüsch auftauchte und ein kleiner Bach floß. Afra blieb zwischen Büschen und dem Bach stehen, sie senkte den Kopf und trank Wasser; auch das Fohlen stupste sein weiches Maul gegen die Zitzen der Mutter und trank. Der Brandgeruch, das Krachen des Donners, die aufzuckenden Blitze, die Flammen... – das war nun weit fort. Mondlicht beschien die Wiesen und Felder. Die Nacht war wieder voller Frieden. Und zu diesem Frieden gehörte auch die sanfte, leise Jungenstimme von Julian, der sein Rad an einen Busch lehnte, abstieg und langsam auf die Stute und das Fohlen zuging.

„Afra! Tino! Endlich habe ich euch gefunden!"

Julians Herz erfüllte großes Glück, so wie er es lange nicht mehr empfunden hatte. Die Angst um die Pferde hatte ihm fast den Atem genommen. Hügelauf, hügelab war er geradelt. Und dann hatte er Afra entdeckt, die lahmte und erschöpft stehenblieb – aber sie hatte ihr Fohlen bei sich.

Jetzt schüttelte sie die Mähne, schnaubte und hob die rechte Vorderhand.

„Hast du einen Stein eingetreten? Komm her, ich sehe nach", sagte Julian und faßte nach der Vorderhand des Tieres. Vorsichtig tastete er den Fuß des Pferdes ab. Doch er fand keinen Stein, nichts Spitzes.

„Du hast dich vertreten, ganz sicher", sagte er so beruhigend er konnte. Nie war er außerhalb der Koppeln oder Boxen mit einem Pferd oder gar mit zwei Pferden allein in der freien Natur gewesen. Er nahm Afra am Halfter und führte sie langsam nach Hause. Er wußte nicht, woher ihm die Worte kamen, doch er wußte, daß er Afra beruhigen mußte, auch den kleinen Tino, der ihn manchmal sanft mit dem Maul anstieß. Das letzte Stück ging es die schmale Landstraße vom Hausinger-Hof bis zum Häusl entlang. Julian blieb immer wieder stehen und lauschte. Wenn jetzt nur kein Fahrzeug kam, kein Auto oder Motorrad! Endlich hatte er mit den Pferden das offenstehende Hoftor erreicht, und da kamen Tom und die Tierärztin auf ihn zu und nahmen Afra in Empfang.

„Sie lahmt, aber ich habe keinen Stein im Huf entdecken können", sagte Julian und folgte Tom und den Pferden in den Schuppen.

Ein wenig Stroh lag dort ausgebreitet, genug, daß die Pferde sich niederlegen konnten. Das Fohlen legte sich hin, doch Afra blieb still stehen, als die Tierärztin ihr die rechte Vorderhand abtastete.

„Sie muß gestolpert sein. Bitte meine Tasche, Herr Stefan – sie muß noch in Ihrem Wagen liegen . . ."

Wenig später war Afra ärztlich versorgt; sie schnaubte und ließ sich neben ihrem Fohlen im Stroh nieder. Tom legte Julian den Arm um die Schultern.

„Gott sei Dank, Julian, daß du die beiden gefunden hast! Steffi hat Sandokan gefunden und auf den Hausinger-Hof gebracht. Er hat sich verletzt, denn er ist mit voller Wucht durch die Trennstangen der

Koppel zur Wiese gejagt. Frau Dr. Töpfer hat ihn schon verarztet. Jetzt fehlen noch Sheila und Schätzchen ..."

Vom Pferdestall standen nur noch die Reste der Grundmauern. Der Heuschober war völlig niedergebrannt. Leichter Wind trieb langsam den beißenden Geruch von verbranntem Heu, Stroh und Holz davon. Julian hatte Tränen in den Augen. Der schöne Hof mit seinen Gebäuden war schwer beschädigt. Auf dem Hof standen Pfützen; der Putz des Hauses zeigte schwarze Rauchspuren.

Der Bräuwirt kam auf Julian zu und drückte ihn fest an sich. „Du bist ein prima Kerl, Julian! Das vergesse ich dir nie, daß du meine gute Afra mit ihrem Fohlen heimgebracht hast! Unser Bub, der Ferdl, hat sein Pony. Dir möchte ich sagen, wenn die Afra ihr Fohlen bekommen hat, und wenn es euch allen hier recht ist und nicht zuviel Arbeit, dann soll dir in Zukunft der kleine Tino, das Hengstfohlen der Afra, gehören. Daß du ein Herz für Pferde hast, ganz besonders für die Fohlen, das wissen wir ja alle!"

Julian schluckte. Er wischte sich die Tränen, die ihm übers Gesicht liefen.

„Ist schon gut, Bub", sagte der Bräuwirt und

lächelte. „Ich habe schon telefoniert, daß eine Ladung Futter von daheim gebracht wird, hier ist ja alles verbrannt ...“

„Das hab ich auch getan“, sagte Julians Onkel Köninger. „Aber Herr Staudinger und ich werden dafür sorgen, daß hier so rasch wie möglich alles wieder in Ordnung kommt. – Hört mal, ist das nicht das Geräusch von Hufen? Von der Straße her?“

Alle liefen zum offenen Hoftor. Und da führte Mareike, total durchnäßt, das rote nasse Haar in Strähnen um den Kopf, Sheila in den Hof. Schätzchen tänzelte um seine Mutter herum. Daß die Riemen an Mareikes Sandalen gerissen waren, ihre Arme und Beine zerkratzt, schien sie gar nicht zu spüren.

„Im Wald habe ich sie gefunden! Sie waren an dem kleinen See, in dem wir neulich geschwommen sind. Ich hätte sie sicher nicht so bald gefunden, wenn Sheila nicht gewiehert hätte. Da hab ich sie gerufen, und sie blieb stehen und hat gewartet, bis ich bei ihr war.“

Sheila hatte keine Verletzungen, auch das Fohlen nicht. Als jetzt der Hausmeister vom Bräuwirt in den Hof fuhr und zwei Säcke Futter auslud und einen großen Vorrat von Heu, als die Eimer gefüllt wurden, die der Mann vorsorglich mitgebracht hatte, da stand auch Afra wieder auf, da sprang Tino auf die Beine, und alle Pferde begannen zu fressen. Sie fraßen langsam und nicht sehr viel, doch Steffi, Mareike und Julian fielen sich in die Arme. „Dieses Mahlen der Kiefer ist das schönste Geräusch, das es gibt! Daß wir sie nur wiederhaben!"

„Aber wo ist Sandokan?" fragte Mareike plötzlich erschrocken. Steffi erzählte ihr, daß sie ihn gefunden hatte. „Er hat sich ein paar scheußliche Wunden zugezogen. Aber Frau Dr. Töpfer sagt, die heilen wieder. Und oben, beim Hausinger, steht er in einer Box."

Kathinka rief alle in die Küche. Sie hatte heißen Tee und belegte Brote gemacht.

Sie standen herum; einen heißen Tee mochte jetzt jeder. Doch die Kinder waren zu müde, um noch etwas zu essen.

Julians Onkel ging zu seinem Wagen. „Ich komme morgen wieder. Und ihr alle hier im Häusl könnt euch darauf verlassen: Wenn ich morgen komme, dann bringe ich auch Pläne mit, wie wir den Schaden, der entstanden ist, rasch und gründlich wieder beheben. Es soll alles wieder in Ordnung kommen!"

16 8808-24

„Mit mir könnt ihr auch rechnen“, sagte der Bräuwirt. Er hatte seinen völlig übermüdeten Buben, der inzwischen ein paar Stunden in Floris Bett geschlafen hatte, auf dem Arm. „Keiner von uns läßt euch jetzt im Stich. Und Tom, Verbranntes läßt sich wieder aufbauen. Hauptsache, Menschen und Tiere sind nicht zu Schaden gekommen.“

Steffi hörte das Telefon läuten, gerade als draußen die letzten Gäste und Helfer verabschiedet wurden. Sie lief zum Apparat und nahm den Hörer ab. Dann hörte sie Mamas Stimme: „Steffi, ich arbeite in der Dunkelkammer. Aber ich hörte eben im Radio von ausgebrochenen Pferden und einem Brand. Bei euch ist doch hoffentlich alles in Ordnung?“

Steffi war plötzlich sehr müde. Doch sie nahm sich zusammen. „Bei uns hat der Blitz eingeschlagen, Mami. Der Heuschober und der Pferdestall sind abgebrannt. Aber die Pferde haben wir alle wieder. Du kannst dir nicht vorstellen, wie es hier aussieht. Aber alle haben geholfen und wollen uns auch beim Wiederaufbau helfen, jedenfalls haben sie das gesagt. Sandokan hat sich verletzt, und Afra lahmt. Aber es war gut, daß so viele Menschen zum Helfen da waren, und dann kam auch die Feuerwehr . . .“

„Das ist ja schrecklich", hörte Steffi die Mutter sagen.

„Und jetzt schäme ich mich direkt, daß ich in meiner Furcht vor dem Gewitter einfach weggefahren bin. Ihr hättet auch meine Hilfe gebraucht!"

„Ach, Mama", sagte Steffi, die jetzt ganz erschöpft war. „Daddy und ich haben doch lernen müssen, auch ohne dich zurechtzukommen."

In dem Augenblick kam Tom ins Wohnzimmer. Er nahm Steffi sanft den Hörer aus der Hand und legte den Arm um sie. „Bettina? Du kannst stolz auf Steffi sein! Sie, Julian und Mareike haben die ausgebrochenen Pferde zurückgeholt. Leicht war das nicht. Der Stall und der Heuschober sind abgebrannt. Aber mach dir keine Sorgen um uns. Auf alle Fälle hab ich mich gefreut, daß du gekommen bist, und Steffi auch. Und nun schlaf gut, und laß dich bei Gelegenheit einmal wieder sehen."

Er legte auf. Steffis Hand in seiner ging er die Treppe hinauf. Julian lag schon im Bett. Asco, durchnäßt und mit schwarzen Pfoten, lag neben ihm im Hundekorb.

„Gute Nacht, ihr beiden", sagte Tom liebevoll.

Vor Steffis Bett hatte sich Bim ausgestreckt, schmutzig, das Fell noch feucht, ein Bild der Erschöpfung.

Daddy streichelte den Hund. Dann gab er Steffi einen Kuß. „Ich danke dir, Kleines. Und noch etwas – ganz vergessen hat Mama uns wohl doch nicht. Sonst hätte sie nicht noch einmal angerufen und sich Sorgen um uns alle und um die Pferde gemacht."

Steffi nickte. Sie war zu müde, um noch etwas zu sagen.

Daddy ging zur Tür. „Ich gehe nur noch mal nach unten, um nachzuschauen, ob das Hoftor geschlossen ist. Sebastian und Kathinka danken dir noch mal für alles, und Mareike und Flori auch!"

„Die beiden sind schon im Bett", hörte Steffi Sebastian rufen. „Laß uns noch eine Runde machen, im Mondlicht. Die Pferde schlafen, das Hoftor ist geschlossen. Trink mit Kathinka und mir dann noch einen Schluck darauf, daß schließlich alles gut ausging. Wir haben trotz allem noch Glück gehabt!"

Alle Freunde wollen helfen

Am nächsten Morgen zeigte das helle Sonnenlicht, was vom Stall und dem Heuschober übriggeblieben war. Keiner im Haus nahm sich die Zeit zu frühstücken. Kaffee und Milch standen auf dem Tisch, Brot, Butter und Käse daneben – doch alle Hausbewohner, auch Sepp Buchwieser und der Bauer Hausinger, waren dabei, mit Hacken, Spaten und Schaufeln die verkohlten Balken des Heuschobers und des Stalls in den Hof zu bringen. Sie luden alles auf einen großen Wagen, mit dem der Hausinger-Bauer gekommen war. Es war noch nicht Mittag, als die Tierärztin erschien. „Hallo, alle miteinander! Bei Sandokan war ich schon. Die Wunden beginnen schon abzuheilen. Und Afra im Obstgarten hinten schont zwar, wie ich sehe, noch die rechte Vorderhand, doch in ein paar Tagen wird alles wieder in Ordnung sein!" erklärte die Tierärztin, nachdem sie von den Stuten und Fohlen zurückkam.

Im gleichen Augenblick fuhr Karl Köninger am Haus vor. Er nickte zustimmend, als er sah, daß sie bereits begonnen hatten, den Schutt und die verkohlten Gebäudereste fortzuschaffen.

„Den neuen Stall und einen Heuschober errichten ...", sagte er und schüttelte ringsum Hände, „... das darf ich mit meinen Leuten und mit Baumaterial bitte übernehmen. Ich weiß, Herr Sündermann, Herr Stefan, später zahlt die Versicherung einen Teil. Aber ich möchte trotzdem etwas zum Wiederaufbau beitragen. Sie, Herr Sündermann, sind mir ein unbezahlbarer Mitarbeiter geworden. Sie, Herr Stefan, hatte ich ja gebeten, mir bei der Werbung für unsere Fertighausfirma zu helfen. Julian darf hier seine Ferien verbringen – ich kann nicht immer nur nehmen. Laßt mich, liebe Freunde, auch einmal etwas geben."

Kathinka streckte Karl Köninger beide Hände hin. „Sie sind ein echter Freund! Und eine so herzlich gemeinte Hilfe abzuschlagen, nein, das bringt keiner von uns fertig. Haben Sie ganz herzlichen Dank!"

Karl Köninger fuhr fort: „Ich möchte gern einen feuersicheren und etwas größeren Stall dort aufstellen, wo der alte Stall stand. Bis zur Töpferwerkstatt von Kathinka sind doch noch ein paar Meter Raum. Man weiß ja nicht, ob nicht noch einmal ein paar Pferde dazukommen. Und Platz ist jetzt

genug vorhanden, nachdem Sie die angrenzende Wiese besitzen. Auch der Heuschober muß so brandsicher wie möglich gebaut werden..."
Köninger schritt die Brandstelle ab und nickte.

„Ich sehe schon alles vor mir. Und weil der Schuppen für die Stuten und die Fohlen wirklich nur eine Unterkunft ist, habe ich noch etwas vorzuschlagen: Unter meinen Fertighaustypen gibt es eins, das als kleineres Wochenendhaus – oder sagen wir, größeres Gartenhaus – gedacht ist. Das hätte in der rechten Seite des Obstgartens Platz, und wenn wir die Trennwände innen herausnehmen, so ließe sich das morgen nicht nur innerhalb weniger Stunden aufstellen – vor allem böte es, bis der Stall errichtet ist, eine vorübergehende Unterkunft für die Stuten und die Fohlen. Und später können es die Kinder als Gartenhaus benutzen, oder es wird ein Gästehäuschen..."

Der Lastwagen des Hausinger-Bauern war jetzt voll beladen mit Schutt.

„Den fahre ich jetzt zur Müllhalde", sagte der Bauer und stieg ins Fahrerhaus. „Dann schaue ich daheim nach dem rechten. Später komme ich wieder. Servus, Nachbarn!"

Der große Wagen rumpelte aus dem Tor. Steffi schaute Mareike an. „Glaubst du, daß wir in der

Stadt so viele Freunde gefunden hätten, die einem helfen würden?"

Mareike schüttelte den Kopf. „Nicht so leicht. Weil oft einer den anderen nicht wirklich kennt."

Kathinka setzte sich auf die Hausbank. Herr Köninger setzte sich neben sie. Die Männer gruppierten sich um den Tisch.

„Wir haben noch viele Reste von gestern, Bier ist da und Limo. Ich kann frischen Kaffee machen", sagte Kathinka. Sie wirkte müde.

Die Kinder protestierten. „Du bleibst sitzen, das können wir machen ..."

„Ach, bitte, wartet noch damit", bat Herr Köninger. „Ich möchte noch mal betonen, euch allen zu helfen ist mir ein echtes Bedürfnis. Ich habe hier Freunde gefunden, besonders aber Julian. Das Landschulheim am Ammersee ist bereit, dich zu Beginn des neuen Schuljahres aufzunehmen, Junge. An den Wochenenden kannst du dann auch wieder hierher oder zu mir kommen ..."

Julian war blaß geworden. Seine Lippen zitterten. Er hatte ja gewußt, daß er hier vorerst nur in den Ferien bleiben sollte. Doch der Gedanke, ins Internat zu kommen, nicht mehr hier bei den anderen zu sein, war ihm schrecklich.

Kathinka legte den Arm um den Jungen und zog

ihn zu sich auf die Bank.

Karl Köninger sah Julian nachdenklich an. „Du kannst natürlich, wenn du das lieber möchtest, auch in Grafrath, wo ich wohne, zur Schule gehen . . ." Er stockte.

Julian sagte leise: „Es ist einfach . . . so plötzlich. Ich habe mich hier an alle so gewöhnt, auch an die Pferde. Und natürlich an die Hunde und an Tiger. Bis jetzt bin ich nur auf Sheila geritten, doch Tom hat gesagt, ich hätte Talent zum Reiten und er würde mich bald auch auf Sandokan reiten lassen. Zuerst an der Longe."

Karl Köninger strich sich über das graue Haar. „Wenn du bei mir leben wirst, Junge, da gibt es auch jede Menge Pferde. Nur bin ich eben tagsüber im Werk."

Steffi blickte ihren Vater flehend an. Tom lächelte ihr zu, dann sagte er: „Herr Köninger, ich glaube, ich spreche für uns alle. Jedem von uns ist Julian ans Herz gewachsen. Warum soll er nicht in Dießen zur Schule gehen? Ins Gymnasium, auf das schon Steffi und Mareike gehen, und nächstes Jahr wohl auch Flori. Julian ist uns so lieb geworden wie unsere eigenen Kinder. Er würde hier wie mit Geschwistern aufwachsen. Es liegt natürlich an Ihnen, ob Sie das wollen . . ."

Julian stand auf, er ging zu seinem Onkel und legte die Hand auf seinen Arm. „Bitte, Onkel Karl. Ich weiß, was du alles für mich getan hast ... Aber wenn ich hier bleiben könnte, glaub mir, das wünsche ich mir am meisten ..." Er blickte zu den Stuten und Fohlen. „Noch dazu, wo Max Staudinger mir das Fohlen Tino geschenkt hat."

Karl Köninger war bewegt. Er blickte Sebastian und Kathinka an. „Wenn das so ist", sagte er mit belegter Stimme und sah Julian an, „wenn du hier so gern bist ..."

„Er ist bei uns zu Hause, so lange er will", sagte Kathinka.

Julian gab ihr einen Kuß.

Karl Köninger umarmte Kathinka und die Mädchen, er schüttelte Tom, Sebastian und Flori die Hände, er streichelte die Hunde.

Julian umarmte den Onkel.

Mareike und Steffi standen auf. „Übrigens, es ist Zeit, die Pferde zu füttern! Julian, kommst du mit?"

Sie liefen zum Schuppen, füllten die Eimer. Tom, Kathinka und Sebastian folgten ihnen.

Es roch noch immer nach verbranntem Holz und Stroh. Doch ein leichter Sommerwind trieb am Himmel weiße Wolken vor sich her – er würde bald auch den Brandgeruch vertreiben. Die Fohlen spielten schon wieder auf der Koppel; die Stuten kamen ans Gatter, sie wußten, daß es jetzt Futter geben würde. Der Kater Tiger sonnte sich im Küchenfenster. Bim und Asco lagen im Schatten unter der Bank an der Hauswand.

Julian öffnete die Koppeltür. Dann schütteten er und Steffi das Futter in zwei große, flache Körbe. Während die Stuten zu fressen begannen, kamen auch die Fohlen herbei; jedes fraß mit aus dem Futterkorb seiner Mutter. Julians Herz wurde warm vor Glück. Ich bin hier zu Hause, dachte er. Er hatte es gehört, und er hatte es verstanden. Er hatte wieder ein Zuhause. Steffi nahm ihn an der Hand mit sich, Mareike und Flori folgten ihnen.

„Jetzt sind wir dran mit Essen", sagte Steffi. „Vor allem habe ich einen irren Durst!"

„Ich weiß nicht, wer sich mehr freut, daß du bei uns bleibst – du oder wir ..."

Kathinka schob die Kinder in die schattige Kühle des Hausflurs. „Wir alle", sagte sie. „Wir freuen uns alle!"

Die Müdigkeit und der Kummer über den Brand waren plötzlich nicht mehr so schlimm.

„Tom, Sebastian, Asco und Bim ... Kommt ins Haus! Jetzt haben wir die Mittagspause verdient."

Im Obstgarten wieherte Sheila. Vielleicht vermißte sie Sandokan. Doch auch er würde in wenigen Tagen wieder bei ihnen sein.

„Ein größerer Pferdestall", wisperte Steffi Mareike zu, „das heißt, daß wir nach und nach noch mehr Pferde einstellen könnten. Also, wenn du mich fragst..."

„Jetzt laßt erst mal mich fragen", unterbrach Kathinka sie. „Kalte oder warme Küche? Ich denke, wir essen erst mal die Reste von gestern. Und dann geht's unter die Dusche oder in die Badewanne, einer nach dem anderen. Es ist immerhin Sonntag heute. Die letzte Nacht und die Arbeit heute sieht man uns allen an."

Die Uhr schlug; es war bereits zwei. Vorn am Hof wurde gehupt. Als Steffi hinausschaute, schrie sie auf: „Mama! Daddy – Mama ist gekommen!"

Da kam Bettina Rehden schon über den Hof, in Jeans und einer Hemdbluse. Entschuldigend hob sie die Schultern. „Ich hoffe, ich störe euch nicht. Aber ich dachte, ich könnte mich vielleicht irgendwo nützlich machen. Braucht ihr Hilfe?"

Sebastian lachte. „Und ob! Vor allem wollen wir jetzt die Reste, die vom Geburtstag übrig sind, vertilgen. Und später Kaffee machen, damit Kathinka baden kann; sie sieht aus wie ein Schornsteinfeger. Inzwischen werden Ihnen die Kinder eine Menge Neuigkeiten erzählen ..."

Tom wies entschuldigend auf seine mit Ruß und Brandblasen bedeckten Hände. „Auf meinen Händedruck mußt du verzichten ..., tut mir leid."

„Aber eine Hausapotheke habt ihr doch? Sonst hole ich die Apotheke aus meinem Wagen. Das muß man doch behandeln!" sagte Bettina.

Steffi zog Mama mit sich ins Bad und zeigte ihr die Apotheke.

„Julian bleibt bei uns", sagte sie. „Wir sind alle sehr froh darüber."

Bettina nickte. „Ich auch, wirklich. Ich freue mich genauso für ihn wie für euch. Aber jetzt wollen wir erst einmal Daddys Hände verarzten ..."

Sie ging nach unten, als sei das ganz selbstverständlich.

Steffi flüsterte Mareike zu: „Daß ich ihr eine Einladung geschickt habe, ich glaube, das war eine gute Idee. Eigentlich war es ja Julians Idee!"

Julian war längst wieder bei den Fohlen; er lag neben ihnen unter dem Apfelbaum im Schatten. Es war alles gut geworden. Der Wind rauschte in den Bäumen. Julian dachte: Paps, Mami, ich habe wieder ein Zuhause. Hier bin ich zu Hause!

Glückliche Tage auf dem Reiterhof

Die Mutprobe

In allen Zimmern läuteten die Wecker. Kaum war der eine abgestellt worden, fing der nächste zu rasseln an. Steffi, Mareike, Flori wie Julian sprangen aus den Betten. Es war der erste Schultag nach den Sommerferien. Da hieß es, sich beeilen, denn sie mußten noch die Pferde versorgen, was während der Ferien ihre Lieblingsbeschäftigung gewesen war. Jetzt aber, da sie wieder zur Schule gingen, mußten sie sich ihre Zeit einteilen. Das wußten sie alle, auch wenn Kathinka, Sebastian und Steffis Daddy es nicht ausdrücklich am Vorabend noch mal betont hatten.

Als Steffi und Mareike geduscht hatten und in Jeans und T-Shirts geschlüpft waren, fanden sie im Pferdestall schon Julian vor. Alle Pferde hatten bereits ihr Futter bekommen und waren gerade beim Fressen.

„Ich bin schon länger auf", sagte Julian, als wollte er sich dafür entschuldigen, daß den beiden nicht mehr viel zu tun blieb. „Es ist doch mein erster Tag in eurer Schule."

Mareike verteilte noch Möhren, Steffi klopfte ihrer Haflingerstute Sheila den Hals, während Julian seinem Fohlen Tino über den hübschen Kopf strich. Mareike liebkoste Afra, die Haflingerstute der Staudingers, und schlang dann die Arme um Sheilas Stutfohlen Schätzchen, das Steffi ihr geschenkt hatte. Die beiden Mädchen blickten auf ihre Armbanduhren. Es war Zeit fürs Frühstück. Steffi strich noch Sandokan, Daddys Schimmel, über das samtig weiche Maul. Das Pferd wieherte erwartungsvoll, denn daß es nach dem Füttern auf die Koppeln ging, das wußten die Pferde. Doch da betrat Sepp Buchwieser den Stall. Der alte Sepp bewohnte jetzt eine kleine Wohnung über dem Stall und achtete darauf, daß auch nachts unter ihm alles ruhig war.

„Hallo, Kinder! Jetzt aber ab! Ihr müßt ja noch frühstücken. Und um die Pferde kümmere ich mich schon allein!"

Da erschien Flori in der Tür. Der Neunjährige grinste und zog Mareike am Arm. Obwohl seine Schwester drei Jahre älter war, neckten sie sich dauernd.

„Kathinka hat das Frühstück fertig, und ich habe die Hunde und den Kater bereits gefüttert", berichtete Flori stolz.

In der Wohnküche des einstigen Bauernhauses standen die Fenster offen. Tiger, der Kater, bewachte sein Futter vor dem englischen Setter Bim und dem Cockerspaniel Asco. Nach der nächtlichen Mäusejagd im Stall und Heuschober wollte er sein Frühstück nur ungern teilen. Steffis Vater trank seinen Kaffee im Stehen. „Guten Morgen, Mädels. Hallo, Sebastian!“ Floris und Mareikes Vater trat in die Küche, schenkte sich Kaffee ein und setzte sich, um sich ein Brot zu streichen. „Machst du mir Spiegeleier, Kathinka?“

Kathinka Sündermann lachte. In ihren Jeans, ihrem blauen Kittel, den sie bei ihrer Töpferarbeit in der Werkstatt trug, und mit der gleichen roten Mähne, wie Mareike sie hatte, sah sie aus wie Mareikes ältere Schwester. „Sind schon fertig“, sagte sie, ließ die Eier auf Speck auf einen Teller gleiten und stellte sie vor Sebastian auf den Tisch. „Kinder, für euch gibt's Müsli, Obst und Milchkaffee. Und eure Schulbrote sind auch schon fertig.“

Alle ließen sich das Frühstück schmecken. Nur Julian hatte keinen Appetit. Seit er vor Wochen bei diesem schrecklichen Autounfall auf dem Weg in die Italienferien seine beiden Eltern verloren hatte, war ihm hier im Haus der Sündermanns und Tom

Stefans nur Wärme und Herzlichkeit zuteil geworden. Es wäre ungerecht zu meinen, er fühlte sich hier nicht wie zu Hause. Es war etwas anderes.

„Die neue Schule", sagte er leise. „Steffi und Mareike kennen sie doch schon, auch Flori. Aber für mich ist alles fremd."

„Blödsinn, Julian", ermunterte Steffi ihn. „Außerdem sind wir im gleichen Gebäude. Und die Jungen und Mädchen in deiner Klasse werden sich auch nicht alle kennen. Du bist ja auch kein Feigling. Also beeile dich, wir müssen los."

Kathinka verteilte die Tüten mit den Schulbroten und dem Obst. „Bis mittags also, und fahrt vorsichtig!"

„Das sagst du jedesmal", sagte Mareike lachend.

Dann stürmten sie aus dem Haus, holten die Fahrräder und winkten Sepp Buchwieser zu, der gerade Sandokan auf die Koppel führte.

Der englische Setter Bim ließ die Rute hängen, als er Steffis Schultasche entdeckte. Und Asco, der blonde Cockerspaniel der Sündermanns, blaffte aus Protest, weil er nicht mitdurfte. Sepp Buchwieser rief die Hunde, doch die machten keine Anstalten, ihm zu folgen. Sie trotteten zur Bank, die an der Hauswand stand, und legten sich darunter. Dort gab es Schatten, und sie waren ungestört.

Kathinka spülte das Geschirr ab, ließ nur ihre Kaffeetasse stehen und das Frühstück für den alten Sepp. Dann setzte sie sich und überflog die Zeitung. Sebastian war längst unterwegs mit dem Wagen nach Grafrath. Er fuhr über Herrsching den Ammersee entlang zu dem Fertighauswerk, das Julians Großonkel gehörte.

Und Tom Stefan, Steffis Vater, hatte in München zu tun.

„Die Pferde sind alle draußen", sagte Sepp Buchwieser und betrat die Küche. Er wusch sich die Hände und setzte sich.

Kathinka schenkte ihm Kaffee ein, stellte die warmgestellten Eier vor ihn hin. „Dann also guten Appetit", sagte sie und ging zur Tür. „Ich muß heute allerhand Vasen, Übertöpfe, Blumenkübel in den Brennofen geben. Ein Bier holen Sie sich selbst, nicht wahr?"

„Erst wenn ausgemistet ist", sagte Buchwieser und schnitt für die Hunde, die sich zu ihm gesellt hatten, von dem Geräucherten ein Stück ab. Er wirkte zufrieden, und Kathinka lächelte ihm zu, ehe sie zu ihrer Werkstatt ging.

„Bis später, Sepp. Übrigens, ich will heute Gemüsesuppe machen. Ich brauche Bohnen, Tomaten, Kräuter. Könnten Sie sich darum kümmern?"

Von weitem hörte Kathinka Sandokans Wiehern. Dann betrat sie ihre Werkstatt.

Julian kam sich zwischen den fremden Mädchen und Jungen ziemlich verloren vor. Sehnsüchtig dachte er an Steffi und Mareike, die ihn bis zur Tür des Klassenzimmers begleitet hatten und dann selbst in den zweiten Stock hochgestiegen waren.

Der neue Klassenlehrer betrat das Zimmer und öffnete die Fenster zum Hof.

„Ich bin Dr. Gruber. Und ich bitte euch zunächst, daß jeder von euch aufsteht und mir seinen Namen sagt, den ich mir hier notiere."

Vor Julian kam ein stämmiger Junge an die Reihe, der sehr selbstbewußt wirkte. „Ich bin der Huber Wastl, von der Metzgerei Huber. Ich heiße eigentlich Balthasar. Aber alle nennen mich nur Wastl."

„Dann bestelle deinen Eltern einen Gruß von mir und sage ihnen, euer Wacholderschinken ist der beste weit und breit, auch der Leberkäs. Der nächste, bitte!"

Julian stand auf. Über seine Eltern, die Dr. Gruber natürlich nicht gekannt hatte, würde er nichts so Vertrautes sagen können. „Julian Köninger", sagte er. „Aus Berlin."

Dr. Gruber nickte. „Also zugereist?"

Julian wurde blaß. Er hatte einen Kloß im Hals. „Nein. Meine Eltern sind tödlich verunglückt, als wir in die Ferien fahren wollten, nach Italien. Ich habe nur noch meinen Großonkel Köninger, der Fertighäuser baut in Grafrath. Aber ich wohne bei den Sündermanns und Stefans, hier bei Dießen."

Ein Flüstern ging durch die Klasse.

„Ich bitte um Ruhe", sagte der Klassenlehrer energisch.

Als sich alle Schüler vorgestellt hatten, sagte Herr Dr. Gruber: „Schlagt eure Hefte auf. Ihr schreibt jetzt einen Aufsatz zu dem Thema ‚Was mir die Sommerferien gebracht haben'."

Julian starrte in sein Heft. Gebracht? Genommen hatten sie ihm etwas. Alles. Seine Eltern, sein Zuhause. Doch dann – ja, dann hatten sie ihm auch etwas gebracht. Ein neues Zuhause. Und darüber wollte er schreiben.

Mareike und Steffi warteten nach der letzten Schulstunde im Hof auf Julian. Die zehnjährigen Buben und Mädchen strömten in den Hof. Julian kam als letzter. Als Mareike ihm winkte und rief: „Julian, wir sind hier!" ertönte ein lauter Pfiff, dann folgte lautes Gelächter.

„So einer bist du also, Köninger? Schaust schon

nach Madln? Aber sonst machst du den Mund nicht auf."

Julian blieb stehen. Er war blaß geworden, aber seine Augen blickten zornig in die Runde.

„Los, Mareike, weg von hier! Daß er unseretwegen Ärger bekommt, wollen wir doch beide nicht", stieß Steffi hervor und stieg auf ihr Rad. Mareike folgte ihr. Sie ließen den Schulhof hinter sich und warteten an der nächsten Straßenecke.

„Ich weiß nicht", rief Steffi dort der Freundin zu. „Sollen wir nicht doch besser auf ihn warten? Vielleicht braucht Julian unsere Hilfe?"

Doch Mareike schüttelte den Kopf. „Glaube mir, ich habe einen Bruder. In so einem Fall müssen Jungen lernen, sich allein durchzusetzen. Ich bin sicher, Julian wäre es nicht recht, daß wir hier warten und er noch einmal unseretwegen verspottet wird. Also komm schon!"

Steffi bestieg erneut ihr Rad und fuhr weiter. Doch ob Mareike recht hatte, das wußte sie nicht. Aber Julian dem Spott seiner Mitschüler aussetzen, das wollte sie auf keinen Fall.

Julian konnte nicht anders, er ging auf den größten und kräftigsten Schreier mit den Fäusten los. Natürlich war es der Huber Wastl. Doch als sie beide auf dem Boden lagen und Julian sich verzweifelt wehrte, denn der Metzgersohn war viel kräftiger, da stürzten sich auch die anderen noch auf ihn und prügelten auf ihn ein. Julians Nase blutete, aber auch Wastls Lippe war blutig und an der Stirn hatte er eine Beule. Keuchend standen die Jungen auf. Julian hatte schon vor, ihm zur Versöhnung die Hand zu reichen. Doch der Huber Wastl übersah absichtlich diese Geste und entfernte sich triumphierend mit den anderen aus der Klasse.

Julian war allein. Keiner stand auf seiner Seite. Wenn sie wieder alle über ihn herfielen, würde er sich erneut wehren müssen.

„Ich habe doch keinem von euch vorher etwas getan", rief er. Er war froh, daß Mareike und Steffi rechtzeitig verschwunden waren. Das hier war allein seine Sache.

„Nein, hast du nicht. Sagst du nicht, du wohnst bei denen mit den Pferden?" rief Wastl zurück.

„Ja, bei Sündermanns und Stefans."

Ein breites Grinsen ging über Wastls Gesicht. Er schaute alle an, bevor er sich wieder Julian zuwandte.

„Okay, nachher traust du dich vielleicht . . ."

Julian atmete tief durch. Er blickte ebenfalls ringsum und sah nur schadenfrohe, grinsende Gesichter. „Ich bin nicht feige", sagte er und zwang sich, ruhig zu sprechen, obwohl im die Knie zitterten.

„Eben. Dann kannst du ja auch eine Mutprobe machen, okay? Denn so daherreden, daß man nicht feig ist, das kann ja leicht einer. Aber es beweisen, das sieht schon anders aus. Also, wenn du dich traust, dich der Mutprobe zu unterziehen, die wir uns ausdenken, dann sieht alles für dich anders aus. Du kommst um vier Uhr zur großen alten Kirche und schwörst, daß du nicht abhaust und kneifst, okay?"

Julian nickte. Schwören und zeigen, daß er kein Feigling war, das war ihm recht.

„Und dann?" fragte er ruhig. „Gebt ihr dann Ruhe?" Einige Jungen lachten und entfernten sich langsam.

„Das schaffst du nie, du kneifst bestimmt", rief einer von ihnen Julian nach. „Aber okay, wenn du es schaffst, bist du nachher einer von den unseren."

Julian sammelte die Schulbücher und Hefte ein, die aus seiner Schulmappe auf den Boden gefallen waren und zum Teil stark beschädigt waren. Er würde sich ein paar neue Hefte kaufen müssen. Und er mußte damit rechnen, daß Kathinka ihn nachlässig nannte. Nur sagen durfte er nicht, wie es passiert war. Er würde daheim sagen, er müßte sich die Hefte kaufen, in Wirklichkeit aber um vier Uhr vor der Kirche stehen.

Julian schnallte die Mappe fest und stieg auf sein Fahrrad, um heimzuradeln. Ich muß es schaffen, dachte er.

Julian war eine Viertelstunde zu früh vor der Kirche. Weit und breit war noch keiner von den Jungen zu sehen. Kathinka hatte nichts dagegen, daß Julian sich ein paar neue Schulhefte besorgen wollte. Denn Steffi und Mareike hatten schon angedeutet, daß er wohl Ärger mit der neuen Klasse habe. Und das aufgeschlagene Knie, das verkrustete Blut unter der Nase hatten ihr gezeigt, daß es nicht ganz friedlich abgegangen war.

„Wenn du deine Hefte besorgst, Julian, bringe doch noch ein paar Flaschen Limonade mit. Der Getränkewagen kommt erst morgen“, hatte Kathinka ihm aufgetragen.

Die vier Flaschen Limonade und die neuen Schulhefte hatte Julian in der Einkaufstasche verstaut, die er auf dem Gepäckträger festgemacht hatte. Nun lehnte er das Rad gegen die Kirchenmauer. Julian betrat die Kirche. Das kühle Dunkel, die roten Marmorsäulen, das schimmernde Gold, der Geruch von Weihrauch schüchterten ihn ein.

Winzig klein kam er sich vor in diesem hohen barocken Bau. Er dachte an seine Eltern. Bestimmt wußten sie, wie ihm zumute war. Es war nicht Angst vor dem, was die Jungen mit ihm vorhatten, sondern Unbehagen.

„Viele gegen einen, lieber Gott“, murmelte er tonlos, „das ist einfach ungerecht, gemein. Aber ich muß die Mutprobe bestehen, sonst bleibe ich ein Außenseiter.“

Plötzlich machte Julian kehrt; er verließ hastig die Kirche. Sie sollten nicht glauben, er sei unpünktlich oder er drücke sich gar. Als er die Kirchentür öffnete, kamen sie gerade auf ihren Rädern angefahren. Sie grinsten ihn an, stiegen ab.

„Du bist ja doch gekommen. Also steig auf und komm ...“, sagte Wastl.

„Sicher hat er erst um Mut gebetet“, rief einer, als es die Landstraße hochging und jeder von ihnen keuchend in die Pedale trat. Da ging auch den ärgsten Spöttern erst einmal die Luft aus. Als sie eine Viertelstunde gefahren waren, bog Wastl, hinter dem Julian fuhr, auf eine kleine Seitenstraße ein. Er hielt geradewegs auf ein Gehöft zu, halb hinter dichten Bäumen verborgen. Jetzt übernahm Seppi, ein kleiner Rothaariger, der das Gesicht voller Sommersprossen hatte, die Führung. Er winkte den Jungen, auf einen schmalen Weg mitzukommen, der zwischen abgegrenzten Wiesen um das Gehöft herum führte bis zu einer großen Koppel. Hier grasten zwei Stuten, eine fuchsfarbene und eine hellbraune. Oben auf einem Hügel stand ein Fuchswallach. Er warf den Kopf hoch und äugte herüber, dann jagte er im Galopp quer über die Koppel auf die Jungen zu.

„Wenn du dich den reiten traust, Köninger", sagte Wastl, während alle anderen Jungen schwiegen, „dann bist du okay."

Julian sah sich um, Schadenfreude, Spott, Herausforderung las er in den Augen der Jungen. Der Metzgersohn aber verzog das Gesicht, als sei er sicher, daß Julian kneifen würde.

„Ich habe noch nie ein ungesatteltes, nicht aufgezäumtes Pferd geritten", sagte Julian. „Wenigstens Zügel müßte ich schon haben. Könntet ihr mir nicht zumindest eine Trense besorgen?"

Der Rothaarige nickte. „Okay. Ich sag's meinem Bruder, daß wir da sind. Dem die Zügel anlegen, wird er ja wohl noch können . . ." Er machte kehrt, fuhr in den Hof des gut gehaltenen Anwesens.

„Das gehört einem aus der Stadt", erklärte Wastl jetzt wichtigtuerisch. „Der hat jede Menge Zaster. Und lauter teure Pferde. Zuletzt hat er den Fuchs gekauft, nur der ... Du wirst es ja gleich sehen, Köninger, falls du dich traust ..."

Julian hatte sich von den anderen Jungen entfernt. Sein Rad lehnte am Koppelzaun. Pferde, dachte er, könnten nie so gemein sein wie diese Jungen, denen er nichts getan hatte. Jetzt kam der rothaarige Seppi zurück, mit einem jungen Burschen, der genauso rothaarig und sommersprossig war und der eine Trense in den Händen hielt.

Der Fuchs sah ihn und machte kehrt. Er jagte auf die andere Seite der Koppel. Doch der große Rothaarige, den Seppi stolz als seinen Bruder Freddy vorstellte, öffnete das Tor, ging auf die Koppel und winkte mit einer Möhre. Da ließ der Wallach es zu, daß der hagere Zwanzigjährige sich ihm näherte, daß er ihm das Halfter abnahm und die Trense anlegte.

Julian folgte dem jungen Mann, der jetzt den Wallach am Halfter hielt. Der grinste auf ihn herab, der Fuchs blickte mißtrauisch.

„Er heißt Satan", verriet der große Rothaarige grinsend.

„Und ein Satan ist er wirklich. Unser Chef muß übergeschnappt sein, für so was noch einen Haufen Geld zu bezahlen. Na bitte, es ist sein Geld. Also, steig auf!"

„Gleich“, bat Julian, dem die Kehle wie zugeschnürt war und die Knie zitterten. Er kramte in seiner Hosentasche. Er hatte ja keine Ahnung gehabt, was für eine Art von Mutprobe sie mit ihm vorhatten, doch ein paar Zuckerstücke hatte er immer in seinen Hosentaschen, auch in denen der kurzen Jeans.

„Satan, sei brav, komm, Satan, nimm den Zukker!“ sagte er mit ruhiger Stimme zu dem Tier.

Der Fuchs sah aus, als wolle er ihn verspotten, sein Kopf mit den plötzlich gebleckten Zähnen erschien Julian riesengroß. Doch während Satan nach rückwärts ausschlug, schnappte er sich den Zucker von Julians Hand. Und dann saß Julian auf dem Pferderücken, schneller, als es einer vermutet hatte.

Der Zucker war von mir; da muß er doch wissen, daß ich ihm nichts Böses will, dachte Julian und versuchte, sich auf dem Rücken des Wallachs zu halten, als dieser zu buckeln begann. Noch nie war er ohne Sattel geritten, doch es gelang ihm, Satan gegen seinen Willen zum Antraben zu bewegen. Er keilte ein paarmal aus. Julian griff mit der rechten Hand in die Mähne, mit der linken hielt er die Zügel. Er klopfte den Pferdehals, rief den Namen des Pferdes. Der Galopp des goldroten Wallachs war weich, hätte es nicht immer wieder einen jähen Halt gegeben. Der Fuchs blieb einfach stehen, und Julian konnte gerade noch einen Sturz vermeiden. Aber dann bäumte sich der Fuchs abermals auf, und Julian wurde zu Boden geschleudert. Er hörte die galoppierenden Hufe des Wallachs und das Gejohle der Jungen. Doch dann vernahm er, als er sich benommen wieder aufrappelte, die Stimme des großen Rothaarigen: „Also, alles was recht ist, Buben, so lange bleibt auch mein Chef nicht im Sattel! Und der reitet den Satan nur gesattelt, mit Sporen und Peitsche und seit neuestem auch nur mit Ausbindezügel."

Julian sah dem Pferd entgegen, das jetzt stehengeblieben war. Er suchte in der Tasche nach weiteren Zuckerstücken.

„Komm her, Satan, sei brav", rief er freundlich und streckte ihm die Hand mit den zwei Zuckerstücken entgegen. Satan kam tatsächlich näher, und Julian blieb stehen.

„Komm her, Satan, sei brav. Hier, da hast du Zucker", sagte Julian, und als der Fuchs diesmal langsam und behutsamer als zuvor den Zucker nahm, fuhr Julian ihm sanft über das weiche Maul. Diesmal gab es keine gefletschten Zähne, keine zurückgelegten Ohren.

„Bitte", flüsterte Julian. „Laß es uns noch einmal versuchen. Ich bin ein guter Turner, ich komme auch ohne Hilfe hoch . . ."

Er klopfte den Hals des Pferdes und schwang sich auf seinen Rücken. Diesmal ging der Fuchs wirklich darauf ein, als Julian zu traben versuchte. Freilich, ohne Sattel und Bügel mußte er jeden Schritt aussitzen. Er ritt daher wieder kurz im Schritt, nicht zu nahe vorbei an den Jungen, die am Zaun auf eine neue Niederlage warteten. Dann nahm er den äußeren Schenkel etwas zurück, den inneren nach vorn und galoppierte an, im Linksgalopp am Zaun der Koppel entlang, dreimal, und beim letzten Mal vergaß er fast, wie schwierig das alles am Anfang gewesen war. Er blieb stehen, als er sah, daß der große Rothaarige mit den Armen winkte, und sah am Weg einen Mann im Sportanzug stehen. Die Jungen aber schoben ihre Räder davon, zögernd zwar, und sie schauten sich ständig um und redeten aufeinander ein.

Julian sprang vom Pferderücken, nahm die Zügel und führte den Fuchs auf den Rothaarigen zu, der aussah, als sei er bei etwas Unrechtem ertappt worden. „Er war ganz brav diesmal", sagte Julian. „Der hätte mich doch leicht wieder abwerfen können."

Der Mann im Sportanzug hatte das mitgehört.

„Das ist der Boss, Herr Stegmüller", sagte der Rothaarige.

„Und du bist der Junge, der hier eine Mutprobe bestehen sollte?" erkundigte sich der Mann im Sportanzug. „Ganz schön mutig, muß ich sagen. Das habe ich deinen Freunden schon gesagt. Das macht dir so leicht keiner nach, sich auf einen wie Satan zu wagen, noch dazu ungesattelt. Wie lange reitest du denn schon?"

„Etwa zwei Monate, aber natürlich jeden Tag. Nur ohne Sattel bin ich noch nie geritten."

„Hut ab, Junge. Und was reitest du so alles?"

Julian lehnte sich neben den Mann ans Koppelgatter. „Sündermanns und Stefans haben Haflinger. Mir gehört ein Haflingerfohlen. Und dann hat mein Onkel Köninger mir den Coriolan zur Verfügung gestellt, der war Galopper und ist ein Vollblüter."

Der Mann drückte ihm fest die Hand. „Alle Achtung, Junge. Und vielleicht hast du auch recht, man muß Satan nur richtig behandeln."

„Mit Zureden, mit einem Stück Zucker", sagte Julian. „Wenn ich darf, komme ich mal wieder vorbei. Ich glaube, ich muß jetzt heim. Da weiß nämlich keiner, wo ich bin. Es mußte geheim bleiben, haben die Jungen gesagt, weil es doch eine Mutprobe war."

Er schwang sich auf sein Rad und folgte den Jungen, die an der Straße warteten.

Julian stieg ab. „Und jetzt?" fragte er unsicher, denn er wußte nicht, ob das nun alles gewesen war.

„Du bist okay", sagte Wastl und schnippte mit dem Finger gegen die Stirn. „Von jetzt an gehörst du zu uns."

Das Richtfest

Das Hoftor war mit weißblauen Bändern geschmückt, weißblaue Fähnchen und Wimpel zierten den Stalleingang und das kleine Gartenhaus, das Julians Großonkel, Karl Köninger, hatte aufstellen lassen. Nach dem Brand hatte es als Notunterkunft für die Pferde gedient. Jetzt, nachdem der neue Stall fertig war, wollte man das Ereignis gebührend feiern. Vor dem Stall stand ein Bierfaß bereit, waren Flaschen mit Sprudel und Limo aufgereiht und gab es Berge von belegten Semmeln. Das Faß Bier und die Semmeln hatte Onkel Max Staudinger gespendet. Die Kühlbox mit vielen Eisportionen stammte von Karl Köninger. Die Getränke aber sowie die Würstl mit Senf hatten Sündermanns und Tom Stefan spendiert.

„Aber klar doch, Julian“, hatten sie alle gesagt, „wenn Wastl sich bei dir entschuldigt hat und ihm das mit der Mutprobe leid tut, dann kannst du ihn ruhig einladen.“

Natürlich stammten auch die Würstchen und der Aufschnitt für die Semmeln aus der Metzgerei Huber. Und die Sündermanns, Tom Stefan und Steffi und auch Julian waren sich mit Sepp darin einig: so großzügig, dazu brandsicher und geräumig wäre der neue Stall ohne Karl Köningers Hilfe nicht ausgefallen, trotz der Schadensregelung durch die Versicherung. Die Bauarbeiter hatten bereits ihr Richtfest gefeiert, als der Dachstuhl stand.

Es war ein sonniger Spätsommertag, und kein Wölkchen stand am Himmel.

Rotweiß karierte Tischdecken schmückten die Tische vor dem Haus und dem Gartenhäuschen. Die Pferde, die sich auf den Koppeln tummelten, trugen blauweiße Schleifen am Halfter, und ihr Fell glänzte, nachdem es mit Hingabe geputzt worden war. Sebastian und Tom waren bis zum letzten Moment damit beschäftigt gewesen, einen Baumstamm auszuhöhlen, der jetzt als Tränke vor dem Pferdestall stand und mit frischem Quellwasser gefüllt war. Doch die Geranien, die die neue Tränke schmücken sollten, waren etwas gerupft worden. Grünzeug hat nun einmal eine unwiderstehliche Anziehungskraft auf Pferde.

Die ersten Gäste, die eintrafen, waren die Tierärztin, Frau Dr. Töpfer, und Trille und Bini. Zu dritt schleppten sie ein altes Wagenrad, das die Außenwand des neuen Stalles schmücken sollte. Dann erschien Kathinkas Mutter, Babuschka, sie kam mit ausgebreiteten Armen auf die Kinder zu. Doch als ersten umarmte sie Julian. „Du armer Junge, was mußt du ausgestanden haben!" sagte sie. „Doch Hut ab vor dir, daß du diesen Wastl eingeladen hast. Man soll nun mal nicht nachtragend sein. Und wenn ich einmal Zeit habe, male ich den heiligen Florian über die Stalltür. Das ist, wie ihr wißt, der Schutzheilige gegen Feuersbrunst. *Ein* Brand reicht immerhin."

In diesem Augenblick fuhr Karl Köningers Wagen in den Hof.

„Er hat einen Pferdeanhänger dabei!" rief Julian aufgeregt und lief davon. Auch Sebastian und Tom kamen auf den Wagen zugelaufen, lachend und keineswegs überrascht. Die waren also eingeweiht, stellten Steffi und Mareike fest.

Onkel Köninger stieg aus. Er trug eine Reithose und hob zur Begrüßung lachend die Arme. „Händeschütteln schenken wir uns. Dafür ist keine Zeit. Coriolan wird nämlich sonst ungeduldig. Komm heraus, mein Junge." Er öffnete die Rückklappe des Anhängers. „Du wirst sehen, hier wird es dir gefallen."

Wenige Augenblicke später stand der schöne Rappe mit den glänzenden Augen, dem herrlichen Wuchs mit bebenden Nüstern im Hof. Nervös peitschte sein Schweif die Kruppe, und Steffi drückte Mareikes Arm. Sie erinnerten sich plötzlich, wie sie den Vollblüter zum erstenmal gesehen hatten. Er hatte sich beim Hindernisrennen in Riem die Vorderhand gebrochen, war aufgeregt, schien starke Schmerzen zu haben, und Karl Köninger war unsicher gewesen, ob man ihn töten oder die riskante Operation wagen sollte. Geradezu angefleht hatten Mareike und Steffi ihn, sich für die Operation zu entscheiden. Und Coriolan war gerettet. Nur an Rennen würde er nie mehr teilnehmen können.

Karl Köninger führte den Rappen durch den Obstgarten zur Koppel, während Kathinka die Hubers begrüßte, die mit Wastl gekommen waren.

Karli, Floris Freund, war schon seit dem Morgen hier.

„Ihr wißt ja“, sagte Onkel Köninger, „seit Coriolan wieder gesund ist, fühlt er sich als Außenseiter zwischen seinem Vater, meinem Zuchthengst Corelius und den übrigen Galoppern. Vielleicht ist es hier bei euch anders.“

Steffis Vater öffnete das Tor zur Koppel, auf der Sandokan, der Schimmelwallach, ebenfalls ein Vollblüter, Coriolan entgegensah. Tom Stefan ging auf das schöne weiße Pferd mit dem Araberknick oberhalb der Nase zu und fuhr ihm liebevoll über den Hals.

„Na, mein guter Junge? Wäre es nicht schöner, auch du hättest Gesellschaft? Und die Koppel ist ohnehin groß genug für mehrere Pferde.“

Sandokan stieß ein helles Wiehern aus und stob davon.

Onkel Köninger ließ Coriolan los, und er folgte dem Schimmel, jagte mit wehender Mähne, wehendem Schweif hinter ihm her und überholte ihn schließlich. Oben am Hügel blieben sie beide stehen.

Julian schob seine Hand in die seines Onkels. „Wie schön“, sagte er fast andächtig.

„Er wird es gut bei uns haben und sich wohl

fühlen“, sagte Kathinka.

Der hagere, grauhaarige Mann nickte.

„Da bin ich sicher. Und dir, Julian, lege ich ihn besonders ans Herz.“

Sie kehrten um und gingen zum Hof zurück, wo Babuschka und Sebastian Getränke ausschenkten und Teller mit Semmeln und heißen Würstchen herumreichten.

„Du hast eine gute Hand für Pferde, Julian. Sie haben Vertrauen zu dir. Bis dein Fohlen Tino angeritten werden kann, vergehen ja immerhin noch drei Jahre. Vielleicht akzeptiert dich inzwischen Coriolan als Reiter. Bis dahin komme ich so oft wie möglich zu euch, um mit ihm auszureiten.“

Oben am Hügel entdeckte Steffi Schorschi, den alten Braunen der Hausingers.

„Sicher möchte er bei den anderen Pferden sein“, sagte sie mitfühlend. „Seine Koppel stößt ja an unsere Reitwiese. Und wenn er auch schon alt ist und oft schwer arbeiten muß, so hat er jetzt wenigstens etwas Gesellschaft, freilich aus der Ferne.“

Karl Köninger setzte sich auf die Bank an der Hauswand, nahm dankend den Kaffee entgegen, den Kathinka ihm brachte. Steffi setzte sich neben ihn, und Julian tat das gleiche.

„Ohne dich", sagte Mareike, die ihm jetzt ein Stück Pflaumenkuchen brachte, dessen Früchte sie mit Steffi entkernt hatte, „hätten wir nie einen so großen und schönen neuen Stall bekommen."

Karl Köninger meinte lächelnd: „Ich hab schon gewußt, Kleine, weshalb. Denn ich bin mir sicher, Coriolan fühlt sich hier bei euch wohler als bei mir. Ihr habt noch Zeit für die Pferde. Ich aber bin den ganzen Tag in der Fabrik. Ich habe einfach nicht genug Zeit für den armen Kerl. So ist uns allen geholfen."

Babuschka setzte sich dazu. Sie vertilgte mit Genuß ihre Würstchen und trank einen Schluck Bier. „Sie sind ein guter Mensch, Herr Köninger. Eines habe ich festgestellt: Wer Tiere liebt, ist auch ein guter Mensch."

Julian stand auf. Er ging auf Wastl zu, der unschlüssig und allein vor dem Pferdestall stand. „Wenn es dir recht ist, zeige ich dir den Stall, und dann gehen wir auf die Koppel", schlug er dem Jungen vor. „Du hast noch nie mit Pferden zu tun gehabt? Dann komm mal mit. Und wenn du magst, füttern wir sie später gemeinsam."

„Ich finde es prima, daß Julian dem Wastl nichts nachträgt", sagte Mareike.

„Und ich", meinte Steffi nachdenklich, „finde

Julian überhaupt prima. Von dem können wir uns alle noch eine Menge abschauen."

Steffis Geburtstag

Steffi merkte als erste, daß Julian jetzt gern zur Schule ging.

„Wie der mit den Pferden umgeht, da schnallt ihr glatt ab", hatte Wastl seinen Klassenkameraden berichtet.

„Meine Eltern haben mir viel beigebracht", erzählte Julian. „Die wußten beinahe auf alles eine Antwort. Und da, wo ich jetzt lebe, ist es fast so schön wie früher zu Hause. Jeder ist für jeden da. Und es gibt immer etwas zu tun, sei es im Garten oder im Pferdestall."

Steffis Geburtstag – es war der dreizehnte – sollte gebührend gefeiert werden. Steffi hatte seit der Scheidung ihrer Eltern vor diesem Tag immer etwas Angst gehabt. Aber Kathinka verstand es, Geburtstage so zu feiern, daß man sie nicht so leicht vergaß. Das hatte sie vor kurzem bewiesen, als Sebastian an der Reihe gewesen war. Noch Tage später hatten alle davon geschwärmt, wie fröhlich es zugegangen war.

Ob freilich Mama kommen würde, wußte Steffi nicht, und sie wollte auch ihren Vater nicht danach fragen. So blieb Steffi nur übrig zu hoffen, daß ihre Mutter käme.

Kathinka verscheuchte jeden Anflug einer trüben Stimmung gleich am Morgen: Eine köstlich duftende Dreizehn aus rosinengespicktem Hefeteig schmückte den Frühstückstisch. Daddy und Kathinka umarmten Steffi.

Dann war Mareike an der Reihe. „Hoffentlich gefallen dir die zwei Platten. Es ist Musik, wie man sie in Reitställen zum Musikreiten benutzt. Vielleicht könnten wir das auch mal probieren?"

Auf dem Geburtstagstisch lagen eine Reitkappe und ein Paar Reitstiefel von Daddy. Und Onkel Peter, Daddys alter Freund, der Anwalt war und selbst ein Pferd besaß, hatte ihr für Sheila eine Pferdedecke im Schottenkaro geschenkt. Der kleine Plattenspieler war Sebastians und Kathinkas Geschenk. Und Flori überreichte, wie bei allen Anlässen, ein Hufeisen. Seit er mitgefahren war, als Sandokan beim Hufschmied neu beschlagen wurde, besuchte er oft den Hufschmied, den er sehr bewunderte.

Sebastian kam heute sehr pünktlich heim und

hatte, als er sein Auto verließ, die Arme voller Geschenke.

„Eine Longe von Onkel Köninger, Steffi", sagte er, und Sepp Buchwieser war begeistert: „Das ist ja großartig. Wenn nämlich ein Pferd anfangs an der Longe geführt wird, kann sich der Reiter viel mehr auf seinen Sitz konzentrieren. Und ihr wißt ja, der richtige Sitz ist wichtig: Schenkeldruck, Zügelhaltung, kein Hohlkreuz machen, darauf kommt es an. Nur so könnt ihr eurem Pferd die richtigen Hilfen geben."

„Und hier", stieß Sebastian hervor und schwenkte das nächste Geschenk. „Ebenfalls von Onkel Köninger: Ausbindezügel und ein Voltigiergurt. Er sagt, die sind eigentlich für euch alle bestimmt, denn mit der Sheila könntet ihr bestimmt sehr gut voltigieren. Dazu gehört eben ein ruhiges, gutwilliges Pferd – und genau das ist deine Sheila."

Julian war mit Wastl erhitzt und zufrieden vom ersten Reitunterricht zurückgekommen.

„Voltigieren? Was ist denn das?" fragte der Sohn des Metzgers.

Sepp, heute zur Feier des Tages im Trachtenanzug, erklärte es: „Das Pferd geht an der Longe, trägt den Voltigiergurt und die Ausbindezügel. Und der jeweilige Reiter läuft auf das Pferd zu, das im Schritt geht oder trabt, und schwingt sich auf den Pferderücken. Am Voltigiergurt hält man sich dann fest. Und es kommt jetzt drauf an, wie geschickt sich einer anstellt. Denn es gibt so allerhand gymnastische Übungen, und die kann man jetzt machen, je nachdem, wie sicher sich einer da oben fühlt: knien, stehen oder auch im Sitzen die Beine über den Pferderücken schwingen. Ausbrechen kann ein Pferd, das Ausbindezügel trägt, ja nicht. Ihr werdet euch nach dem Voltigieren viel sicherer fühlen, euch weit mehr zutrauen."

Es war klar, das mußte noch ausprobiert werden. Und es war natürlich wieder Julian, der sich am geschicktesten anstellte. Aber auch Flori überraschte alle. Trille fiel einmal von Sheila herunter, doch tat sie sich nicht weh. Und Sheila wurde mit Möhren und Zucker verwöhnt, ehe Steffi sie in den Stall führte. Steffi rieb ihr noch das Fell mit einem trockenen Tuch ab; dann fuhr sie der Stute liebevoll über den Kopf. „Du bist meine Beste, das weißt du hoffentlich, auch wenn ich Nora nie vergessen werde. Und ich hätte viel darum gegeben, wenn Mama das eben hätte sehen können."

Steffi schlang die Arme um den Hals der Stute. Sie hatte ihre Mutter immer bewundert, und sie vermißte sie sehr. Außerdem war sie ziemlich sicher, daß sie auch Daddy fehlte. Und es tat weh, daß sie weder geschrieben noch angerufen hatte.

Julian zog Steffi am Arm. Er stand da und blickte auf seine Sandalen herab. „Ich weiß, wie dir zumute ist. Meine Eltern leben nicht mehr, damit muß man sich abfinden. Doch deine Mutter lebt. Aber vielleicht hat sie einfach so viel zu tun, daß sie deinen Geburtstag vergessen hat. Oder sie ist gar nicht in München."

Steffi folgte Julian ins Haus, wo Kathinka eben Wurstsalat, Brot und Butter servierte. Auch eine Schüssel roter Grütze stand als Nachtisch bereit. Sie saßen alle um den Tisch in der Küche bei offenen Fenstern. Als Steffi sich setzen wollte, läutete das Telefon. Sie lief hinaus in den Flur.

„Lauf, Kleines, vielleicht ein verspäteter Gratulant für dich!" sagte Kathinka.

Es war Mama. Sie klang abgehetzt. „Hallo, Kleines! Sei herzlichst und lieb umarmt und einen dicken Kuß zum Geburtstag! Ich bin eben zur Tür hereingekommen. Ich komme soeben aus Rom zurück. Es war mir einfach nicht möglich, einen Tag eher zu kommen. Die eine große Modenschau, die ich fotografieren mußte, war erst gestern, und in der ersten Maschine heute morgen bekam ich keinen Platz mehr."

Steffi fiel ein Stein vom Herzen. Jedenfalls, vergessen hatte Mama ihren Geburtstag nicht. Sie berichtete kurz, wie der Tag verlaufen war. „Zum Abendessen zu kommen, das schaffst du wohl nicht mehr?“ fragte sie hoffnungsvoll, aber zögernd.

Ihre Mutter seufzte. „Ehrlich gesagt, nein. Ach, Steffi, du errätst bestimmt nicht, was ich für dich habe: Erstens eine Polaroidkamera. Da kannst du die Pferde fotografieren. Und wer weiß, vielleicht trittst du später einmal in meine Fußstapfen? Nicht Modefotografie, aber Pferde- und Tierfotografin vielleicht? Und zweitens, Steffilein: eine Reithose.“

Steffi schluckte. Sie konnte nicht verhindern, daß ihr Tränen in die Augen traten.

„Soviel, Mama? Das hätte doch gut für zweimal gereicht“, stieß sie hervor. „Ich meine, du mußt doch alles selbst verdienen.“

„Laß mal, Kleines. Wenn ich an dich denke, habe ich immer ein wenig ein schlechtes Gewissen. Auch wenn ich an Tom denke. Manchmal komme ich mir ganz schön egoistisch vor. Und Kathinka beneide ich oft um ihr glückliches Familienleben. Aber ich bin wohl anders. Und auch mein Beruf zwingt mich, ständig auf Achse zu sein.“

Steffi wischte sich die Tränen aus den Augen. „Ich verstehe schon, Mama. Du bist, wie du bist. Es ist schon in Ordnung."

„Noch etwas", hörte sie ihre Mutter sagen. „Eine Zeitschrift, für die ich arbeite, hat ein paar der Pferdefotos, die ich so zum Spaß bei euch gemacht habe, gesehen. Und die haben mir eine Fotoserie in Auftrag gegeben. Meinst du, es wäre den Süncermanns und vor allem deinem Vater recht, wenn ich in der nächsten Zeit einen Tag zu euch käme, um Aufnahmen zu machen? Bei der Gelegenheit könnte ich dir gleich deine Geschenke mitbringen."

Nachdem sie ihr Gespräch beendet hatten, lief Steffi in die Küche und erzählte alles aufgeregt. „Ist es euch recht, wenn sie kommt? Und vor allem dir, Daddy?"

Tom Stefan stand auf. Er schlang einen Arm um Steffi und gab ihr einen Kuß. „Dir zuliebe sowieso, Kleines. Und ich? Was soll ich euch vormachen, das mit der Scheidung wird mir wohl nie gleichgültig werden. Man kann sie nicht an die Leine legen. Man muß versuchen, ihren unbändigen Freiheitsdrang zu verstehen. Sag ihr, Steffi, sie soll kommen. Vielleicht am Samstag."

„Oder am Sonntag", fügte Kathinka strahlend

hinzu. „Sie kann auch bei uns übernachten. Platz haben wir ja. Und sage ihr, daß uns am Sonntagabend Max und Liesl Staudinger zur Einweihung des neuen *Hotel Staudinger Bräu* eingeladen haben. Mit Musik und Tanz . . ."

„. . . und daß ich, Sebastian, sie gern einmal kräftig herumschwenken würde", rief Sebastian lachend Steffi nach, als sie zum Telefon zurücklief.

Steffi richtete ihrer Mutter alles aus. Sie hörte sie lachen.

„Ich komme also am Sonntag, falls es nicht in Strömen gießt. Doch selbst dann, denn ich will dich ja nicht noch länger auf deine Geschenke warten lassen. Bis dann, Kleines. Und grüße alle herzlich, auch Bim."

Am Freitag beim Abendessen, als sie alle um den großen Küchentisch herumsaßen, rückten Steffi und Mareike und schließlich auch Julian damit heraus.

„Sie geben einfach keine Ruhe. Es gibt ein paar Mitschüler, die unbedingt unsere Pferde sehen wollen und wissen möchten, ob wir wirklich immer reiten können, wann wir Lust dazu haben. Dürfen wir sie mal mitbringen?" fragte Steffi.

Kathinka stieß einen langen Seufzer aus. Sebastian drückte ihre Hand. Und Tom grinste nur.

„Unser schönes, gemütliches Wochenende!" meinte Kathinka und seufzte wieder. „Muß das wirklich sein?"

Sebastian lachte. „Was ist schon dabei, wenn sie am Samstag zu uns rauskommen!"

„Was mich betrifft, ich habe jede Menge Entwürfe über das Wochenende fertig zu machen. Und außerdem gedenke ich auszureiten", sagte Steffis Vater.

„Und ich wollte mich in den Garten legen und lesen, und ich hatte gehofft, ihr alle entlastet mich mal in der Küche. Außerdem muß ich einen Kuchen backen und Himbeermarmelade einkochen", sagte Kathinka. „Dazu kommt, daß Staudingers vorbeischauen wollten."

„Das glaube ich nicht, wenn sie am Sonntag Hoteleinweihung haben", sagte Sebastian und stand ebenfalls auf. „Es sind die Freunde der Kinder, da können wir nicht so abweisend sein. Ich kümmere mich um die Angelegenheit. Aber eines müssen wir alle ihnen klarmachen: Wir sind keine öffentliche Reitschule!"

Am Samstag war Sebastian auch prompt zur Stelle, als die Jungen und Mädchen angeradelt kamen. Wastl war ebenfalls mitgekommen. Auch

Trille Töpfer und Bini, ihre jüngere Schwester. Und vom Hausinger-Hof kam Karli angeradelt.

„Mein Vater möchte später mal vorbeikommen", sagte er zu Sebastian, der lachend alle begrüßte. „Er möchte mit Ihnen was bereden", sagte Karli.

Sebastian ließ die Jungen und Mädchen in den Pferdestall schauen, der gerade leer war. Er zeigte ihnen die Futterkammer, die Kisten mit dem Fertigfutter sowie die Sättel und Trensen.

Dann gingen sie zu den Koppeln.

„Vor dem Reiten heißt es vor allem das Vertrauen der Pferde gewinnen", erklärte ihnen Sebastian. „Verständnis für sie zu haben ist die erste Voraussetzung. Und wenn sie sich warm gelaufen haben, werden sie abgerieben, bis sie wieder trocken sind. Außerdem muß der Stall täglich ausgemistet werden. Ein Pferd darf nicht überanstrengt werden. Wenn jeder von euch einmal allein kommt, wird Steffi euch sicher einen Proberitt auf ihrer Sheila erlauben."

Da kam Sepp aus dem Haus. Er hatte sich rasiert, ein weißes Hemd angezogen – es war ja immerhin Wochenende. Er lehnte sich gegen die Koppelumzäunung.

„Steffi, Mareike, zeigt euren Freunden einmal, wie man voltigiert. Julian, Flori, ihr macht mit.

Dann seht ihr anderen nämlich, daß man erst mal vertraut werden muß mit den Pferden. Und daß es nicht damit getan ist, oben im Sattel zu sitzen und sich wichtig vorzukommen."

Die Jungen und Mädchen redeten aufgeregt durcheinander. Als Julian aber auf Sheilas Rücken stand und die Arme zur Seite breitete, während die Stute unter ihm trabte, wurden sie still.

„Da seht ihr es. Das geht Schritt für Schritt. Nun hat Julian ein besonderes Talent, mit Pferden umzugehen. Er hat auch bereits seine ersten Versuche auf dem Rappen Coriolan hinter sich. Aber das geht auch nur, weil die Pferde ihn kennen, weil er sie putzt und füttert und liebevoll mit ihnen umgeht. So gut wie er ist nicht einmal Steffi, die schon zwei Jahre reitet. Und sie ist wirklich begabt. Also, reiten lernen könnt ihr hier nicht. Aber dazu gibt es Reitschulen."

„Aber nicht in der Nähe", klagte ein Mädchen enttäuscht.

„Und wenn, dann sind sie teuer."

„Wie wäre es denn, wenn ihr euch zum Taschengeld etwas dazu verdient? Mülleimer austragt, alten oder kranken Leuten die Einkäufe erledigt, als Babysitter arbeitet?" schlug Sebastian vor.

„Da kommt doch eine Mark zur anderen. Und

manche Eltern spendieren vielleicht auch für gute Noten mal eine Mark oder zwei. Flori und Mareike haben sich so allerhand Geld verdient, als wir noch in München lebten. Und nicht nur, als ich damals arbeitslos war. Aber kommt jetzt! Im Gartenhaus wartet zum Abschluß ein Berg Zuckerschnecken und ein großer Krug Himbeerlimonade auf euch. Also dann, auf Wiedersehen, Kinder!"

Große Pläne

Der Hausinger-Bauer erschien, als Kathinka gerade den Speck-Kartoffelsalat anmachte. Die Pferde waren bereits gefüttert worden, und Tom war soeben von seinem Ausritt zurückgekommen. Er schenkte für Sebastian und sich ein Glas Bier ein. Herr Hausinger nahm Platz und Sebastian stellte ihm ebenfalls ein Glas Bier hin. Nachdem er einen Schluck getrunken hatte, rückte er mit der Sache heraus: „Es geht mir schon eine ganze Weile das und jenes durch den Kopf. Die Landwirtschaft bringt heutzutage nicht mehr viel ein. Doch der Hof und der Stall ließen sich noch ausbauen. Da gibt's doch heute allerhand Leute, die Ferien auf dem Bauernhof machen wollen", sagte er. „In einer Pferdezeitschrift habe ich eine Menge über ‚Reiterferien' gelesen. Das wäre doch auch was für uns."

Tom setzte sich jetzt auch dazu. Und Kathinka stellte den fertigen Kartoffelsalat auf die kalte Herdplatte und ließ sich auf die Bank nieder, auf der Steffi und Julian saßen. Mareike brachte einen Aschenbecher.

„Dann müßten Sie aber den Stall vergrößern und weitere Boxen bauen."

„Ich dachte, ich bestelle bei Köninger einen Stall wie den eurigen, nur größer. Oder zwei davon. Und Pferde kaufen muß ich", erklärte Herr Hausinger. „Mein Schorschi ist kein Reitpferd, und alt ist er auch schon. Doch ich habe ja Traktoren, um ihn zu entlasten. Und ich habe gedacht, er hat sich wirklich sein Gnadenbrot verdient. Vielleicht sollte ich mal den Pachner aufsuchen."

„Ach was", warf jetzt Sepp ein, der von der Tür aus alles mitangehört hatte. „Pferde, die immer wieder andere Reiter tragen, die kaufst du auf dem Pferdemarkt, Hausinger. Da nimmst du mich mit. Das müssen sichere, gutmütige Pferde sein. Es sind ja doch meistens Anfänger, die sie reiten."

Der Hausinger nickte.

„Oh, schön für Schorschi", sagte Julian und strahlte. „Er ist immer allein und schaut so sehnsüchtig zu unseren Pferden herüber . . ."

„Den Schorschi", murmelte Herr Hausinger, und seine Stimme klang heiser, „hat noch der Vater gekauft, als ganz junges Pferd."

„Aber das Geld?" wollte Sebastian wissen. „Das kostet doch allerhand. Ihr braucht dann doch auch Zimmer für die Feriengäste, müßt ausbauen oder anbauen."

Herr Hausinger klopfte auf seine Joppe, dort, wo seine Brieftasche steckte. „Das ist da. Eine Gesellschaft, die Wochenendhäuser bauen will, hat mir die Wiese hinten am Waldrand abgekauft. Sie wollten sie unbedingt haben und gaben nicht nach. Ich habe einen guten Preis erzielt, und Geld muß arbeiten, hab ich mir gesagt. Also, ich möchte acht Zimmer anbauen. Und Stallungen für zehn Pferde."

„Und wer soll den Kindern, die da Reiterferien machen, oder auch den Erwachsenen das Reiten beibringen?" wollte Sebastian wissen und stand auf, um Herrn Hausinger einen Schnaps einzuschenken.

Der blickte verschmitzt von einem zum anderen. „In der Pferdezeitschrift stehen auch Annoncen von Reitlehrern, die eine Stallung suchen. Ich habe mich bereits erkundigt. Einen voll ausgebildeten Reitlehrer braucht's nicht für so einen kleinen Betrieb, ein Bereiter tut es auch. Aber was natürlich her muß, ist eine überdeckte Reitbahn und ein offener Reitplatz."

„Mann", stieß Flori hervor, „dann können wir ja vielleicht auch im Winter bei Ihnen in der Halle reiten?"

„Immer langsam mit den jungen Pferden, Flori!" rief Sebastian aus. „Wir haben doch auch unseren Schuppen, den wir jetzt schon bei schlechtem Wetter verwenden. Aber kommt Zeit, kommt Rat. An Reitschülern wird es nicht fehlen. Die halbe Schulklasse von Julian und eine halbe von Steffi und Mareike waren am Nachmittag hier, weil sie hofften, sie könnten nun bei uns Reiten lernen. Wir haben ihnen aber sagen müssen, daß das nicht geht. Die Vollblüter kommen dazu nicht in Frage. Und Afra gehört dem Staudingerwirt."

Als der Bauer gegangen war, deckten Steffi und Mareike den Tisch und redeten dabei pausenlos über Hausingers Pläne. Sebastian holte die frisch gelegten Eier aus dem Hühnerstall, und Julian brachte eine Schüssel Himbeeren, die er mit Flori gepflückt hatte. Tom hatte sich umgezogen und kam die Treppe herunter, als Sebastian gerade telefonierte.

Doch erst als alle um den Küchentisch herumsaßen, rückte Sebastian damit heraus, worum es gegangen war.

„Die Einwilligung von Kathinka habe ich bereits. Und die Nachricht, daß der Haflingerzüchter Pachner bei Kufstein uns am Montag erwartet, hat mir Max Staudinger eben telefonisch mitgeteilt. Kathinka und ich wollen endlich auch unser Pferd haben. Ich habe nun wieder Arbeit und verdiene gut. Kathinkas Töpferkurse werden immer beliebter. Wir können uns wirklich ein Pferd leisten. Als der Hausinger hier war und von seinen Plänen erzählte, hat das meinen Entschluß nur bekräftigt. Am Montag kaufe ich ein Pferd. Ein Pferd für Kathinka, Mareike, Flori und mich."

Sebastian wehrte die stürmischen Umarmungen von Mareike und Flori lachend ab.

„Dann gehört es also auch mir?" rief Flori begeistert.

„Aber reiten darf nur der, der auch mit anpackt, der seine Arbeit und die Schule nicht vernachlässigt", erinnerte ihn Sebastian.

Flori grinste. „Und wer immer saubere Fingernägel und einen gewaschenen Hals hat. Und gute

Noten, ich weiß. Aber für ein Pferd, das auch mir gehört, tue ich alles."

Steffi hatte das Hoftor geöffnet und dann mit Mareike für alle den Frühstückstisch an der Hauswand gedeckt – Kaffee, Tee, Eier und Toast. Plötzlich begannen die Hunde zu bellen, denn ein weißer Sportwagen fuhr in den Hof. Steffis Mutter stieg aus, lächelte Kathinka und Sebastian zu, und Steffi lief auf sie zu, umarmte und küßte sie.

„Wie schön, daß du endlich wieder da bist", sagte Steffi glücklich. „Du wohnst sicher sehr schön, Mama. Aber mit hier ist doch nichts zu vergleichen. Warum kommst du nicht öfter?"

Bettina, Steffis Mutter, schüttelte ihr dunkles Haar und legte ihrer Tochter den Arm um die Schultern.

„Du weißt doch, Kleines, ich wollte es so haben. Ich bin durch meinen Beruf heute hier, morgen dort. Da kann ich mich einfach nicht um eine Familie kümmern. Immerhin, Bim scheint mir nichts nachzutragen, und du wohl auch nicht", fuhr sie fort und streichelte den Hund. Dann drückte sie Steffi die neue Polaroidkamera in die Hand. „Sie ist kinderleicht zu bedienen. Und einen Augenblick später hast du schon das fertige Bild.

Die Filme sind nicht ganz billig, also habe ich dir gleich fünf mitgebracht."

Steffi ließ sich den Apparat erklären und knipste sofort ihre Mutter mit Bim. Wenige Augenblicke später hielt sie das fertige Farbfoto in der Hand. Nun kamen Kathinka, Sebastian, dann Mareike und Flori mit Asco an die Reihe. Und Steffi empfand Stolz und Freude, als sie entdeckte, wie gut ihr die ersten Aufnahmen gelungen waren.

„Nachher kommt Daddy noch dran, und dann sind die Pferde an der Reihe. Ich glaube, ich kann dich jetzt besser verstehen, Mama. Fotografieren ist wirklich eine tolle Sache."

„Doch halt! Hier ist noch die Reithose!" sagte Steffis Mutter. Sie holte eine Tüte mit dem Aufdruck eines Sportgeschäftes aus ihrem Auto und reichte sie Steffi.

„Ich meine, sie müßte passen. Du bist doch bisher in Jeans geritten. Die Reithose ist elastisch, wird freilich am Anfang etwas straff sitzen, doch das gibt sich. Man sagte mir, sie wird täglich bequemer."

Steffi rannte, die Tüte in der Hand, nach oben, und Mareike folgte ihr. Oben in ihrem Zimmer zwängte sich Steffi in die straff sitzende Hose, und Mareike prüfte kritisch den Sitz, während sie ihre wilde rote Mähne mit einem Band zusammenhielt.

„Sitzt super! Du siehst fast schon wie vierzehn aus!“ Steffi zog eine Grimasse und seufzte. „Denke bloß nicht, daß ich mir affig vorkomme. Ich sage dir nur, die Jeans waren viel bequemer. Aber es gehört ja wohl irgendwie dazu. Und Daddy steht seine Reithose wirklich prima.“

„Eben, freue dich also. Außerdem hat es deine Mutter bestimmt gut gemeint. Ich habe das Geld für eine Reithose auch bald beisammen.“

Steffi behielt die Hose also an, als sie zum Frühstück nach unten gingen, und lachte nur, als alle bewundernd „ah“ und „oh“ riefen. Daß die Hose noch zwickte, behielt sie für sich.

Steffis Vater war von seinem Ausritt zurückgekommen.

„Gut siehst du aus, Tom“, begrüßte ihn Bettina. „Steffi ist wieder gewachsen, und ihr alle macht den Eindruck, als hättet ihr hier ständig Urlaub. Alle sehen frisch und sonnengebräunt aus und sind fröhlich.“

Dann wurde gemeinsam gefrühstückt.

Später machte Bettina einige Aufnahmen. Sie hatte sich umgezogen und trug nun einen Jeansrock und einen weißen Pullover. Sie lief mit der Kamera über die Koppeln, kauerte sich hin oder stieg auf eine Bank, rannte hinter den Fohlen her, um ihr fröhliches Spiel im Bild festzuhalten, und als Mareike mit Julian, Flori und Steffi auf der oberen Reitwiese voltigierten und der alte, braune Schorschi über den Zaun ihnen zusah, fotografierte Bettina auch das schwere, stämmige alte Pferd, wie es auf dem Hügel stand.

Gegen Mittag gab es im Schatten der Obstbäume einen Imbiß. Doch Steffis Mutter hielt es nicht lange dort. Sie machte wieder Aufnahmen von den Pferden im Stall und später an der Tränke im Freien.

Erst als Kathinka zum Eiskaffee rief, machte Bettina wieder eine Pause. Steffi hatte ihre Mutter noch nie beim Fotografieren beobachtet; heute war es das erste Mal.

„Es ist toll, wie sie das macht!" erzählte Steffi voller Bewunderung ihrem Vater. „Sie kennt überhaupt keine Müdigkeit. Mir täte längst der Rücken weh von dem vielen Kauern und Hinhocken."

Doch Bettina winkte ab. „Das ist Übung, Steffi. Um ehrlich zu sein, ich merke das alles gar nicht. Ich sehe nur die Szene, die ich festhalten möchte."

Steffi entging nicht das traurige Lächeln auf dem Gesicht ihres Vaters, als er sagte: „Aber mit der Kamera kannst du dich am Abend, wenn du heimkommst, nicht unterhalten."

Mareike zwinkerte Steffi zu. Beide waren sich darin einig, daß es Zeit war, das Thema zu wechseln.

„Wie schade, daß wir morgen wieder Schule haben", sagte Mareike mit einem tiefen Seufzer. „Ich wäre zu gern dabeigewesen, wenn Sebastian das Pferd für uns kauft."

Julian blickte her; dann nickte auch er, doch er sagte nichts. Flori aber puffte Sebastian freundschaftlich in die Seite. „Also, es soll doch ein Pferd für uns alle sein, Sebastian. Wenn schon Kathinka sagt, sie kann nicht weg, weil sie mittags ihren Töpferkursus nicht absagen kann, dann könntest du doch uns mitnehmen."

Sebastian stellte das halbgeleerte Glas mit dem Eiskaffee wieder auf die rotweiß karierte Tischdecke zurück und meinte: „Auf jeden Fall kommt Onkel Köninger mit mir. Denn der versteht etwas von Pferden ..."

„Von Vollblütern", maulte Flori, „und du willst einen Haflinger kaufen. Wenn es Onkel Max wäre ..."

„Der kann nicht weg. Aber Kathinka, was meinst du, kommt es auf diesen einen Schultag an?"

Steffi spürte, daß sie ihren Freunden helfen mußte.

„Mich hat Daddy damals auch mitgenommen, als er die Sheila für mich kaufte", sagte sie. „Das war ein Erlebnis! Das vergesse ich nie, niemals. Bitte, Kathinka, erlaube doch, daß Mareike, Flori und Julian mitdürfen. Bitte! Ich bringe auch für Mareike und Julian die Hausaufgaben mit, und die von Flori kann Karli mitbringen. Sepp und ich schaffen es auch einen Tag allein, die Pferde zu füttern und zu putzen, mein Ehrenwort!"

Tom zupfte Steffi an einer dunklen Locke. Er lachte liebevoll und legte den Arm um sie.

„Du bist ein prima Kumpel, Kleines. Also wenn ihr mich fragt – Steffi hat recht. Es ist ein Erlebnis. Sepp, was sagen Sie dazu?"

„Daß sie recht hat. Daß man einen Hund oder ein Pferd für lange Zeit hat und es wichtig ist, daß man sich gegenseitig mag."

Sebastian stopfte sich seine Pfeife und grinste gutmütig. „Also einverstanden. Dann werde ich Onkel Köninger noch Bescheid sagen, daß ihr, Julian, Mareike und Flori, mitkommt. Und Kathinka, Sepp und Steffi halten tagsüber die Stellung hier, denn du, Tom, hast ja wohl in München zu tun."

Kathinka strahlte aus ihren blaugrünen Augen die Kinder an. „Und ich werde euch die Entschuldigungen schreiben. Alles in Ordnung!" Sie mußte drei Umarmungen über sich ergehen lassen.

Steffis Mutter aber drückte ihrer Tochter die Hand. „Ich bin stolz auf dich, Steffi. Du hast ausgesprochen, was ich dachte. Aber ich wollte nicht eingreifen, ich bin ja immerhin hier nur zu Besuch." Sie stand auf und griff nach ihrem Fotoapparat. „Aber für mich heißt es jetzt, keine Müdigkeit vorschützen. Denn ich muß das gute Licht ausnützen. Ich möchte wirklich noch fotografieren, bis die Sonne untergeht. Fahrt ihr später ruhig schon vor zum *Hotel Staudinger Bräu.* So eine Einweihung mit Musik und Tanz ist doch etwas Besonderes. Und wenn Steffi, solange ich zu tun habe, bei mir bleibt ..."

„Und ich, bitte, auch", bat Julian, „wenn ich darf."

Bettina nickte und hängte sich ihren Fotoapparat um. „Aber natürlich, du auch, Julian. Dann habe ich zwei Helfer, und ihr braucht nicht ungeduldig zu warten, bis ich fertig bin. Kommt ihr mit auf die Koppeln, Kinder?"

Die Sonne war bereits ein feuerroter Ball am Himmel. Sündermanns und Tom Stefan waren längst bei der Hoteleinweihung. Steffis Mutter machte die letzten Aufnahmen der Stuten, die geduldig darauf warteten, daß man sie in den Stall führte. Die Fohlen, die sich müde gespielt hatten, grasten noch. Und die Vollblüter standen am oberen Koppelzaun und blickten hügelaufwärts zu Schorschi. Der stand unbeweglich da.

„Das Pferd tut mir einfach leid, wie es so allein auf der Koppel steht", sagte Steffis Mutter. Sie verließ die Koppel, überquerte die Reitwiese und fotografierte das alte, stämmige Pferd, das in die Ferne zu blicken schien, der untergehenden Sonne entgegen. Plötzlich schien ein Zittern durch den mächtigen Körper des Braunen zu gehen. Dann sank der große, schwergliedrige Wallach nieder, schien sich ausruhen zu wollen. Doch der Hals, der Kopf sanken zur Seite. Er gab ein leises Schnauben von sich. Dann war er still.

Steffi starrte Julian an. Angstvoll blickte sie zu ihrer Mutter hoch, die mit schreckgeweiteten Augen auf den Zaun zulief, der den Reitplatz von Schorschis Koppel trennte.

„Mama, was hat er?" schrie Steffi, die wie ihre Mutter über den Koppelzaun kletterte. Auch Julian schwang sich darüber. Dann standen sie ratlos um das Pferd herum, das sich nicht mehr rührte, das nicht mehr atmete.

„Er ist tot“, flüsterte Steffis Mutter.

„Tot? Aber eben hat er doch noch gelebt? Wie ist das möglich, Mama? Du hast ihn doch vor ein paar Minuten noch fotografiert!“

Steffis Mutter berührte das weiche Maul des Pferdes mit der Hand. Kein Atemzug berührte ihre Haut. Sie strich sanft über den großen Kopf des Tieres.

Steffi sah alles nur wie durch einen Schleier.

Julian war bleich geworden. Er drückte sein Gesicht gegen den noch warmen Kopf des Pferdes. „Schorschi“, flüsterte er, „guter, alter Schorschi . . .“ Dann zog er sein Taschentuch aus der Tasche seiner Jeans und schneuzte sich kräftig.

„Wißt ihr, ob bei Hausingers jemand zu Hause ist?“ erkundigte sich Steffis Mutter.

„Sie sind ebenfalls zur Hoteleinweihung gefahren. Aber bestimmt ist Alfons, der Knecht, zu Hause“, meinte der Junge und machte sich auf, um den Knecht zu holen. Im Hof schon rief er nach Alfons, und eine Weile später kam er mit dem Knecht zurück. Der alte, hagere Mann beugte sich über das Pferd.

„Schorschi“, murmelte er. „Mein guter, alter Schorschi. Du bist genausolang hier auf dem Hof gewesen wie ich. Das wird dem Bauern arg sein.

Sehr arg. Und abtransportieren wird man dich auch erst morgen früh können. Kommst du mit, Julian, wir holen eine Decke, um ihn zuzudecken, damit keine Krähe oder ein anderes Tier kommt."

Gleich darauf kamen die beiden mit zwei grauen Pferdedecken zurück. Sie legten die Wolldecken über das Pferd und schoben sie etwas unter die Hufe. Steffi pflückte am Rand der Koppel ein paar blaßlila Kleeblüten und legte sie auf den Kopf des Pferdes.

„Jetzt bist du im Pferdehimmel, Schorschi", sagte sie mit erstickter Stimme. „Bei meiner guten alten Nora. Wir werden immer an euch denken."

„Es tut mir so leid, Herr Alfons", sagte Steffis Mutter. „Ich habe ihn gerade noch, bevor er starb, fotografiert. Ich gebe Ihnen die Bilder. Doch jetzt können wir wohl nichts mehr tun?"

Alfons schüttelte den Kopf und ging langsam zum Hof zurück; er hatte einen guten Freund verloren.

Steffis Mutter kletterte erneut über den Zaun. Julian und Steffi folgten ihr. Dann gingen sie nach Hause. Sepp führte soeben die Pferde in den Stall. Auch er war betroffen, als er von Schorschis Tod erfuhr.

Steffi und Julian wuschen sich und zogen sich

um. Dasselbe tat Bettina. Dann fuhren sie mit dem Wagen zum neuen *Hotel Staudinger Bräu.* Viele Autos waren davor geparkt.

„Steffi, verzeih, aber mir ist wirklich nicht nach Blasmusik und Tanz zumute", sagte plötzlich ihre Mutter.

Steffi drückte ihren Arm. „Glaubst du etwa mir? Oder Julian? Ich sollte nur wenigstens Daddy Bescheid sagen ..."

Bettina hielt sie zurück. „Sage ihm, wenn er mag, können wir ja noch in einem stillen Gartenlokal für eine halbe Stunde zusammensitzen."

Steffi nickte und lief in den Biergarten.

Unter den Kastanienbäumen spielte eine Trachtenkapelle; in einer Ecke wurde gegrillt. Auf einem langen Tisch war ein großes Buffet aufgebaut. Endlich entdeckte sie an einem runden Tisch Babuschka und die Sündermanns, ihren Vater, Frau Dr. Töpfer und den Hausinger Bauer. Als ihr Vater sie erblickte, machte sie ihm ein Zeichen, er möge zu ihr kommen. Er drängte sich sofort durch das Gewühl.

„Was gibt's denn, Steffi? Wieso bist du allein, wo ist Julian? Und Mama? Es ist doch nichts passiert? Du siehst ja so blaß aus!"

Steffi umarmte ihren Vater und schluckte. „Es ist

schon etwas passiert, Daddy. Der alte Schorschi ist gestorben, einen Augenblick, nachdem Mama ihn fotografiert hat. Wir waren dabei, Julian und ich. Und mit Alfons zusammen haben wir ihn zugedeckt, weil er doch erst morgen abgeholt wird."

„Und nun wollt ihr nicht hierher in den Rummel kommen, nach all dem, was passiert ist. Ich verstehe das, Steffi. Dann laß uns gehen, okay?"

„Sie warten draußen, im Auto", sagte Steffi, als sie Hand in Hand mit ihrem Vater dem Ausgang zustrebte.

„Mama meinte, wenn wir einen ruhigen Biergarten fänden oder ein Café, könnten wir noch eine halbe Stunde zusammensitzen."

„Aber ja doch, natürlich", sagte Steffis Vater. „Ich hätte freilich Sebastian Bescheid sagen sollen, aber was soll's. Und der Hausinger erfährt von alledem noch früh genug, wenn er heimkommt. Wir würden ihm das Fest nur verderben."

Steffi winkte ihrer Mutter, die ihnen mit Julian entgegenkam.

„Ach, Tom! Das arme Pferd ...", sagte sie bedrückt.

Und Tom legte ihr tröstend den Arm um die Schultern. Dann gingen sie zum nächsten Biergarten, der heute verständlicherweise wenig besucht war.

„Es ist wie damals, mit Nora", sagte Steffi. „Da hast du mir versprochen, daß ich ein eigenes Pferd bekomme. Ich habe aber Nora trotzdem nie vergessen."

„Und Schorschi vergessen wir ebensowenig", sagte Julian und putzte sich erneut die Nase. „Niemanden, der tot ist."

„Natürlich nicht." Tom drückte ihm die Hand. „Für uns leben sie alle weiter. Alle, Julian. Doch jetzt habt ihr sicher Durst. Vielleicht auch Hunger. Manchmal, Bettina, könnte man fast vergessen, daß wir geschieden sind. Findest du nicht auch, Steffi?"

Sie nickte und wünschte sich, alles wäre wie früher.

Rory

Onkel Karl kam pünktlich, um Sebastian, Mareike, Julian und Flori abzuholen. Er trug seine Reithose und Stiefel.

„Möglicherweise muß ich ja das Pferd, das ihr euch aussucht, auf seine Tauglichkeit hin prüfen", sagte er. Und Mareike flüsterte Julian zu: „Was hat er bloß? Er sieht so müde und blaß aus?"

Als Sebastian, der vorn auf dem Beifahrersitz saß, während der Fahrt vom Tod des alten Schorschi erzählte, seufzte Herr Köninger. „Und ich habe im Morgengrauen meinen guten alten Hund, den Nero, begraben. Als ich gegen Morgen erwachte, lag er wie immer neben meinem Bett, doch er atmete nicht mehr."

Mareike stiegen Tränen in die Augen. Sie wußte, daß Onkel Karl den schwarzen Riesenschnauzer schon als Welpen aus einem Zwinger geholt hatte und daß er oft gesagt hatte, Nero sei sein ältester und treuester Freund.

Sebastian erklärte ihm den Weg zum Pachner-Hof. Bald verließen sie die Autobahn, es ging durch Kufstein hindurch, und dann führte eine Landstraße zwischen grünen Wiesen entlang. Es ging leicht bergauf, und hinter dem nahen Wald ragte das Gebirge in den leicht bezogenen Himmel.

„Dort!“ rief Flori aufgeregt. „Das ist es, ganz bestimmt, dort sind Pferde!“

„Haflinger“, berichtigte Mareike ihn. „Alles nur Haflinger.“

„Natürlich, Pachner ist ja ein bekannter Haflinger-Züchter“, sagte Onkel Köninger. Vor dem Waldstück mit seinen tiefgrünen Fichten und Tannen lag ein großer Hof, umgeben von Wiesen und Koppeln. Und auf den Koppeln tummelten sich die hellmähnigen, hellbraunen oder fuchsfarbenen Haflinger.

Das große schmiedeeiserne Tor, in dessen Flügel sich jeweils ein großes Edelweiß mit einem „H“ befand, das für Haflinger stand, öffnete sich wie von Zauberhand von selbst. Und dann fuhr Karl Köninger langsam in den großen Hof hinein, den das Gutshaus und viele Stallungen umgaben.

Die Boxen hatten alle eine Tür zum Hof, und ein paar wiehernde Pferdeköpfe schauten neugierig über die nur zur Hälfte geschlossene Tür in den Hof. Zwischen den Türen hingen Kästen mit Geranien.

Aus dem Wohnhaus kam ein Mann mit graumeliertem Kinnbart, in lederner Bundhose, einen zerknautschten, alten Trachtenhut auf dem Kopf. Drei schwarze Neufundländer liefen um ihn herum. Zwei von ihnen waren groß und kräftig, der dritte war noch kein Jahr alt und verspielt und tapsig.

„Was für herrliche Hunde!“ sagte Herr Köninger leise, als er ausgestiegen war.

„Da sind Sie ja, herzlich willkommen“, sagte der Pferdezüchter.

Die Männer machten sich miteinander bekannt; Sebastian stellte die Kinder vor.

Herr Köninger tätschelte den Welpen. „Der ist noch kein Jahr, stimmt's?“

„Genau zehn Monate ist er. Doch leider werde ich mich über kurz oder lang von ihm trennen müssen, obwohl ich ihn gern behalten hätte. Aber er rauft viel mit seinem Vater. Und auch bei der Hündin hört die große Liebe für ihre Jungen auf, wenn sie nicht mehr gesäugt werden.“

Im Haus war es angenehm kühl. Alte Truhen und Bauernschränke standen im Flur, und Julian und Steffi studierten aufmerksam die alten Stiche und Fotos von Pferden, die überall an den Wänden hingen.

Dann erschien Marianne, die Tochter des Pferdezüchters. Mareike gefiel das schlanke Mädchen in Reithosen auf Anhieb. Sie nahmen auf der Terrasse Platz, und Marianne tischte Brote mit Tiroler Speck und Apfelsaft auf. Von der Terrasse aus hatten sie einen herrlichen Ausblick auf die Koppeln mit den Pferden.

Herr Pachner lehnte sich in seinem Sessel zurück. „Da sehen Sie meine Pferde, ein paar sind in den Boxen geblieben. Ich weiß nicht, ob Sie wissen, daß es derzeit in Tirol allein über dreitausend Haflinger gibt", sagte er und tätschelte seine Hunde, die neben ihm saßen.

Einer der Wallache, der etwas dunkler war als die anderen und eine besonders dichte Mähne hatte, gab sich besonders selbstbewußt. Ein paarmal war er allein den Koppelzaun entlang galoppiert, doch jetzt stellte er sich an den Zaun und warf den Kopf hoch, wieherte und blickte Herrn Pachner auffordernd an.

„Also, wenn es nach mir ginge", sagte Mareike und stand auf, „dann hätte ich am liebsten diesen da mit der dichten Mähne."

Herr Pachner stand ebenfalls auf. Er schlug Mareike freundschaftlich auf die Schulter. „Da schau einer her, Madl. Mal hören, was der Bub, der

Julian, dazu meint?"

„Ich würde das gleiche sagen wie Mareike. Erlauben Sie, daß ich ihm einen Zucker gebe? Ich möchte es nämlich einmal aus der Nähe ansehen und anfassen ..."

„Ausnahmsweise", erlaubte der Pferdezüchter. „Jeder darf das nicht. Ihr habt einen guten Blick, ihr zwei. Aber ihr habt ja daheim Pferde, wie ich weiß, und darunter auch Haflinger.

Sebastian war ebenfalls aufgestanden. Er berichtete, wie sie zu den Pferden gekommen waren.

„Dann gehört der Robertino, den du Tino nennst, also jetzt dir, Julian?" fragte Herr Pachner. „Dort rechts, hinter dem Fohlen steht sein Vater, Roberto, mein Deckhengst. Die Wallache, auch der mit der dichten Mähne, das sind alles seine Söhne. Die drei da drüben sind angeritten, freilich noch nicht fertig ausgebildet, doch vielversprechende, gutwillige Pferde. Der ganz helle Wallach mit dem Stern ist fünfjährig, auch der fuchsfarbene, der eben galoppiert. Die sind beide schon zugeritten."

Julian hörte nur mit halbem Ohr hin. Er stand am Koppelzaun, fuhr dem Pferd mit der dichten Mähne und den lebhaften Augen, das ihm so gut gefiel, liebevoll über den Kopf. Erst nach einer

Weile gab er ihm den Zucker, und fast übermütig schnappte der Wallach danach.

„Er ist richtig verspielt", stellte Julian fest.

Mareike drückte den Arm des Jungen. Sie hoffte so sehr, daß es dieses Pferd sein würde, das Sebastian kaufte. „Ich finde, er ist der Schönste", gestand sie. „Aber warum, kann ich schlecht erklären."

Herr Pachner aber legte Julian und Mareike eine Hand auf die Schultern. „Die Kinder", sagte er, Sebastian und Herrn Köninger zugewandt, „haben ein gutes Gespür für Pferde. Der Rory ist nicht nur der Schönste; es hat auch eine besondere Bewandtnis mit ihm. Eigentlich wollte ich ihn als Zuchthengst verwenden; er stammt nämlich von einer besonders schönen Stute ab, und zur Hengstkörung wurde er als vorbildlich befunden. Leider war ihm kein Zaun zu hoch, um zu den Stuten zu gelangen, und das war sein Pech. Denn einen Zaun schaffte er nicht ganz und hat sich dabei ziemlich verletzt. Leider mußte er kastriert werden."

Auf einen Wink ihres Vaters hatte Marianne Sattel und Trense für Rory geholt. Das Pferd wurde in die offene Reitbahn hinter den Stallungen geführt, und Herr Pachner blickte sich um. „Soll Marianne ihn vorstellen? Oder möchten Sie, Herr

Köninger, ihn selbst ausprobieren? Denn ich sehe, Sie haben sich darauf vorbereitet."

Karl Köninger überlegte. „Um ehrlich zu sein, ich würde gern aufsitzen. Okay, ich probiere ihn aus. Aber, Sebastian, wenn ich mit ihm klarkomme, bin ich der Meinung, Mareike oder Julian sollten noch sehen, ob sie mit ihm fertigwerden."

Sebastian nickte und lehnte sich auf die Umzäunung der Reitbahn. Julian beobachtete genau, welche Hilfen sein Onkel Rory gab. Das Ganze wirkte leicht, spielerisch.

„Sebastian, bitte sage du auch, daß er schön ist, der Rory!" bat Julian. „Er würde sich mit Sandokan und Coriolan bestimmt gut vertragen, auch mit den Stuten und den Fohlen."

„Ich bin sicher, er ist nicht nur schön, sondern ein ganz liebes Pferd", fuhr Mareike fort.

„Klar nimmt Sebastian den. Wir sind doch alle dafür, oder?" sagte Flori und grinste verschmitzt.

Herr Köninger hatte seinen kurzen Galopp beendet; er hielt an und glitt aus dem Sattel.

Mareike gab sich einen Ruck und sagte: „Ich bin dafür, daß Julian jetzt aufsitzt. Er kommt mit Coriolan klar, und das will bestimmt etwas heißen. Ich weiß, er reitet besser als ich."

Als Julian im Sattel saß, hatte er genau das gleiche

Gefühl wie damals, als er das erste Mal Coriolan geritten hatte. Er klopfte dem Wallach den Hals und fuhr ihm über die Mähne. „Ich mag dich, Rory. Du würdest es sicher schön finden bei uns. Wollen wir mal antraben?"

Der Wallach reagierte sofort. Er hatte einen ganz weichen Trab, auch als Julian nach der ersten Runde die Bewegungen des Pferdes aussaß. Als er dann aber angaloppierte und Rorys Mähne im Sommerwind wehte, überkam ihn ein unbeschreibliches Glücksgefühl.

„Julian scheint gut mit ihm fertigzuwerden", sagte Sebastian. „Sie müssen wissen, Herr Pachner, Julian lebt erst seit ein paar Wochen bei uns, seit seine Eltern mit dem Auto tödlich verunglückten. In Berlin ist er zuvor nie geritten. Aber er versteht es wie kein anderer mit den Pferden. Sogar auf den Vollblüter seines Onkels, den Coriolan, hat er sich ohne weiteres gewagt."

Julian hielt an. „Du kannst mir glauben, Mareike, das ist ein ganz lieber Bursche", rief er. „Bitte, Sebastian, laß es Mareike auch noch versuchen. Nur damit du ganz sicher bist, daß es das richtige Pferd ist!"

Mareike gestand sich ein, daß sie Herzklopfen hatte. Doch der Wunsch, dieses muntere, gutwillige und schöne Pferd mit nach Hause zu nehmen, war stärker. Sie schwang sich in den Sattel und nahm die Zügel. Sie trieb den Wallach an, nicht zu stark, doch so, daß er begriff. Und dann ging alles wie von selbst. Sie konnte es kaum fassen, daß sie dieses Pferd, das fast zu erraten schien, was sie wollte, noch nie geritten hatte. Als sie galoppierte, löste sich das Band, das ihre roten Haare zusammenhielt, und sie flatterten ebenso im Wind wie Rorys Mähne. Strahlend sprang sie ab, als sie ihn zum Stehen gebracht hatte.

„Herrlich, Sebastian! Habe ich recht, Onkel Karl? Du hast ihn doch auch ausprobiert. Reitet er sich nicht wunderbar?“

Sebastian drückte Julian und Mareike an sich, und er nickte Flori zu. „Okay also. Ich sage ja zu Rory. Ich hoffe nur, mit eurer Begeisterung habt ihr den Preis für diesen prächtigen Burschen nicht in die Höhe getrieben.“

Doch Herr Pachner lachte. „Sie bekommen Rory zum gleichen Preis, den ich für die beiden anderen, ebenfalls zugerittenen Fünfjährigen verlangt hätte. Denn jedem hätte ich Rory nicht gegeben. Gerade bei ihm ist es mir wichtig zu wissen, daß er in die richtigen Hände kommt. Schlagen Sie ein, wie das beim Pferdekauf so üblich ist. Und lassen Sie uns ins Haus gehen und den geschäftlichen Teil erledigen. Marianne bringt Rory inzwischen in den Hof. Doch ehe er Ihren Pferdeanhänger besteigt, gibt es für Sie, Herrn Köninger und die Kinder auf der Terrasse noch einen Apfelstrudel mit Vanillesauce, Kaffee, Kakao und ein Stamperl Marillenschnaps."

„Und Sattel und Trense, bekomme ich die auch bei Ihnen?" wollte Sebastian wissen.

„Das bekommen Sie gratis", versicherte der bärtige Mann. „Seine Kinder entläßt man ja auch als guter Vater nicht nackt und bloß hinaus ins Leben."

Mit Onkel Köninger betrachteten Julian, Flori und Mareike inzwischen die anderen Pferde, ehe sie sich wieder in den Schatten der Markise begaben und auf der Terrasse Platz nahmen.

Marianne erschien mit einem vollbeladenen Servierwagen.

Als Sebastian mit Herrn Pachner zurückkam, führte Sebastian den jungen Neufundländer an der Leine. Er ging mit dem schönen Tier auf Karl Köninger zu und drückte ihm die Leine in die Hand.

„Karl, ich würde mich sehr freuen, wenn Sie den Burschi als ein Geschenk annehmen wollten", sagte Sebastian. „Herr Pachner hat mir nämlich Burschi auf meine Bitte hin verkauft, nachdem ich ihm erzählt habe, daß Sie heute früh Ihren guten alten Nero begraben mußten. Ich mußte mich gar nicht erst verbürgen, daß Burschi sich keinen besseren Herrn wünschen könnte. Außerdem kommt er wieder zu Pferden. Und wir alle möchten Ihnen so gern zu einem neuen guten Freund verhelfen."

„Gott sei Dank", flüsterte Flori. „Er hat mir ja so leid getan, er hat doch Nero so furchtbar gern gehabt."

Burschi blickte Herrn Köninger aufmerksam an, und dieser strich sanft über den Kopf des Hundes. Da setzte sich Burschi neben den Stuhl seines neuen Herrn, und er ließ ihn nicht mehr aus den Augen.

„Also dann, mein Guter, auf lange und gute Freundschaft. Du wirst dich stets auf mich verlassen können", sagte Herr Köninger. „Ich würde mich freuen, Herr Pachner, wenn Sie gelegentlich bei mir vorbeikommen, um sich davon zu überzeugen, daß es Burschi gut bei mir geht."

Eine halbe Stunde später brachen sie auf. Sebastian fuhr den Wagen mit dem Pferdetransporter, in dem Rory stand. Burschi lag zu Füßen seines Herrn, der auf dem Beifahrersitz Platz genommen hatte. Hinter ihnen saßen Julian und Mareike, die

Flori in die Mitte genommen hatten und sich immer wieder nach dem Pferdeanhänger umschauten, in dessen kleinem Fenster man Rorys Kopf erkennen konnte.

„War das ein schöner Tag!" sagte Flori und seufzte zufrieden. Und Julian und Mareike nickten sich zu.

Steffi hatte währenddessen alle Schulaufgaben erledigt. Mareike brauchte sie nur abzuschreiben. Aber Steffi hatte auch die Aufgaben für Julian und Flori vorbereitet, denn sie ahnte, daß den beiden nach einem so aufregenden Tag bestimmt der Sinn nicht nach Aufsätzen und Rechenaufgaben stand. Sie hatte auch sämtliche Betten frisch bezogen und Kaffee aufgesetzt, so daß Kathinka, als sie von ihrem Töpferkurs nach Hause kam, voll des Lobes war.

Gemeinsam tranken sie den Kaffee, und Sepp, der sich für einen Augenblick zu ihnen auf die Hausbank setzte, meinte: „Sie hat geackert wie eine Wilde, die Steffi, damit sie fertig wird, ehe die anderen zurückkommen. Und die Pferde geputzt haben wir auch noch nach der Mittagspause."

Plötzlich begannen Bim und Asco zu bellen und jagten zum Tor. Dann hörte man Motorengeräusch. Sepp öffnete das Gartentor, Steffi sprang ebenfalls auf, und auch Kathinka stellte die Kaffeetasse ab.

„Jetzt bin ich aber neugierig auf unser erstes eigenes Pferd“, sagte Kathinka.

Sebastian fuhr den Wagen mit dem Pferdetransporter in den Hof, sprang aus dem Wagen und öffnete die Klappe des Anhängers. Während er Rory langsam herausführen wollte und dabei beruhigend auf das neue Pferd einredete, eilten Julian und Mareike auf Steffi zu.

„Rory heißt er, und er läßt sich fabelhaft reiten“, rief Julian.

„. . . und lieb ist er und munter und sooo schön!“ schwärmte Mareike.

Kathinka wurde von den beiden stürmisch umarmt. Sepp versuchte, Rory am Halfter zu fassen, als auch Tom laut hupend in den Hof fuhr.

Noch ehe Steffi das Tor schließen konnte, kam der neue Haflinger auf sie zugelaufen und wieherte hell. Dann donnerte er an ihr vorbei und jagte die schmale Straße entlang zur Hauptstraße. Sebastian fluchte, Tom sprang aus dem Wagen, und Mareike und Julian starrten mit verzweifelten Gesichtern hinter Rory her.

Sepp bestieg sein Mofa, Sebastian ein Fahrrad. „Wir nehmen auch unsere Räder“, sagte Mareike entschlossen. „Es ist ja nicht auszudenken, was Rory auf der Straße alles zustoßen kann!“

Plötzlich war Steffi nur noch mit Onkel Köninger im Hof. Er zeigte ihr stolz den jungen Neufundländer. „Steffi“, sagte er und drückte ihr die Hundeleine in die Hand. „Einer von uns muß hierbleiben und die Stellung halten. Ich sattle rasch Coriolan – der ist ja besonders schnell – und reite über den Hausinger-Hof hügelaufwärts. Vielleicht schneide ich Rory den Weg ab, falls er nicht nach Dießen bergabwärts läuft . . .“

Bim und Asco folgten ihm. Steffi nahm den jungen Neufundländer mit auf die Koppel, wo die Stuten und Fohlen friedlich weideten. Sie setzte sich ins Gras und schlang den Arm um den Hund.

„Wer bist du denn?“ fragte sie und legte ihr Gesicht an sein glänzendes schwarzes Fell.

„Gehörst du jetzt zu Onkel Karl? Hat er dich vom Pachner-Gestüt mitgebracht? Ich weiß noch nicht einmal, wie du heißt. Hoffentlich kommt das Pferd heil zurück. Sicher wollte er sich nach der langen Fahrt etwas austoben. Dann hat Daddys Hupe ihn erschreckt, und er ist auf und davon.“

Steffi erhob sich wieder. Sie ging auf Sheila zu, und der Hund folgte ihr. Wenn er vom Pachner-Hof stammte, dann war er ja wohl auch Pferde gewohnt, dachte Steffi. Sie streichelte Sheilas Kopf und dann Afras samtenes Maul.

Plötzlich rieb sie sich die Augen, denn sie glaubte zu träumen. Dort, genau dort, wo noch am Morgen der tote Schorschi gelegen hatte, stand ein Haflinger. Und es gab gar keinen Zweifel, es war Rory. Er blickte zu den Stuten hinüber und wieherte herausfordernd und hell. Die Stuten hoben den Kopf. Und jetzt setzte der schöne, kräftige Wallach an und war mit einem Sprung über den Koppelzaun.

Steffi starrte auf das fuchsfarbene Pferd mit der dichten Mähne, das jetzt hügelabwärts gelaufen kam.

Der Hund winselte freudig. Er riß sich los und jagte mit der Leine dem Haflinger entgegen. Natürlich, die mußten sich ja kennen, dachte Steffi. Natürlich kannten sie sich vom Pachner-Hof her.

Der Wallach war nur noch wenige Meter von Steffi entfernt, und sie handelte ganz instinktiv. Sie dachte nicht lange über das nach, was sie tat, und ob es richtig war. Sie sagte mit sanfter Stimme: „Rory, komm! Ich habe ein Stück Zucker für dich!“ Gleichzeitig holte sie den Zucker aus ihrer Hosentasche und näherte sich langsam dem Pferd, das erst den Hund begrüßte und jetzt ihr vertrauensvoll entgegenblickte. Steffi berührte sein weiches Maul, reichte ihm auf der flachen Hand das Zuckerstück, und als Rory danach schnappte, faßte sie das Pferd am Halfter.

„Du bist ein ganz lieber Bursche", sagte Steffi so sanft sie konnte. „Du machst es mir ja wirklich leicht. Komm, ich führe dich auf deine neue Koppel. Ich glaube zwar, du möchtest lieber zu Sheila und Afra und zu den Fohlen, doch das möchte ich allein nicht riskieren. Womöglich keilen sie nach dir aus. Da müßt ihr euch schon erst mal besser kennen."

Sie ließ den neuen Haflinger auf die jetzt leere Koppel und schloß erleichtert das Gatter.

Rory blickte ihr nach, als sie sich entfernte, um für die Pferde Möhren zu holen.

Nachdem sie alle gefüttert hatte, hätte sie gern ihr Rad genommen, um den anderen nachzufahren, die auf der Suche nach Rory waren. Doch sie mußte sich um Onkel Köningers Hund kümmern. So schloß sie das Hoftor. Endlich kam Sebastian zurück.

„Er ist da, Sebastian, er ist da!" jubelte Steffi ihm entgegen. „Er stand plötzlich auf Schorschis Koppel, genau an der Stelle, wo Schorschi gelegen hatte. Und dann ist er einfach über den Zaun gesprungen, weil er Sheila, Afra und die Fohlen auf der Koppel sah!"

„Und wo ist er jetzt?" fragte Sebastian aufgeregt.

„Ich habe ihn auf die leere Koppel gebracht. Der Hund hier und Rory haben sich schon ausgiebig begrüßt."

„Klar doch, die kennen sich ja auch bestens. Ist er dir von selbst auf die Koppel gefolgt?"

„Ja. Ich habe ihn nur am Halfter geführt."

Nach und nach kehrten die anderen von der Suchaktion zurück. Daddy und Onkel Karl glitten aus den Sätteln, Sepp stellte den Motor seines Mofas ab, die Fahrräder wurden an die Wand gelehnt, und alle liefen zur Koppel. Steffi behielt den Neufundländer bei sich, bis Onkel Köninger sich überzeugt hatte, daß Coriolan und auch Sandokan nichts gegen Rorys Anwesenheit einzuwenden hatten. Dann wurden die Pferde in die Boxen geführt, und Steffi übergab Burschi wieder seinem neuen Herrn.

Herr Köninger verabschiedete sich. Er stieg in den Wagen mit dem leeren Pferdeanhänger, und Burschi sprang auf den Rücksitz.

Steffi stand noch lange vor der Box, in der nun Rory seinen Platz gefunden hatte. Sie sah zu, wie ihm das Futter schmeckte. Dann ging sie zu den anderen ins Haus. „Ich kann euch gar nicht sagen, was das für ein Gefühl war, als Rory da oben stand, wo gestern Schorschi gelegen hat. Ich dachte, ein Wunder ist geschehen."

„Vielleicht war es eines", sagte ihr Vater. „Wer kann das so genau wissen? Im übrigen: Kathinka bittet zum Abendessen."

Das Reiterfest

„Sebastian hat angerufen", berichtete Kathinka am nächsten Tag beim Mittagessen. „Und er läßt euch sagen, wenn Sepp dabei ist und einer von euch auf Rory reiten möchte, dann hat er nichts dagegen."

Am Nachmittag ritt erst Julian, dann Mareike Rory, doch nicht länger als zehn Minuten. Dann durfte Steffi aufsitzen.

„Kinder, ist das ein herrliches Gefühl, daß Rory jetzt zu uns gehört! Wenn er auch so brav trägt und ihr schon am ersten Tag mit ihm umgeht, als sei er schon lange bei uns, dann wird er hoffentlich auch mich bald im Sattel dulden", meinte Kathinka. „Sebastian möchte ihn am Abend ausprobieren."

Am späten Nachmittag kam Trille mit Bini,

erschienen Wastl und Karli, dem man kaum mehr ansah, daß er die halbe Nacht wegen Schorschi geweint hatte. Es wurde auf Sheila voltigiert, und dann holte sich Julian Coriolan noch für eine Weile auf die Reitwiese. Doch als er Sebastian in den Hof kommen sah, führte er Coriolan auf die Koppel zurück. Gleich darauf erschien Sebastian in Reithose und Stiefeln. „Also", rief er Sepp zu, der ihn schon erwartete. „Packen wir's."

Sepp half Sebastian aufsitzen, denn beim ersten Versuch hatte er Rory mit der Fußspitze unter dem Bauch gekitzelt, und Rory schlug aus. Sebastian aber lag im Gras und rappelte sich lachend wieder hoch. Sepp schnallte inzwischen den linken Steigbügel länger. Diesmal klappte es, und als Sebastian gut im Sattel saß, wurde der Steigbügel wieder verkürzt. Dann ritt Sebastian eine Weile im Schritt.

Steffi, Julian, Kathinka und Mareike lehnten an der Umzäunung und schauten ihm zu.

Sebastian geriet langsam ins Schwitzen, aber er hielt sich tapfer. Tom korrigierte seinen Sitz. Er bat ihn, noch eine Weile im Schritt zu reiten und dann abzusitzen. Dann schwang er sich aus dem Sattel und holte einen Zucker zur Belohnung für Rory aus der Hosentasche.

Später, als die Pferde wieder in ihren Boxen

standen, ihr Futter hatten und Sebastian nach dem heißen Bad das Wohnzimmer betrat, kam Onkel Köninger vorbei. Burschi sprang aus dem Wagen und begrüßte zuerst Steffi, dann Bim und Asco.

Onkel Köninger öffnete den Kofferraum. Er holte einen Kasten Bier und einen mit Limonade heraus.

„Wenn ich mich schon bei euch einlade", sagte er, „so darf ich doch wenigstens etwas beisteuern. Und euch allen nochmals von Herzen Dank für Burschi", sagte er. „Ihr wißt wirklich, was einem alten, etwas einsamen Mann guttut."

„Aber das haben wir doch gerne getan, Onkel Karl", hieß es.

Julian schob die Hand unter den Arm seines Onkels. „Wenn du einmal tagsüber kommst, dann möchte ich, daß du mir ehrlich sagst, wie du findest, daß Coriolan und ich zurechtkommen."

Der grauhaarige Mann lächelte. „Ich bin sicher, großartig."

Und damit hatte er recht. Das wußten sie alle.

Morgens waren die Wiesen noch feucht und in Nebelschleier gehüllt. Der Herbst kündigte sich an. Es hatte sich eingebürgert, daß Sebastian jetzt meistens als erster im Stall war.

„Unser Rory muß mich doch richtig kennenlernen“, sagte er manchmal. „Zumal ich tagsüber nicht zu Hause bin.“

Auf die Koppel brachte Sepp die Pferde später, wenn das Gras nicht mehr so feucht war. Doch heute, am Sonnabend, war keine Schule. Es gab ein geruhsames Frühstück, und erst danach wurden die Pferde auf die Koppeln gelassen. Kathinka fuhr zum Einkaufen in den Ort. Tom und Sebastian misteten aus, damit Sepp auch mal einen freien Tag hatte. Doch der werkelte trotzdem in der Futterkammer herum, fettete die Sättel und Trensen, damit das Leder geschmeidig blieb. Steffi und Mareike schnitten Gemüse und setzten eine Suppe auf. Und Flori und Julian waren zum Hausinger-Hof geradelt, wo mit der Errichtung des großen Pferdestalles bereits begonnen worden war.

Als sie alle am Mittagstisch saßen, hörten sie im Hof Fahrradklingeln, und Julian und Flori stürmten herein, gefolgt von Bim und Asco.

„Hallo, wißt ihr schon das Neueste?“ stieß Flori hervor. „Der Hausinger-Bauer hat ein Pferd gekauft! Ihr werdet es nicht glauben, auch einen Haflinger. Er sagt, er wollte einen Ersatz für Schorschi haben. Sonst müßte er ewig an ihn denken. Außerdem will er, daß der Karli sein eigenes Pferd hat und nicht immer zum Reiten zu uns kommen muß."

„Es ist ein kräftiger Wallach, acht Jahre alt, hellbraun und sehr brav", verriet Julian. „Ich habe ihn schon geritten. Dann ist Karli aufgesessen. Und der Hausinger hat gemeint, wir könnten beinahe ein Turnier veranstalten!"

Steffi hob den Kopf, blickte Mareike an, dann Daddy.

Und schließlich redeten sie alle durcheinander. „Ja, warum denn nicht?" – „Der Hausinger hat recht!" – „Aber wir haben doch keine Ahnung von Turnieren!" – „Blödsinn, eben einfach ein Reiterfest."

Ein Reiterfest. Ja, das war eine glänzende Idee. Und zwar bald, noch bevor die Herbststürme kamen.

„Eine große Reitwiese haben wir ja", sagte Tom. „Ihr könntet voltigieren, im Zirkel reiten, durch die Bahn wechseln. Ich kümmere mich um die Musik dazu. Kassettenrecorder mit Verstärker."

„Und eure Freunde könntet ihr einladen", schlug Kathinka vor. „Und wir die unseren. Bini könnte auch teilnehmen, ebenso Trille und Wastl. Und natürlich Karli mit seinem neuen Pferd. Wie heißt es denn überhaupt?"

„Hansi. Und er steht in der Box neben der von Schorschi."

Kathinka winkte Steffi und Mareike, die leeren Suppenteller abzuräumen und die Glasschale mit dem Apfelkompott zu bringen.

„Wenn ihr mich fragt, also ich halte das für einen tollen Einfall. Es wird natürlich kein richtiges Turnier werden. Aber wir könnten trotzdem Preise aussetzen", meinte Steffi.

„Und wer ist der Schiedsrichter? Auf den können wir nicht verzichten", fragte Sebastian.

„Den macht der Sepp", bestimmte Tom. „Denn Sie, Sepp, verstehen doch als alter Kavallerist am meisten von der Reiterei."

Der alte Mann schüttelte den Kopf. „Bestimmt nicht. Ich würde den Herrn Köninger vorschlagen. Der kennt sich mit Turnieren ebensogut aus wie mit Rennen und mit allem, was die Pferde betrifft. Ich kümmere mich lieber darum, daß alles klappt. Daß es keine Stürze gibt, auch keine zu langen Pausen. Freilich, aus ein paar Stangen, rotweiß angemalt, könnten wir schon Hindernisse machen. Damit wäre schon mal ein Anfang gemacht."

„Aber ein paar Einladungen solltet ihr schreiben", schlug Kathinka vor. „Vielleicht sollten wir auch Herrn Pachner einladen? Und natürlich unsere

Tierärztin. Onkel Köninger natürlich und die Staudingers. Und selbstverständlich Steffis Mutter, okay?"

„Ja, sicher, Bettina auch", sagte Tom. „Hoffentlich ist sie zu dem Zeitpunkt überhaupt da. Aber wann soll das Fest denn stattfinden?"

„Nächstes Wochenende", riefen Steffi und Julian, Flori und Mareike gleichzeitig aus.

„Ich bin auch dafür, es sobald wie möglich abzuhalten", sagte Sebastian und stand auf, denn er wollte mit Tom den Entenstall noch fertigmachen.

„Postkarten haben wir im Haus? Gut, dann schreibt nachher die Einladungen: Kommenden Samstag großes Reiterfest. Oder lieber ein kleines? Beginn vierzehn Uhr. Und wir Eltern stiften die Preise."

„Wir können ja auch an die Sparschweine gehen", schlug Mareike vor. „Es muß ja nichts Teures sein. Buntstifte, Farbkästen, Kartenspiele vielleicht."

Kathinka aber notierte bereits, was man den Gästen auftischen könnte: heiße Würstchen mit Senf und Semmeln, Eiscreme in Portionsbechern, Limo und Bier. Sie ging sofort ans Telefon, um ihren Freunden das Reiterfest anzukündigen. Und es war keiner dabei, der nicht kommen wollte.

★

„Aufwachen, du Faulpelz!“ Mit diesen Worten weckte Steffi Mareike. „Es ist blauer Himmel, und die Sonne scheint. Was haben wir für ein Glück!“

Dann gab es den ganzen Vormittag über Arbeit, doch keinem war es zuviel. Tom hatte mit Sepp die rotweiß bemalten Stangen für die „Cavaletti“, die ganz harmlosen Hindernisse, in die Mitte der Reitwiese geschleppt. Wimpel und Fähnchen in den blauweißen Landesfarben schmückten das Eingangstor, die Koppelumzäunung und das kleine Podium, von dem aus Onkel Köninger als Schiedsrichter alles überblicken konnte.

Steffis Enttäuschung darüber, daß ihre Mutter ausgerechnet an diesem Wochenende in Paris sein mußte, war groß. Ihr Vater hatte ebenfalls ein enttäuschtes Gesicht gemacht. Aber dann hatte er gesagt: „Da kann man nichts machen. Der Beruf geht nun einmal vor.“

Dann probierten sie den Lautsprecher für die Ansagen aus. Die Preise für die einzelnen Reiter und die Rosetten für die Pferde lagen auf dem runden Tisch im Wohnzimmereck bereit.

„Was uns bei unserem Programm überhaupt noch fehlt, ist eine Schaunummer“, meinte Flori.

Ratlos blickten sich Julian und die Mädchen an.

„Was meint er damit, Sepp?“ fragte Julian.

Der alte Mann erzählte ihnen, daß es früher, als er noch bei der Kavallerie war, bei reiterlichen Vorführungen Gespanne mit herrlichen Pferden und Reiter in alten Kostümen gegeben hatte.

„Dann werden Karli und ich eine Schaunummer machen", rief Flori begeistert. „Er als Cowboy und ich als Indianer."

„Ob das reicht? Können wir uns nicht auch verkleiden?" fragte Steffi. „Daddy, was meinst du?"

„Ich glaube, zu euch paßt es besser, wenn ihr ganz einfach und normal das vorführt, was ihr könnt. Und glaubt mir, ihr braucht nicht nervös zu sein. Herr Pachner kann leider nicht kommen. Und die Staudingers und Hausingers, der Metzger Huber und seine Frau, Babuschka und Onkel Köninger – das sind doch alles Freunde, gute Bekannte und Familie. Jetzt macht euch aber daran, die Pferde zu putzen. Und ich gönne Sandokan seinen Ausritt." Mit diesen Worten erhob sich Tom.

Sebastian stand ebenfalls auf.

„Und eine Überraschung habe ich parat. Aber die bleibt bis zu Beginn der Veranstaltung mein Geheimnis. Doch du, Mareike, du kannst ja Staudingers noch anrufen. Da der siebenjährige Ferdl mit seinem Pony auch teilnehmen will, frage ihn, ob er sich vielleicht auch als Cowboy, Indianer oder sonstwie verkleiden möchte."

Julian räumte mit Steffi den Tisch ab. Beide waren auffallend ruhig.

„Julian, ich glaube, ich weiß, was in dir vorgeht", sagte Kathinka, als sie das saubere Geschirr wegräumte und sich die Hände wusch. „Du wünschtest dir, daß deine Eltern heute dabei wären. Glaube mir, sie sind immer um dich. Und du, Steffi, laß den Kopf nicht hängen. Deine Mutter wäre bestimmt gern gekommen, aber sie kann nichts dafür, daß ausgerechnet jetzt in Paris die neue Sommermode gezeigt wird. Also auch du, Kopf hoch!"

Dann fuhr Kathinka nach Dießen, um einzukaufen. Die Mädchen aber striegelten und bürsteten die Pferde, kämmten Mähnen und Schweife und fuhren am Schluß mit Wollappen noch einmal über das Fell. Heute hieß es, den Vormittag über im Stall zu bleiben. Auf dem mit blauweißen Wimpeln geschmückten Reitplatz oberhalb der Koppeln wurden die rotweißen Stangen in die Halterungen gelegt. Es waren nicht wirkliche Hindernisse, denn sie befanden sich nur wenige Zentimeter über dem Boden. Aber unter Sepps Aufsicht hatten alle in der letzten Woche geübt, darüberzuspringen.

Als Flori von Karli Hausinger zurückkam, ging es auf Mittag zu. Kathinka rief die Mädchen und Jungen herbei, damit sie ihr beim Ausladen halfen. Sie mußten einen großen Korb Semmeln zu den gedeckten Tischen vor dem Gartenhäuschen tragen. Ebenso ein Gerät zum Warmhalten der Würstl, das der Metzger ihnen geliehen hatte. Ein paar Dutzend Portionen Eis befanden sich in einer Kühlbox. Und Sebastian schleppte einige Kästen mit Getränken herbei.

„Meine Reitkappe bekommt immer derjenige Reiter, der gerade in die Bahn reitet“, schlug Steffi vor. „Und am Anfang, wenn wir uns alle vor Onkel Köninger aufreihen, trägt keiner eine Kappe. Okay?“

Die Pferde waren erstklassig geputzt worden. Steffi gab zu, daß es ihr widerstehe, als einzige eine Reithose zu tragen. Sie wollte nicht aus der Reihe tanzen.

Doch Kathinka schüttelte den Kopf. „Bitte trage deine Reithose. Schon deiner Mama zuliebe.“

Nach dem Mittagessen herrschte in den beiden Badezimmern großes Gedränge. Frische Jeans und saubere Polohemden wurden angezogen, und Steffi zwängte sich in ihre Reithose, die inzwischen etwas bequemer geworden war. Wenn Kathinka nicht darauf bestanden hätte, hätte sie die Jeans genommen. Es sollte nur keiner denken, daß sie sich wichtig machen wollte.

Als erster ritt Karli Hausinger in den Hof, auf seinem Wallach, den der Hausinger-Bauer am Zügel führte. Den Matchsack mit Karlis Cowboyhut, einem Halstuch und einer Zündplättchenpistole trug er über der Schulter. Die Hausinger-Bäuerin kam hinterhergelaufen. Karli machte sein Pferd an einem Ring an der Stallmauer fest. Seine Ohren glühten vor Aufregung, und er zwinkerte Flori zu, dessen Indianerkopfschmuck bereits auf der Truhe im Flur bereitlag.

Karl Köninger war pünktlich. Er war ja der Schiedsrichter, während Tom, Kathinka und Sebastian das Festkomitee bildeten. Tom würde zudem noch durch einen Lautsprecher die einzelnen Programm-Nummern ansagen müssen. Sepp wollte sich darum kümmern, daß alle Pferde vorschriftsmäßig gesattelt waren und sicher zur Reitwiese gelangten. Nach mehrfachem Hupen fuhr der Wagen der Staudingers in den Hof.

„So ein großer Pferdeanhänger für ein kleines Pony!“ sagte Steffi zu Mareike. Doch als Ferdl Staudinger sein Pony in den Hof führte – ein hübsches, braunes, munteres Tier – folgte dem

Pony ein lebhafter, kräftiger Haflingerwallach mit hellbraunem Fell.

„Das ist ja Annian! Wer soll denn den reiten?“ rief Mareike.

Sebastian lachte. „Das war die Überraschung, von der ich gesprochen habe. Onkel Max kommt zu wenig zum Reiten im Augenblick. Sie haben mit dem Hotel noch zuviel zu tun.“

Max Staudinger, in lederne Bundhose und Janker gekleidet, führte den Wallach in eine leere Box.

„Bei euch haben die Rösser doch die Koppeln. Und da sie sich alle gut vertragen und auch die Afra bei euch ist, wird es auch mit dem Annian und dem Pony klappen. Und der Ferdl kann leicht mit dem Fahrrad zu euch fahren, wenn er sein Shetty reiten will.“

Max Staudinger winkte einem Jungen mit sonnengebräuntem Gesicht, der abseits stand und wartete.

„Und der Bertl hier, Kinder, das habe ich schon mit Sebastian besprochen, wird von jetzt an eurem guten Sepp Buchwieser mit den Pferden helfen, damit er durch unsere Rösser nicht noch mehr Arbeit hat. Bertl hat die Schule beendet und will eines Tages Pferdepfleger werden.“

Sepp winkte dem Jungen, mit in den Stall zu

kommen, damit er sich umsehen konnte. Und Max Staudinger fuhr halblaut fort: „Er war auf einer Sonderschule, der Bertl. Seine Mutter hat bei uns im *Gasthof Bräu* in der Küche gearbeitet. Sie ist vor zwei Jahren gestorben. Vielleicht schafft der Junge es eines Tages bis zum Bereiter. Schaut zu, daß ihr ihm das kleine, unbewohnte Zimmer in Sepps Dachwohnung nett herrichtet."

„Alles klar", versicherte Mareike und hätte am liebsten gleich mit der Arbeit begonnen. Doch jetzt kam die Tierärztin mit Trille und Bini, die später am Voltigieren teilnehmen sollten, und der Metzger Huber mit seiner Frau und dem Wastl, der ebenfalls voltigieren durfte.

Oben auf der Reitwiese ertönte Musik, denn Tom hatte eine Musikkassette in den Recorder eingelegt, die den Beginn des Reiterfestes ankündigen sollte. Onkel Köninger stieg auf das kleine Podium, die „Schiedsrichtertribüne", und Burschi nahm neben ihm Platz. Von der Koppel her schauten die Fohlen herüber, und alle Reiter ritten vorerst ohne Reitkappe in die Bahn, stellten sich vor dem Podium vor Herrn Köninger auf. Dann verließen die Reiter bis auf Julian, der Coriolan ritt, die Reitwiese. Sepp reichte Julian Steffis Reikappe, die er sich aufs Haar drückte, und Tom kündete den ersten Reiter an:

„Der erste Reiter ist Julian Köninger auf Coriolan. Er wird die Gangarten vorführen: Schritt, leichten Trab und schließlich Galopp!"

Dann ritt Julian an. Er nahm seinen ersten Auftritt sehr ernst. Als er die Bahn verließ, wurde ihm lebhafter Beifall zuteil, und Onkel Köninger nickte ihm voll Anerkennung zu.

Steffi nahm ihre Kappe entgegen und führte auf Sheila ebenfalls alle Gangarten vor. Sheila war lieb, gutwillig, leicht zu lenken. Steffi gab sich große Mühe, einwandfrei zu sitzen. Ihr fliegender Galoppwechsel klappte ohne einen Patzer. Und über die „Cavaletti" setzte Sheila auch einwandfrei hinüber.

Dann war Mareike auf Afra an der Reihe.

Karli Hausinger hatte rote Backen und rote Ohren, als er mit seinem Hansi, Steffis Reitkappe auf dem Kopf, in die Bahn ritt.

Dann gab es eine Pause, und Musik erklang. Und erst als Sepp Tom ein Zeichen gab, wurde es wieder still, und durch den Lautsprecher war zu hören: „Ferdl Staudinger, Karli Hausinger und Florian Sündermann zeigen uns eine Schaunummer. Ich bitte um Ruhe. Die Pferde, auf denen die jungen Reiter uns ihr Können zeigen, sind das Pony

Shetty, die Haflingerstute Sheila und der Wallach Hansi, ebenfalls ein Haflinger."

Als die drei Reiter jetzt bei Musik in die Bahn ritten, faßte Sebastian Kathinkas Arm, und Tom ergriff erneut den Lautsprechertrichter: „Ich muß mich korrigieren. Florian Sündermann reitet den Wallach Rory! Das ist allerdings auch für mich eine Überraschung!"

Steffi und Mareike rannten zur Wiese hoch. Sie waren zu spät gekommen, um Flori daran hindern zu können. Denn mit einem Schwung war er im Sattel gewesen und durch den Obstgarten hügelaufwärts getrabt, den Cowboyhut auf dem Kopf, ein rotes Halstuch um den Hals und die Spielzeugpistole in der Hand. Karli und der siebenjährige Ferdl, beide mit Indianerkopfschmuck, waren ihm gefolgt. Jetzt jagten die drei Jungen im Galopp über die Reitwiese, Ferdl auf seinem flinken Pony, Karli mit einer Wäscheleine, die zu einem Lasso gebunden war, und Flori hielt die Pistole in die Luft. Er rief ein paarmal Juchhe und schoß. Es ballerte, als seien es echte Schüsse, und Kathinka rief vergeblich: „Flori, laß den Unsinn, hör auf zu schießen!" Flori brachte den Wallach nicht mehr zum Stehen. Er stieg einmal, doch noch blieb Flori im Sattel, wenn auch etwas erschrocken. Rory galoppierte aber weiter, und im hohen Bogen flog Flori aus dem Sattel und landete vor der Schiedsrichtertribüne. Tom lief über die Wiese, doch Steffi und Julian waren ihm zuvorgekommen. Sie hielten Rory fest und führten ihn aus der Bahn. Flori stand auf und wischte sich über die Stirn. Er war mit dem Kopf auf die Schiedsrichtertribüne aufgeschlagen, und aus einer Platzwunde lief ihm Blut über das Gesicht. Sebastian übergab den Jungen seiner Mutter Kathinka.

„Das hast du nun von deinem Übermut. Ein Loch im Kopf und vielleicht eine Gehirnerschütterung. Zu schießen... so ein Leichtsinn", sagte seine Mutter, nachdem sie den ersten Schock überwunden hatte.

Flori versuchte vergeblich, sich mit einem Taschentuch das Blut abzuwischen.

Die Tierärztin folgte ihm. „Auf Wunden verstehe ich mich, Flori! Da kommt ein Sprühverband drauf, ein großes Pflaster, und dann muß man sehen, ob du etwa auch eine Gehirnerschütterung hast."

Flori wurde blaß, er blieb stehen und würgte. „Mir ist schlecht", sagte er.

„Ich habe es gleich befürchtet", meinte die Tierärztin. „Euer Richterpodium ist ja auch aus stabilem Holz. Du brauchst jetzt viel Ruhe und mußt in den nächsten Tagen im Bett bleiben."

Auf der Reitwiese erklang weiterhin Musik. Sepp nahm Sheila an die Longe. Und alle anderen Reiter zogen nach oben, um dem Publikum zu zeigen, was Voltigieren war.

Nach der Voltigiervorführung wurden alle Pferde vor das kleine Podium geführt, und jedes von ihnen bekam eine bunte Rosette mit Bändchen am Zaumzeug befestigt. Onkel Köninger verteilte die Preise, und keiner der Teilnehmer an diesem Jugendreiterfest ging leer aus. Es gab T-Shirts mit Pferdeköpfen oder Hufeisen, Fotoalben, bebilderte „Reitlehren". Die abgesattelten Pferde wurden auf die Koppeln geführt, abgezäumt, und jedes bekam sein Halfter umgelegt. Die Würstchen und Eisportionen fanden reißenden Absatz, auch der große Pflaumenkuchen, den Staudingers mitgebracht hatten.

Dann verabschiedete sich Karl Köninger: „Mein Corelius wartet auf den täglichen Ausritt, und Burschi darauf, daß er mitlaufen darf."

Als Hausingers als letzte gegangen waren, rief Kathinka Steffi und Mareike zu sich.

„Laßt uns auf dem Dachboden ein Bett, einen Schrank, einen Stuhl und eine Kommode aussuchen“, sagte sie zu den Mädchen. „Um Bertl hat sich seit Stunden keiner gekümmert. Ich möchte nicht, daß der Junge sich bei uns fremd fühlt.“

Sie stiegen nach oben und suchten sich unter mehreren Möbelstücken die passenden aus, die dann starke Männerarme hinuntertragen sollten. Kathinka brachte dann in dem kleinen Zimmer Vorhänge an, und Steffi und Mareike überzogen das Bett. Julian brachte ein paar Bücher, einen Teller mit Obst und eine Flasche Limonade mit einem Glas.

„Schade, daß Mama heute nicht dabeisein konnte“, sagte Steffi, als sie fertig waren.

Kathinka versuchte sie zu trösten. „Du hast aber doch allerhand Fotos gemacht. So bekommt sie schließlich doch noch einen Eindruck.“

Steffi seufzte leise. „Einen Eindruck ja, aber in Wirklichkeit war alles noch schöner.“ Doch da knipste Julian den kleinen Radioapparat an, den er Bertl schenken wollte.

„Und ich habe noch ein Pferdeposter für die Wand und ein paar alte Pferdezeitschriften“, meinte Steffi. „Ich glaube, dann hat er es wirklich gemütlich hier.“

Am Sonntagmorgen versuchte Flori zu beweisen,

daß es ihm wieder ausgezeichnet ging. Er hatte zum Glück keine Gehirnerschütterung gehabt. Und als Sebastian am Ende des gemeinsamen Frühstücks bat, die Sparschweine für das wöchentliche Taschengeld bereitzuhalten, war Flori der erste, der es präsentierte. Doch ehe etwas in sein rotes Schwein geworfen wurde, überreichte Sebastian Bertl ein grünes Sparschwein.

„Was jeder von euch mit dem Inhalt macht, der sich da ansammelt, Bertl, das ist seine Sache. Dieses ist jedenfalls dein Sparschwein."

Bertl wurde blaß und rot, als er die Sparbüchse mit Ringelschwanz und Schnauze entgegennahm und Sebastian ein Fünfmarkstück hineinwarf. „Abwechselnd füttern ich und dann wieder Tom eure Sparschweine", sagte er. „Und was der Staudinger-Wirt und wir dir als Arbeitsentgelt bezahlen, das kommt auf dein Sparbuch, recht so, Junge?"

Bertl nickte zufrieden.

„Ich spare auf eine Reithose", verriet Mareike. Und bei Flori war es eine Reitkappe. Steffi dachte nach. „Es gibt eigentlich nichts, worauf ich spare. Ich habe ja doch alles. Aber wenn einer Geburtstag hat, kann ich immer etwas herausnehmen. Als nächste ist Mama dran. Nur wohnt sie leider nicht hier bei uns."

Bertl hielt sein Sparschwein noch immer in den Händen. „Ich habe bis jetzt auch von Staudingers ein Taschengeld bekommen. Davon habe ich Möhren und Zucker für die Pferde gekauft. Oder Blumen fürs Grab meiner Mutter. Wenn ich darf, möchte ich auch heute gern zum Friedhof."

Kathinka lächelte Bertl zu. „Aber natürlich, heute ist doch Sonntag. Und die Blumen dafür brauchst du nicht extra zu kaufen. Die haben wir doch selbst in Hülle und Fülle im Garten. Mareike, hilf ihm nachher, damit es ein wunderschöner Strauß wird, ja? Und gegen Abend könnten wir mal wieder Hausmusik machen." Sie stand auf und begann abzuräumen.

„Ich kann bloß Mundharmonika", sagte Bertl bescheiden.

Kathinka aber fand das völlig ausreichend. Sie blickte sich um, denn Julian war stillschweigend weggegangen. Als er zurückkam, putzte er sich die Nase, doch Kathinka sah, daß er verweinte Augen hatte.

„Du mußt es mir einfach nur sagen, Julian, wenn du zum Grab deiner Eltern gehen willst!" sagte sie. „Wann immer du möchtest, fahre ich dich nach Grafrath. Von mir aus gleich heute."

Sorge um Sheila

Zwei Wochen waren seither vergangen, zwei Wochen mit Regen, in denen die Pferde sich nur im Schuppen hatten bewegen können. Doch nun klarte es wieder auf. Karl Köninger feierte seinen sechzigsten Geburtstag und hatte Kathinka, Tom und Sebastian zu seiner Geburtstagsfeier eingeladen. Kathinka verstaute die Geschenke für Onkel Köninger im Wagen. Flori hatte beim Hufschmied wieder ein Eisen bekommen, Mareike ein ledernes, helles Halsband für Burschi erstanden. Steffi hatte ein Foto von Julian auf Coriolan geknipst und einen Rahmen gekauft, und Julian schenkte ihm einen Brieföffner.

Als sie abgefahren waren, schlug Sepp vor, die Pferde wieder auf die Koppeln zu lassen. Die Sonne schien nun, und bald würde der Boden wieder trocken sein. Die Pferde waren kaum zu halten, als sie merkten, daß es endlich wieder auf die Koppeln ging. Die Stuten waren geduldiger, doch die Vollblüter, auch Annian und Rory, strebten der Koppel zu; die Fohlen jagten übermütig hügelaufwärts.

Ihnen hatte der Aufenthalt im Stall und das Herumlaufen im Halbdunkel des Schuppens am wenigsten behagt.

Steffi, Julian, Mareike und Flori liefen zum Hausinger-Hof hinauf, und Karli kam ihnen entgegen, um ihnen zu zeigen, wie weit der Stallbau schon gediehen war. Sie durften sich mit in die Küche setzen, in der Herr Hausinger saß und Zeitung las. Seine Frau stopfte Strümpfe. Doch sie stand sofort auf und machte Brote mit Griebenschmalz, schenkte Kaffee aus einer großen Thermosflasche ein. Der Hausinger-Bauer holte den Bauplan und erklärte ihnen, was er umbauen wollte. Jedes Fremdenzimmer sollte ein eigenes Duschbad bekommen.

Anschließend gingen sie wieder auf die Koppeln.

„Mareike, Steffi“, rief Julian verstört: „Schaut die Sheila an, was hat sie denn nur?“

Afra graste, die Fohlen galoppierten herum, doch Sheilas Körper durchliefen krampfartige Zuckungen.

Steffi erstarrte, als sie das sah, auch daß das Fell der Stute schweißnaß war. Sie rannte auf die Stute zu, wollte die Arme um ihren Hals legen, doch Sheila warf sich zu Boden und versuchte, mit den Hinterbeinen gegen ihren Bauch zu schlagen. Es war offensichtlich, daß sie Schmerzen hatte. Julian ließ die Mädchen bei Sheila zurück. Er jagte in den Hof und rief nach Sepp, der eben das Futter für die abendliche Fütterung in die Krippen der Boxen gab.

„Sepp, schnell! Es ist etwas mit der Sheila“, rief Julian und versuchte, dem alten Mann, der soviel von Pferden verstand, zu schildern, wie Sheila sich benahm.

Sepps Gesicht mit den vielen Runzeln und den freundlichen blauen Augen zeigte große Betroffenheit. „Mein Gott, das kann nur eine Kolik sein. Ruf du Frau Dr. Töpfer an und dann vielleicht bei Köninger, daß man Steffis Vater benachrichtigt. Und schau zu, daß die Tierärztin so rasch wie möglich kommt. Kolik ist eine lebensgefährliche Sache, Bub.“ In diesem Augenblick erschien Flori. „Gut, daß du kommst. Hier, nimm die wollene Pferdedecke mit, legt ihr die über“, sagte Sepp zu dem Jungen. „Wir müssen Sheila abreiben und ständig herumführen. Hinlegen darf sie sich auf gar keinen Fall, sonst gibt es womöglich eine Darmverschlingung!“

Flori und Sepp liefen durch den Obstgarten zur Koppel hoch. Es dämmerte bereits.

Während Julian ans Telefon lief und die Nummer

der Tierärztin wählte, taten Mareike und Steffi alles, was Sepp ihnen befahl: „Abreiben, tüchtig abreiben, so ist es gut. Es wird ja wieder, meine Gute, wir helfen dir ja, und die Tierärztin kommt auch gleich."

Steffi liefen die Tränen über das Gesicht. Erst Nora, dacht sie verzweifelt, und neulich der brave Schorschi. Lieber Gott, bitte mach, daß Sheila wieder gesund wird, bitte!

Immer wieder wollte sich die Stute niederlegen, aber Sepp trieb sie zum Weitergehen an. Jetzt kam Julian angelaufen; atemlos stieß er hervor, wie die Dinge standen.

„Trille sagt, ihre Mutter ist nach Utting gefahren, wo eine Kuh kalben soll. Doch dort ist sie nicht mehr. Sie ist bereits bei einem Schafzüchter. Dem ist ein Schaf gestorben, und er will von ihr wissen, woran."

Steffi drückte ihr Gesicht an Sheilas schweißnassen Hals. Sie konnte ihrer Tränen nicht Herr werden.

Julian legte Steffi tröstend die Hand auf den Rücken. „Ich radle sofort los. Die Schafherde zwischen Utting und Dießen finde ich schon. Und damit ich keine Zeit verliere, Mareike, ruf bitte du Trille an und sage ihr, daß ich losfahre. Und rufe auch Onkel Köninger an, er soll Tom Bescheid sagen!"

Julian rannte davon. Er holte sein Rad aus dem Schuppen und flitzte die Straße hinab nach Dießen. Die Sonne war im Untergehen, und die Dämmerung sank herab. Julian hielt keuchend Ausschau nach der Schafherde. Endlich erblickte er sie. Die Tierärztin war zum Glück noch da. Die letzten Meter schob er sein Rad, lehnte es dann gegen einen Zaun und rannte auf die Tierärztin zu, die sich gerade mit dem Schäfer unterhielt.

„Frau Doktor, bitte, die Sheila hat eine Kolik!" Das war alles, was er keuchend hervorbrachte.

In wenigen Augenblicken hatte die Tierärztin Julians Rad im Kofferraum verstaut.

„Ich gebe Ihnen gleich Bescheid, Josef, sobald ich die Laboruntersuchungen habe", rief sie beim Abfahren dem Schäfer zu, ehe sie Julian bat, ihr Genaueres zu berichten. Er hatte Mühe, zusammenhängend zu reden, und sie drückte beruhigend seinen Arm.

„Eine Kolik kann böse enden, doch ich hoffe, wir kriegen noch alles in den Griff. Ein Glück nur, daß der gute alte Sepp weiß, was in so einem Fall zu tun ist."

Julian krallte sich die Fingernägel in die Handflächen. Er wollte nicht daran glauben, daß Sheila sterben könnte, dieses sanfte, gutwillige, liebe Tier, das Schätzchen eine so besorgte Mutter war.

Das Hoftor stand schon offen, und Sepp führte Sheila jetzt im Hof herum. Steffi rieb sie gleichzeitig ständig ab. Mareike klopfte ihr den Hals und redete auf die Stute ein. Die Tierärztin gab Sheila eine Spritze. Nach dieser mußte sie sich bald besser fühlen.

„Und wenn sich ihr Zustand verschlechtern sollte, ruft mich an. Ich bin zu Hause“, sagte die Ärztin, bevor sie ging.

Bertl schob sein Fahrrad in den Hof und machte ein erschrockenes Gesicht, als er erfuhr, was sich zugetragen hatte. Wenige Augenblicke später ertönte die Hupe von Sebastians Wagen mit Kathinka und Tom. Gleich darauf fuhr Onkel Köninger mit einem alten Freund in den Hof. Steffi berichtete sofort, daß die Tierärztin bei Sheila gewesen war.

Gleichzeitig konnte sie alle beruhigen, daß es der Stute nun schon bedeutend besser ging.

„Ich schlafe heute abend bei ihr im Stall auf dem Klappbett. Ich hätte keine Ruhe, wenn ich nicht bei ihr bliebe“, sagte Sepp und strich dabei liebevoll der Stute über den Hals. „Ich habe einen ganz leichten Schlaf und merke es sofort, wenn etwas nicht stimmt."

„In Ordnung, Sepp", meinte Tom. „Die Kinder bringen Ihnen das Abendbrot hierher. Doch in zwei oder drei Stunden löse ich Sie dann ab. Wir teilen uns in die Nachtwache. Und du, Steffi, komm mal erst mit ins Haus. Du siehst ja jämmerlich aus, so blaß und verweint. Onkel Köningers Haushälterin hat uns das ganze Geburtstagsessen mitgegeben. Ich schätze, Kathinka und Mareike haben inzwischen den Tisch gedeckt."

„Ich kann bestimmt nichts essen", wehrte Steffi ab und strich noch einmal behutsam Sheila über den Kopf.

„Ich weiß nicht, was ich gemacht hätte, wenn sie nicht gesund geworden wäre. Ich habe Sheila doch so unsagbar lieb."

Bim hielt sich dicht bei Steffi, und es tat ihr gut, seine feuchte Nase an ihrer Hand zu spüren. Sie blieb an der Haustür stehen. „Gehe du ruhig ins Haus, Daddy. Ich möchte lieber mit Sepp und später mit dir im Stall schlafen. Ich hole mir die Klappliege aus dem Gartenhaus und eine Wolldecke. Und eine für Bim ist auch noch da. Ich kann jetzt nicht ins Haus gehen und Geburtstag feiern und so tun, als wäre alles in Ordnung. Sheila ist jetzt einfach wichtiger."

Tom nickte. „Okay, Kleines. Das sehe ich ein. Bis später also."

„Kinder, wer von euch hilft mir, die fertigen Blumenkübel und andere Tonwaren aus der Werkstatt in den Kombi zu verladen?" rief Kathinka, die von einem ihrer Töpferkurse nach Hause kam. „Ist Flori wieder nicht da?" wollte sie wissen.

„Er ist bei Hausingers. Die haben heute Richtfest, denn der Stall ist fertig. Und dann geht's gleich weiter mit dem Umbau des Dachbodens", verriet Mareike und half Kathinka beim Verladen der Töpferwaren.

„Und ein paar Zuschriften hat der Hausinger auch schon auf seine Anzeige in einer Reiterzeitschrift bekommen", berichtete Julian. „Es haben sich mehrere Bereiter gemeldet."

Ein unerwarteter Besuch

Als sämtliche Töpfe und Krüge im Kombi verstaut waren, atmete Kathinka auf. „Platz in der Werkstatt, endlich! Mit all dem Zeug um mich herum konnte ich mich schon gar nicht mehr bewegen."

Als am Tor mehrfach gehupt wurde, hob sie den Kopf und wandte sich um.

Mareike sprang in die Höhe und rief: „Herr Pachner!" Sie lief zum Tor und öffnete die Flügel. Langsam fuhr der Wagen des Züchters in den Hof. Steffi wartete ab, denn sie war ja damals nicht mit auf dem Gestüt gewesen, aber Julian lief zum Wagen und öffnete den Schlag.

„Schön, daß Sie uns besuchen! Kathinka, das also ist Herr Pachner, von dem ihr den Rory habt."

Kathinka reichte dem bärtigen Mann die Hand. „Schön, daß Sie da sind", sagte sie herzlich. „Gerade recht für die Brotzeit. Die Männer müssen auch in absehbarer Zeit kommen."

Doch Herr Pachner zog es vor, zu den Koppeln zu gehen, und so gingen sie alle durch den Obstgarten und hügelaufwärts.

„Wenn ich mich auch auf Rory noch nicht versucht habe, mit Afra, die ja auch von Ihnen stammt und unserem Vetter Staudinger gehört, habe ich meine ersten Reitstunden schon hinter mich gebracht", sagte Kathinka.

„Annian, Afra und Rory stammen aus meiner Zucht, Tino ist Robertos Sohn aus Afra", erklärte der Pferdezüchter. „Alter Junge, komm mal her.

Geht es dir gut? Es sieht ganz so aus!“

Rory galoppierte heran, wieherte und ließ sich über den Kopf streichen. Dann bekam er, wie alle Pferde, die jetzt herbeikamen, ein Stück Zucker und zeigte ganz offensichtlich seine Wiedersehensfreude.

„Schöne Vollblüter! Der Rappe stammt also aus der Zucht von Herrn Köninger“, sagte Herr Pachner, als sie zum Hof zurückgingen.

Eben kam Sebastian nach Hause, und wenige Augenblicke später fuhr Tom seinen Wagen in den Hof. Sebastian streckte beide Hände aus: „Herr Pachner, ist das eine Freude! Sind Sie auch jetzt noch damit zufrieden, daß Sie uns Rory gegeben haben? Ich lasse auch Julian, Mareike, Steffi und Tom gelegentlich auf ihm ein paar Runden reiten, damit er nicht nur von mir, einem Anfänger, geritten wird. Meine Frau hat vor, sich erst auf den Stuten die nötigen Kenntnisse anzueignen, ehe sie es mit Rory versucht.“

„Ich freue mich, Sie kennenzulernen“, sagte jetzt auch Tom und reichte dem Haflinger-Züchter die Hand.

„Julian“, fuhr er fort, „hast du Coriolan schon geritten?“

Julian nickte. „Und du wirst es kaum glauben,

Tom. Danach habe ich den Bertl mal aufsitzen lassen. Weißt du, daß er unheimlich gut reiten kann?"

Tom zeigte seine Überraschung. Dann klärte er Herrn Pachner über Bertl und sein Schicksal auf.

„Wir mögen ihn alle", bekannte jetzt auch Sebastian. „Die Pferde sind seine ganze Liebe. Er ist ja erst vierzehn, doch er möchte Pferdepfleger werden, und wer weiß, vielleicht schafft er es sogar bis zum Bereiter."

Bertl wurde herbeigerufen, und er bekam rote Ohren, als man ihn so offensichtlich lobte.

„Ich mag Pferde halt", bekannte er bescheiden. Dann half er, die Stuten und Fohlen in die Boxen zu bringen. Sepp und Julian nahmen die Vollblüter, Steffi und Annian und Mareike Rory.

Kathinka hatte inzwischen die Brotzeit aufgetischt. Es gab Bauernbrot, Butter, Käse, Schinken und Radieschen. Herr Pachner hatte auch das Haus besichtigt und langte jetzt kräftig zu. Als sie alle um den Wohnzimmertisch herumsaßen, bis auf Bertl und Sepp, die im Stall noch zu tun hatten, erschien Flori, strahlend, mit Farbklecksen an den Händen und im Gesicht.

„Hallo, Herr Pachner. Ich habe gerade beim Hausinger-Bauern geholfen. Wir haben den Misthaufen mit Brettern umrandet und Türen gestrichen; pfundig wird das alles! Aus dem Hausinger-Hof wird nämlich ein Bauernhof für Reiterferien", erklärte er und wollte sich setzen.

„Nichts da, Flori", wehrte Kathinka energisch ab. „Vielleicht wäschst du dich erst mal und bringst nicht den ganzen Misthaufengeruch hier ins Wohnzimmer."

Flori grinste. „Und ich habe gedacht, wer arbeitet, wird dafür gelobt. Wie man's macht, ist es falsch."

An der Tür drehte er sich um und zwinkerte seiner Mutter zu. „Ich kann schließlich, wenn ich von einer Baustelle komme, nicht aussehen, als wäre ich eben der Badewanne entstiegen. Aber hebt mir bitte noch was auf, ich habe einen Bärenhunger!"

Als Flori zurückkam, verabschiedete sich Herr Pachner gerade.

„Meinen herzlichsten Dank, Frau Kathinka. Und was diesen Jungen, den Bertl, betrifft: Eine Ausbildung als Pferdepfleger kann er bei mir bekommen. Ich habe einen alten Freund, der vor kurzem die Reitlehrerprüfung abgelegt hat und mir mit Rat und Tat zur Seite steht. Hast du gehört, Bertl? Schau dich gelegentlich bei uns um und laß mich wissen, wenn es soweit ist, daß du bei uns einsteigen willst."

Mit diesen Worten ging er zu seinem Wagen und öffnete den Schlag.

Kathinka schob den Arm unter den von Sebastian und lachte. „Wißt ihr was? Wenn ich Sebastian nicht hätte, also, jemanden wie diesen Herrn Pachner hätte ich auch geheiratet."

Sebastian fuhr sich über das Kinn. „So, so", sagte er verschmitzt. „Dann werde ich mir für alle Fälle wohl besser einen Bart wachsen lassen. Denn ich gedenke dich auch weiterhin zu behalten."

Kathinka aber legte den Arm um Steffi. „Soll er ruhig mit Bart herumlaufen. Aber Steffi, was meinst du, und auch du, Tom: Besuchen wir ihn nächste Woche einmal?"

Steffi drückte Kathinkas Arm. „Ja, gern! Und Bertl darf auch mit, nicht wahr?" Kathinka nickte und lächelte. „Aber klar doch, Steffi. Abgemacht."

Es war ein strahlendblauer Herbsttag, als sie sich auf den Weg zu Herrn Pachner machten.

„Wenn Engel reisen", spaßte Steffis Vater. „Also alles, wie es sich gehört."

Als sie bei dem Pferdezüchter ankamen, wurden sie herzlich begrüßt. Herr Pachner zeigte ihnen stolz seine Pferde, die in den verschiedenen Boxen standen. Dann ging es zur Fohlenkoppel. Marianne ritt inzwischen Roberto in der freien Bahn.

„Das ist ein Pferd, was?“ wollte der Züchter bestätigt bekommen. „Der begeistert doch jeden Reiter, unser schöner Roberto. Er stammt aus Südtirol. Unser Roberto ist ein einmaliger Bursche. Nun, der Rory schlägt ihm in vielem nach. Ich kann Ihnen nur raten, lieber Herr Stefan und liebe Frau Sündermann, achten Sie darauf, daß der Hausinger-Bauer einen guten Bereiter einstellt.“

Herr Pachner führte die Besucher an der Koppel der Stuten vorbei zu jener, auf der sich die Wallache tummelten. Unter einem überdachten Kruzifix stand eine Bank. Dort setzten sie sich und genossen den friedlichen Ausblick.

„Feld-, Wald- und Wiesenreiterei, was es heute ja recht häufig gibt, ist gut und schön“, meinte der Pferdezüchter. „Doch ein Pferd im Gelände vollkommen zu beherrschen, dazu gehören schon die Grundkenntnisse der Dressur. Und der Reiter muß bei Ausritten auch wissen, welche Gräser und Blumen den Pferden bekommen und welche nicht. Wenn man erst einmal ein guter Reiter ist, will man sich natürlich mit der Konkurrenz messen. Man möchte die Bestätigung dafür haben, daß man sein Pferd einwandfrei beherrscht, nicht nur in der Dressur, sondern auch im Springen. Das ist nur natürlich."

Steffi hob den Kopf.

„Und Sie meinen, wir sollten langsam damit anfangen?"

„Ja, auf jeden Fall. Es gibt Pferde, die gern springen; andere tun es weniger gern. Aber jedes Tier ist ausbildungsfähig und lernt gern, wenn der Reiter die nötigen Kenntnisse hat." Herr Pachner erhob sich wieder. Er legte Bertl die Hand auf die Schulter. „Na, Bertl, und wie gefällt es dir hier bei uns?"

Bertls Wangen glühten. „Wenn ich in ein, zwei Jahren einmal abkömmlich bin, Herr Pachner, dann würde ich sehr gern hier anfangen."

„Das Zimmer, in dem du jetzt wohnst, Bertl, das halten wir dir auch später frei, wenn du einmal hier arbeiten solltest", sagte Tom. „Du bist stets bei uns willkommen, darfst dich jederzeit, auch später, bei uns zu Hause fühlen. Da sei ganz unbesorgt . . ."

Später saßen sie in einem Erker des Pachnerschen Wohnzimmers. Marianne und die Wirtschafterin Theresia servierten Tafelspitz und hinterher Marillenknödel.

Beim Abschied bekam Kathinka frische, duftende Latschenzweige mit.

Herr Pachner beugte sich zum offenen Wagenfenster herab. „Wenn ich das nächste Mal nach München fahre, besuche ich auch den Herrn Köninger. Ich muß mir doch seine Galopperzucht anschauen. Und redet mit eurem Nachbarn Hausinger. Er soll als Bereiter oder Bereiterin nur einen Fachmann einstellen. Wenn man schon Pferde hat und reitet, dann sollte man das richtig lernen. Glaubt mir, auch die Pferde haben dann noch mehr davon!"

„Schade, daß Mama nicht mit war", sagte Steffi, als sie den Hof verlassen hatten. „Die Pferde hätten ihr sicher auch gefallen."

„Und der herrliche Herbsttag dazu", ergänzte Kathinka. „Bettina hat übrigens auch mir einmal gesagt, Tom, daß sie erst nach und nach so richtig begriffen habe, was sie durch die Scheidung alles verloren hat."

Tom erwiderte nichts. Er gab lediglich Kathinka ein Zeichen, am nächsten Parkplatz anzuhalten, um sie beim Fahren abzulösen. Doch Steffi hörte, daß er beim Platzwechsel zu Kathinka leise sagte: „Was hilft's, Kathinka. Die Dinge sind, wie sie sind. Und ich glaube, daß keiner von uns darüber sehr glücklich ist. Im übrigen Hut ab, du fährst wie eine Eins!"

Tom und Sebastian waren noch vor dem Abendessen zum Hausinger-Bauern gegangen, um mit ihm über den Bereiter zu reden.

Steffi machte ihre Hausaufgaben.

Als Kathinka zum Abendessen rief, waren Tom und Sebastian wieder zurück. Kathinka stellte eine große Schüssel mit Wurstsalat auf den Tisch.

„Den Hausinger freut es sehr, daß wir uns zum Reitkursus bei ihm anmelden. Von allen Annoncen, die er erhalten hat, ist eine Bereiterin namens Annegret Homberg die interessanteste Bewerberin", erzählte Sebastian.

Kathinka betrachtete das Foto der jungen Frau, das Sebastian ihr gegeben hatte, und gab es dann zurück. „Sympathisch", sagte sie. „Ein offenes, klares Gesicht. Aber vielleicht laßt ihr mich auch mal zu Wort kommen! Bettina hat vorhin angerufen. Und sie sagt, sie braucht unsere Zustimmung für ihr Vorhaben, vor allem aber Steffis und deine, Tom."

„Mach's nicht so spannend, Kathinka, los, rede schon!" sagte Steffi ungeduldig. „Was ist es denn, um das es hier geht?"

„Die vielen Fotos, die Bettina neulich von den Pferden gemacht hat, haben bei einem Verleger großen Anklang gefunden, und sie hat gleich einen weiteren Auftrag erhalten. Es soll ein Bildband werden mit dem Motto ‚Mit Pferden leben'. Sie sagt, daß er etwa dreißig bis vierzig Aufnahmen enthalten soll. Und deshalb fragt sie, ob wir etwas dagegen hätten, wenn sie für ein paar Tage zu uns heraus käme."

„Warum eigentlich nicht, Tom?" meinte Sebastian.

Kathinka nickte. „Sie sieht eine echte Chance in diesem Buch, sich mehr auf Tieraufnahmen, vor allem auf Pferdefotos, zu konzentrieren."

„Ich könnte mit Steffi ins Gartenhäuschen ziehen", schlug Mareike vor, als Tom noch immer schwieg. „Dann stehen Bettina unsere beiden Zimmer zur Verfügung, und sie kann im einen schlafen und im anderen arbeiten. Wir nehmen auch die Hunde mit nach drüben. Da kann uns nichts passieren."

Tom erhob sich. „Von mir aus. Okay. Rufe du sie an, Steffi. Sag ihr aber, sie soll sich darauf einstellen, auch etwas mit zu helfen. Ich erinnere mich, daß sie wohl als Kind ab und zu die Ferien bei einem Onkel auf dem Land verbracht hat, wo es

Pferde gab. Aber das ist ja immerhin schon eine Weile her."

Steffi rannte zum Telefon. Daß Daddy aber auch so lange mit seinem Okay gewartet hatte! Sie hätte sofort ja gesagt. Wirklich, sie verstand Daddy nicht. Wenn ihm die Scheidung noch immer zu schaffen machte, sollte er doch froh sein, wenn sie jetzt für ein paar Tage kam. Er konnte sie doch immerhin sehen und mit ihr reden!

„Hallo, Mama!" rief sie, als ihre Mutter sich meldete. „Es ist okay, du kannst gern kommen. Wir freuen uns alle, bestimmt. Wann paßt es dir am besten?"

„Möglichst bald, solange das Wetter noch schön ist. Sagen wir morgen, gegen Mittag? Ich muß vorher noch in die Stadt und ein paar Dinge besorgen. In Ordnung?"

„Aber klar doch. Mareike und ich ziehen ins Gartenhaus, und du bekommst unsere Zimmer. Wir freuen uns riesig auf dich."

Steffi hängte ein und lief in die Küche zurück. „Morgen mittag", stieß sie hervor. „Sie muß noch ein paar Sachen besorgen. Wo ist Daddy?"

„In den Stall gegangen", erwiderte Kathinka. „Aber laß ihn, das alles ist ihm nicht so gleichgültig. Und nun an die Arbeit. Fangt schon an mit dem

Umzug ins Gartenhaus. Ich spüle zuerst ab, und dann helfe ich euch."

Bis zur Atemlosigkeit schleppten Steffi und Mareike ihr Bettzeug, ihre Schulmappen, Bücher und Hefte, Wäsche und Jeans ins Gartenhaus, wo zwei Klappbetten bisher vergeblich auf eventuelle Gäste gewartet hatten. Dosenfutter und Hundekuchen für die Hunde waren ebenso nötig wie ein Wassernapf, ein paar Flaschen Limonade und ein Paket Zwieback als Notproviant. Zahnbürsten, Frottiertücher, Waschlappen und Seife würde man brauchen, Wäsche, Pullis, Blusen und Jeans. Kathinka brachte einen Blumenstrauß, Obst und den Rest eines Sandkuchens und Flori seine Pferdebücher.

Inzwischen hatte Julian Kathinka geholfen, Steffis und Mareikes Zimmer für Steffis Mutter herzurichten, und als die beiden Mädchen die Treppen heraufkamen, um die Zimmer zu besichtigen, sah alles sehr einladend aus: rosa und weiß karierte Bettwäsche, die noch nach Luft und Sonne duftete, rosa und violette Dahlien auf dem Tisch in Steffis Zimmer. Und aus Mareikes Liege war eine Couch mit bunten Kissen geworden. Der große Tisch am Fenster konnte als Arbeitsplatz benutzt werden, und die Latschenzweige in einer Bodenvase verströmten einen würzigen Duft.

„Mama wird sich hier bestimmt wohl fühlen“, meinte Steffi.

Dann rannte sie die Treppe hinab, von den Hunden gefolgt, und aus dem Haus. „Gute Nacht, alle miteinander! Und schlaft gut“, riefen sie übermütig.

Der Mond leuchtete vom Himmel, und die Nacht war still und milde.

Schon vom Hoftor aus entdeckte Steffi den im Schuppen stehenden weißen Sportwagen ihrer Mutter. Aus dem Küchenfenster strömte ein köstlicher Duft nach Hühnersuppe.

Kathinka kam eben aus ihrer Werkstatt. „Deine Mutter ist da, Steffi. Ausgepackt hat sie nur flüchtig. Sie wollte sofort anfangen mit der Arbeit und das sonnige Wetter nutzen. Und für euch hat sie ein paar Überraschungen dabei.“

Auf Mareikes Klappbett lag eine Reithose. Mareike schrie auf vor Freude und schlüpfte sofort hinein. Auch Julian und Flori bekamen Reithosen, die sie sofort anprobierten.

„Wenn eine nicht paßt, tausche ich sie um, wenn ich morgen nach München fahre“, sagte Kathinka bereitwillig. „Bettina hat für alle Umtauschrecht ausgemacht.“

„Die passen schon“, stellte Steffi fest, die von einem zum anderen ging und den Sitz prüfte. „Was glaubt ihr, wie meine Hose anfangs gezwickt hat! Doch das gibt sich nach ein paar Mal tragen“, erklärte sie ihnen.

Steffi hatte eine Reitjacke bekommen; sie war kleinkariert und saß wie angegossen.

Leise, um Bettina beim Arbeiten nicht zu stören, pirschten sich die Mädchen und Jungen bis an die alte Obstgartenhecke, wo ihnen Sepp humpelnd entgegenkam. „Verdammtes Vieh – ich meine nicht Rory“, sagte er. „Der konnte nichts dafür. Eine Bremse hat ihn gestochen. Da hat er ausgekeilt und traf genau mein Knie. Ich mach mir einen Umschlag, das hilft.“

Die Frau in Jeans und Gummistiefeln, die Steffi nun sah, war nicht die elegante Modefotografin. Ihre Mutter hatte einen Fotoapparat um den Hals gehängt und einen in den Händen. Sie kauerte sich nieder, sprang wieder auf, ging einige Schritte zurück und schien sich voll und ganz auf die Fohlen zu konzentrieren, die da im milden Licht der Oktobersonne miteinander spielten. Erst als Bim sie mit seiner feuchten Nase berührte, erhob sie sich. „Hallo, alter Junge, was ist? Ach, da seid ihr ja alle“, rief sie, als sie die Kinder entdeckte. „Nun, wie sieht es aus, passen die Reithosen? Ich möchte euch nämlich in Reithosen fotografieren, beim Aufzäumen und Satteln. Paßt die Jacke, Steffi?“

Steffi nickte. Bettina schob Steffi die Hand unter den Arm und kehrte mit ihr zum Hof zurück.

„Ich finde es prima, daß du nicht so elegant bist wie sonst“, sagte Steffi. „Ich hatte schon Angst, du hättest nur todschicke Sachen mit.“

Bettina sah Steffi ein wenig bekümmert an. „Hast du eine so miserable Meinung von mir, Kind? Ich will doch im Stall mit anpacken, die Pferde füttern und nicht Zeter und Mordio schreien, wenn ich auf dem Misthaufen ausrutsche. Du hast zwar eine gewisse Berechtigung, an mir zu zweifeln. Das tue ich auch ab und zu. Aber ich bin doch als Kind oft auf dem Land gewesen, das habe ich euch doch erzählt. Und ich leide auch nicht an Geschmacksverirrung. Übrigens, eure Zimmer habt ihr sehr gemütlich für mich hergerichtet, danke!“

„Wir haben sie bloß freigemacht. Eingerichtet hat sie Kathinka“, bekannte Steffi freimütig. „Mareike und ich haben uns inzwischen im Gartenhaus einquartiert. Das mußt du dir ansehen! Ich finde es schön, daß du mal für länger hier bist, Mama.

Nicht nur auf einen Sprung."

Dann betraten sie das Haus. Das Abendessen stand bereits auf dem Tisch.

Steffis Mutter blickte ringsum. „Danke für den lieben Empfang. So, wie ihr mich aufgenommen habt, gibt es mir direkt das Gefühl, trotz allem noch immer ein wenig dazuzugehören."

Als Steffis Vater am Abend aus München zurückkam, führte Bettina gerade in Reithosen und Stiefeln Sheila in die Box. Mareike hatte Afra am Halfter und Julian die beiden Fohlen. Steffi aber kam kopfschüttelnd auf Tom zu, strahlend und noch immer überrascht: „Daddy, Mama kann ja reiten! Sie sagt, verlernt hätte sie es nie, und in letzter Zeit hat sie wieder Unterricht genommen."

Tom nickte und lächelte Kathinka etwas gequält zu. „Wem sagst du das, Kleines. Ich muß sie schließlich am besten kennen."

Steffi ging auf Tom zu und umarmte ihn.

Flori kam aus dem Hühnerstall und trug einen Korb mit Eiern. Er grinste Tom an und deutete auf seine Reithose, die schon ein paar zünftige Flecken abbekommen hatte.

„Die hat Bettina mir mitgebracht. Reitest du noch aus?"

„Klar doch“, sagte Tom und nickte Steffi zu.

Als Tom zur Koppel hoch ging, um den Schimmel zu holen, verließ Bettina den Stall.

„Hallo, Tom“, rief sie fröhlich. „Nett von dir, daß du zugestimmt hast, daß ich ein paar Tage hier fotografieren kann. Glaube mir, diese Modeaufnahmen bin ich manchmal leid. Vielleicht gelingt es mir, umzusatteln und Tierfotografin zu werden.“

Bettina wollte sich eine Zigarette anzünden, doch sie schob das Päckchen wieder in die Hosentasche zurück.

„Mistzeug, ich will mir das seit langem abgewöhnen. Vielleicht gelingt es mir bei euch. Man fühlt sich so geborgen hier, so wohl. Da ist ein so schöner Zusammenhalt . . .“

Ein unangenehmer Zwischenfall

Die Tage waren wie im Flug vergangen. Tagsüber hatte Bettina fotografiert. An den Abenden hatte sie ihre Fotos entwickelt und vergrößert. Trotzdem war sie jeden Tag eine Stunde geritten, ein paar Mal auch über die Wiesen und Felder, gemeinsam mit

Mareike, Julian, Flori und Steffi. Heute, am Sonntag, wollte sie wieder nach München zurückfahren.

„Ich würde riesig gern noch einmal mit den Kindern ausreiten", sagte Bettina. „Steffi, gibst du mir wieder Sheila? Sie ist so geduldig und hat es mir sogar ermöglicht, vom Sattel aus Fotos zu machen."

Tom dachte nach. „Soll ich nicht vorsichtshalber mitkommen?" fragte er. „Ich müßte Sandokan freilich zuvor eine längere Ruhepause gönnen, denn wir haben einen flotten Ritt hinter uns."

„Gönne ihm seine Ruhe, Tom", meinte Steffis Mutter. „Es war ja nur so eine Idee von mir. Ich werde dann am Vormittag in Ruhe meine Sachen packen, mein Material noch mal durchsehen, mir das Haar waschen und Kathinka bei der Zubereitung des Mittagessens helfen."

Doch Kathinka wehrte ab. „Ein Kuchen ist schon im Rohr, das Gulasch ist fertig, und die Aprikosenspeise steht im Kühlschrank."

Jeden zog es nach draußen, wo die spätherbstliche Sonne das letzte bunte Laub vergoldete.

Steffis Vater stand unschlüssig da.

„Hast du etwas, Daddy?" wollte Steffi wissen.

„Ich wollte eigentlich nur wissen, ob man deiner Mama beim Packen helfen kann. Doch wie ich dich kenne, Bettina", fuhr er zögernd fort, „kommst du wohl wieder allein großartig zurecht."

Doch Bettina hob den Kopf und meinte: „Wenn du Lust hast, Tom, und nichts Wichtigeres vorhast, dann leiste mir ruhig dabei Gesellschaft. Du kannst dir bei dieser Gelegenheit auch meine Aufnahmen ansehen und mir sagen, ob du sie gut findest."

Steffi atmete auf. Doch zum Nachdenken kam sie nicht, denn Staudingers fuhren hupend in den Hof.

Es ging auf drei Uhr zu, als sie ausritten. Steffi und Julian ritten voran.

„Es sieht wirklich nach einem Wetterumschwung aus", meinte Bettina. „Galoppieren wir bis zum Wald?"

Sheila ging ruhig wie immer; ihr Galopp war weicher als der von Afra. Annian war nicht ganz so temperamentvoll wie Rory; man mußte ihn etwas antreiben. Julian mußte immer wieder die Zügel fester nehmen, denn Galopp schien die von Rory bevorzugte Gangart zu sein. Am blaßblauen Himmel türmte sich graues Gewölk auf. Der Blick auf den gräulichen Ammersee machte merkwürdig traurig, fand Steffi. Vielleicht war der Gedanke schuld daran, daß der Herbst nun dem Ende zuging, daß der Winter nahte. Doch sie wußte, auch Mamas bevorstehende Abreise spielte dabei eine Rolle. Gewiß waren sie eine große Familie, doch Mama fehlte trotzdem.

Sie hatten den Waldrand erreicht und trabten einen schmalen Weg entlang.

Plötzlich scheute Annian, galoppierte davon, und dann stieg Sheila. Julian konnte sehen, daß Bettina Mühe hatte, im Sattel zu bleiben. Ein Holzstoß war unmittelbar am Weg aufgerichtet, und ein paar Stämme lagen über dem Weg.

Annian sprang darüber hinweg, Sheila stolperte, rappelte sich jedoch wieder hoch. Doch jetzt galoppierte sie davon, stieg erneut. Als Julian und Mareike ihre unruhigen Pferde wieder in der Gewalt hatten, stürzte Sheila, die vom Weg abgekommen war, in einen kleinen Bach. Bettina lag halb unter der Stute. Steffi sprang von ihrem Pferd. Sie nahm Annians Zügel und drückte sie Mareike in die Hand.

„Halte ihn, ich muß Sheila hochkriegen, um Mama zu befreien."

„Ich lebe noch!" erklang Bettinas Stimme.

Steffi lief der Schweiß über die Stirn, denn Sheila war mit der rechten Vorderhand und der rechten Hinterhand unter einen Baumstamm geraten.

„Hast du dich verletzt, Mama?“ rief sie besorgt.

„Nein, ich bin nur eingeklemmt. Irgendwas tut weh, aber es ist auszuhalten. Ich liege nur in diesem Bachbett etwas naß und bin unter Sheilas Schulter eingeklemmt. Könnt ihr sie nicht auf die Beine kriegen, wenn ihr den Baumstamm herauszieht?“

Julian band alle Pferde an einem Baum fest. Zu dritt versuchten er, Mareike und Steffi, den Baumstamm zu entfernen. Vergeblich.

„Wir schaffen es nicht“, gestand Julian, der längst aufgerissene Hände hatte.

„Mareike, du mußt zurückreiten und Tom und Sebastian holen!“

Steffi blickte ungeduldig hinter Mareike her. Es würde mindestens zehn Minuten dauern, bis die Freundin zu Hause eintraf, und sicher noch mal zehn Minuten, bis sie Hilfe brachte.

Steffi kauerte sich vor Sheila hin, streichelte den Kopf der Stute und reichte ihrer Mutter die Hand.

„Und wenn wir versuchen, dich unter Sheila herauszuziehen?“

Ein gequältes Lächeln war die Antwort. „Sie ist ziemlich schwer, und ich bin sicher, daß mit meinem rechten Bein etwas nicht stimmt“, sagte Bettina dann. „Wenn sie zu plötzlich hochspringen würde, wäre es möglich, daß sie mich mit einem ihrer Hufe trifft."

Julian wischte Bettina mit einem angefeuchteten Taschentuch über das Gesicht, und Steffi versuchte, Sheila ruhig zuzureden. „Meine arme Sheila, es wird schon wieder gut. Ganz ruhig, warte nur ab", murmelte sie immer wieder und lauschte verzweifelt auf etwa näher kommende Geräusche. Eine Ewigkeit schien zu verstreichen, eine Ewigkeit, in der Sheila keinen Versuch mehr machte, hochzukommen. Doch dann, als Steffi schon gegen ein aufsteigendes Schluchzen ankämpfen mußte, als Bettinas Gesicht Spuren der Erschöpfung zeigte, erklang Motorengeräusch. Es war Sebastian auf Sepps Mofa. Dann folgte Julian auf Rory und schließlich Tom auf Sandokan.

Sebastian lehnte das Mofa an einen Baum. Julian band die beiden Pferde an einen anderen Baum. Dann griffen die Männer zu, und Stück für Stück zogen sie den Baumstamm, unter dem Sheila halb eingeklemmt lag, aus dem Bachbett. Sheila kam wieder auf die Beine und stand zitternd und schweißüberströmt da. Dann halfen sie Bettina aufzustehen. Sie war völlig durchnäßt, das Haar klebte ihr am Kopf, und sie war außerstande, mit dem rechten Fuß aufzutreten.

Tom tastete das Bein ab. „Hoffentlich ist es nicht

gebrochen. Ich denke, wir heben dich auf Afra hinauf und führen die Pferde am Zügel nach Hause", schlug er vor. „Sebastian", bat er, „fahre du mit dem Mofa los, und komme uns mit meinem Wagen entgegen. Und bringe einen warmen Pullover für Bettina mit. Ich kann dann gleich mit ihr los; sie muß ja geröntgt und vielleicht gegipst werden. Bringe auch einen Rock für sie mit, denn die Reithose kann sie nicht anbehalten."

Das Mofa knatterte davon. Langsam führten sie alle die Pferde den Waldweg zurück. Als sie am Waldrand angelangt waren, hatte sich der Himmel erheblich mehr bezogen. Bettina saß schweigend auf ihrem Pferd. Sie war sehr blaß, und ihr Gesicht wies einige Kratzer auf. Sheilas Zittern ließ nach. Schweigend bewegte sich der Zug einen Feldweg entlang hügelabwärts. Ein paar hundert Meter vom Haus entfernt stand schon Sebastian mit dem Wagen bereit. Steffi faßte nach Afras Zügeln, als Tom Bettina aus dem Sattel hob und ihr zum Wagen half.

„Es tut mir leid, Kleines", sagte Bettina zu Steffi, als sie einstieg, „ich hatte wirklich nicht vor, euch den Ausritt zu verderben."

Aber Steffi winkte ab. „Mama, das hätte jedem von uns passieren können. Hoffentlich ist es nichts

Schlimmes. Wir halten dir alle den Daumen."

Dann fuhr der Wagen davon, und Mareike, Julian und Steffi brachten die Pferde nach Hause. Sie führten sie in ihre Boxen. Sheila wurde vorher gründlich abgerieben.

Sepp schüttelte bekümmert den Kopf. „Deine arme Mama! Daß ihr Aufenthalt bei uns so enden mußte! Ich meine fast, daß sie so gar nicht heimfahren kann."

Steffi hob den Kopf. „Da haben Sie recht, Sepp. Soweit habe ich noch gar nicht gedacht. Wenn sie nicht laufen kann, kann sie auch nicht allein in München sein."

Als Kathinka rief und Steffi bat, den Abendbrottisch zu decken, gestand Steffi ihre Bedenken.

„Wartet mal ab, Kinder", meinte Kathinka ruhig. „Ich kann mir nicht vorstellen, daß wir jemanden, der Pflege braucht, so einfach nach Hause entlassen. Uns bleibt jetzt nur, abzuwarten. Wir werden auch dieses Problem meistern."

„Klar", erwiderte Steffi erleichtert.

„Wir werden schon zusammenhalten", meinte Kathinka.

Ein freudiges Ereignis

Es war längst dunkel geworden, als Tom durch das offene Tor auf den Hof fuhr. Julian hatte schon ein paar Mal Holz nachgelegt. Als Tom mit Bettina vorfuhr, eilten alle nach draußen. Bettina ging auf Krücken und deutete auf ihr rechtes Bein. Doch sie machte dabei einen beinahe fröhlichen Eindruck. „Es ist eine Prellung."

„Na, Gott sei Dank, Bettina", rief Kathinka aus. „Da hast du ja noch mal Glück gehabt."

Steffi war zutiefst erleichtert. Mama für Wochen mit Krücken, unbeholfen, der Gedanke war fast unvorstellbar gewesen. „Und du ärgerst dich nicht? Du wolltest doch nächste Woche nach London fliegen?" forschte sie. „Stört der Verband dich da nicht riesig?"

Bettina zuckte die Achseln. „Dann fliege ich eben nicht und bemühe mich lieber um ein weiteres Pferdealbum. Dein Vater war nämlich geradezu begeistert von meinen Fotos. Wenn der Verlag ähnlich angetan ist und man mir zustimmt, als nächstes ein Buch über Galopper zu machen, dann ...“ Sie hielt inne, denn Tom betrat das Wohnzimmer und legte den Arm um Steffi.

„Ja, dann, Steffi, dann ist alles wieder in Ordnung. Deine Mama und ich haben eingesehen, daß wir uns nichts so sehr wünschen, als wieder beisammen zu sein, eine Familie zu sein. Wir wollen wieder heiraten, und deine Mutter wird versuchen, sich auf Tierfotos zu spezialisieren.“

Steffi hatte das Gefühl, als könnte sie die ganze Welt umarmen. Sie ging auf ihre Mutter zu und umarmte sie. Dann gab sie ihrem Vater einen Kuß.

Jetzt betraten auch Sepp und Bertl das Wohnzimmer. „Man sollte es fast nicht glauben, aber diesmal stimmt der Wetterbericht. Das Wetter schlägt um, es regnet.“

Steffi strahlte ihn an. „Na und? Selbst wenn es anfängt zu schneien, wird der Winter bestimmt nicht weniger schön als der Herbst. Es wird überhaupt eine sehr schöne Zeit, denn Papa und Mama heiraten wieder!“

Kathinka rückte am Tisch für Bettina den Stuhl zurecht. „Sebastian hat seinen besten Wein heraufgeholt, und ich finde, wir sollten Tom und Bettina hochleben lassen.“

„Und euch alle“, rief Steffi und drückte Kathinkas und Mareikes Hände. „Denn jetzt sind wir alle eine richtige Familie. Mama hat immer noch gefehlt. Jeder hat's gewußt, nur keiner hat's zugegeben."

Bettina fuhr sich über die Augen, die feucht schimmerten. „Aber jetzt wird gegessen, Kinder", sagte sie, damit man nicht merkte, wie gerührt sie war.

Vom Stall her kam ab und zu das Geräusch von Hufen, die gegen die Wand der Boxen schlugen. Doch als Steffi hinter Mareike und Julian über den Hof lief, um nachzusehen, lag Sheila noch im Stroh und schlief, und auch die Fohlen hatten sich bereits niedergelegt.

Den Mond verdeckte zur Hälfte das näherkommende Gewölk; es nieselte leise. Aus dem Haus erscholl fröhliches Lachen.

Steffi ergriff Mareikes Arm und den von Julian. „Daß das so bleibt, daß das jetzt immer so bleibt, also, ich kann es noch gar nicht fassen. Aber gewünscht habe ich mir das schon lange."

Dann betraten sie wieder das Haus. Mareike setzte den Kater ab, den sie aus dem Stall mitgebracht hatte. „Heute laß die Mäuse leben, Tiger. Heute wird nämlich gefeiert auf dem Pferdehof, kapiert?"